시간의 각인

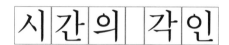

안드레이 타르콥스키 지음
라승노 옮김

시간의 각인

Андрей Тарковский
«Запечатленное время»

곰출판

일러두기

1. 이 책은 안드레이 타르콥스키의 *Запечатленное время*(1986)를 우리말로 옮긴 책이다.

2. 이 책에 등장하는 인명, 지명을 비롯한 외래어는 기본적으로 국립국어원의 외래어표기법을 따랐다. 다만, 일상적으로 널리 쓰여 이미 익숙한 용례가 있는 경우 이를 따랐다.

3. 이 책에서 우리말과 병기한 러시아어 인명과 작품명의 라틴어 음역은 미국 의회도서관 체계를 따랐다.

4. 본문에서 영화, 음악, 미술, 단편, 시 작품 등은 〈 〉로 표기했고, 단행본과 정기간행물 등은 《 》로 표기했다.

5. 본문에서 주석은 대부분 내용의 이해를 돕기 위해 옮긴이가 작성했으며, 저자가 작성한 원주는 따로 표시했다.

차례

추천사　7

서문　15

제1장　시작　25

제2장　이상을 향한 동경으로서의 예술　53

제3장　시간의 각인　79

제4장　예정과 운명　111

제5장　영화 속 이미지　137

　　　　시간, 리듬, 몽타주　151

　　　　시간의 각인!　161

　　　　영화 구상과 시나리오　164

　　　　영화의 조형적 해결　177

　　　　영화배우　184

　　　　음악과 음향　207

제6장　작가와 관객　213

제7장　예술가와 책임　227

제8장　〈향수〉 이후　255

제9장　희생　269

　　　　결론　289

옮긴이의 말　303

타르콥스키 연보　313

이 책을 읽으려는 미래의 독자를 위한 사용자 입문

이 책을 마주 대하고 있으면 단지 훌륭하다거나 배움을 준다는 차원이 아니라 거의 압도적인 무게 앞에서 숨을 쉬기 힘들어진다. 문장을 하나씩 읽어나갈 때마다 거기서 영혼의 피라는 잉크를 찍어서 그것이 스며드는 양피지 위에 한 단어, 한 문장, 차라리 이렇게 불러보고 싶은데, 한 구절씩 써나가고 있다는 느낌을 불러일으킨다. 왜 구절句節이라고 불러야만 한다고 생각하게 된 것일까. 그러지 않으면 무언가를 상실하기라도 할 것처럼, 아니 그것이 이 책의 체험을 설명하기라도 한 것처럼, 그렇게 이 책을 불러야만 했을까. 처음 읽었을 때도 그랬고 지금 다시 읽으면서도 그렇다.* 나는 그 이유에 대해서 오래 생각했다. 아마도, 이렇게 말할 수밖에 없는데, 아마도 두 가지 이유 때문일 것이다. 나를 멈춰 세운 이유. 누구라도 멈춰 세우는 어떤 작용, 작용? 수많은 작용들, 지각의 작용, 바람, 비, 때로는 눈. 자전적인 내면의 작용, 무엇보다도 집. 어린 시절의 집. 상상의 작용, 행간들 사이에 어떤 선이 있다기보다는 마치 싹이 자라나고 있는 것만 같은 작용, 그래서 우리가 영화에서 본 것은 그저 줄기와 잎사귀에 지나지 않으며 저 아래 틀림없이 있을 뿌리로 내

---

* 한국에 출판된 첫 번째 번역 판본은 《봉인된 시간: 영화 예술의 미학과 시학》(분도출판사, 1991)으로 김창우가 번역했다. 여기서 두 번역본의 차이를 비교하지는 않을 것이다. 그것은 내 능력 바깥의 일이다. 새 번역본은 러시아어에서 번역되었고, 김창우 번역본은 독일어에서 번역되었다. 내가 처음 읽은 판본은 영어 번역본이다. *Sculpting in Time* (trans. by Kitty Hunter-Blair), Alfred A. Knof, New York, 1987.

려가고 싶은 탐구의 질문에 대한 답을 읽고 싶게 만드는 책. 여기서
책이 나무로 이루어졌다는 사실을 구태여 지적할 필요가 있을까.
책이라는 우주. 우주의 입구. 누군가의 방문을 받았을 때 그 앞에
서 잠시 멈춰 세우는 어떤 힘. 타르콥스키의 영화 장면처럼 말할 수
도 있다. 소년 이반이 들여다보는 바닥을 알 수 없는 우물(〈이반의
어린 시절〉), 모두들 어리둥절할 때 거기서 뭔가 깨달은 백치의 큰
웃음소리(〈안드레이 루블료프〉), 허공에 책이 공중 비행하는 우주
정거장의 도서실(〈솔라리스〉), 어린 시절 기억 속에 놓인 야외 테
이블 위의 빵조각과 컵을 스쳐 지나가는 바람(〈거울〉), 방문을 기
다리는 금지구역 저편의 방에 떨어지는 큰 밧줄(〈스토커〉), 고향과
하나가 된 성당에 하염없이 내리는 눈(〈향수〉), 결국 불타버린 집,
그리고 그 대가로 다시 살아난 한 그루 나무(〈희생〉). 누군가는 완
전히 다른 장면들을 예시할 것이다. 나는 망설이지 않고 또 다른 예
로 든 장면들의 목록을 존중할 것이다. 이 장면들, 이 순간들, 이 시
간을 만든 예술가가 쓴 책을 지금 우리가 읽고 있는 중이다. 여기
서 독서는 단지 우리가 본 것의 보증이 아니다. 설명은 더더구나 아
니다. 만일 이 책을 읽고 타르콥스키 영화의 해설을 기대한다면 빨
리 덮어버리는 쪽을 권한다. 당신은 반문할 것이다. 그러면 이 책
은 어떻게 읽어야 할까? 오해하면 안 된다. 이 책은 설명을 목표로
한 것이 아니라 기록을 하고 있다. 무엇을? 자신이 세계 안에서 만
들어내고 있는 우주, 그러므로 세계의 우주. 우주가 활동하고 있는
세계, 그 안으로 들어서기 위해서 가져야만 했던 원칙, 해야만 했던
과정, 하여튼 위험을 무릅쓰고 아주 찰나지만 잠시 열렸다가 다시
닫히는 이미지의 섬광을 우리와 나눠 갖기 위해서 해야만 했던 그
모험의 과정을 여기에 한 번 더 옮겨놓고 있다. 그러므로 당연한 말
이지만 이 책은 타르콥스키의 모든 영화를 본 다음에야 비로소 읽
을 수 있는 책이다. (이제 비로소 나는 이유를 설명할 수 있게 되었

다.) 그렇게 나는 여기서 두 가지 이유를 본다. 첫 번째 이유. 이 책은 영화 이론이나 철학이라기보다는 방법에 대한 시적인 감흥에 가깝기 때문일 것이다. 물론 안드레이 타르콥스키는 가끔 영화 이론 안에 들어가서 여기에 저항한다. 이를테면 이 책의 5장 '영화 속 이미지'에서 에이젠시테인의 〈알렉산드르 넵스키〉의 빙판 전투 장면을 정식화한 논문 〈수직의 몽타주〉를 정면으로 비판한다. 하지만 그건 대결의 의미가 아니다. 타르콥스키는 거기서 멈추지 않고 그 안으로 밀고 들어가서 자기의 것을 가져온다. 어떤 것? 리듬. 그 때 타르콥스키는 조형의 운율을 형상의 리듬으로 옮겨놓는 비밀을 밝혀내기 위해 찾아 들어간다. 위대한 전통을 양도받기 위해서 그가 하는 것은 그 안에서 잠자고 있던 이미지들의 가능성을 다시 한 번 불러내는 것이다. 이걸 가장 잘 설명한 사람은 철학자 질 들뢰즈이다. "(…) 몽타주는 이제 더 이상 어떻게 이미지들이 연쇄되는가를 묻는 대신 이미지는 무엇을 보여주어야 하는가, 라고 묻는다. 이미지 그 자체와 몽타주의 동일성은 직접적인 시간-이미지의 조건 속에서만 나타날 수 있는 것이다. 타르콥스키는 시간이 쇼트 내에서 흐르는 방식, 그것의 긴장 혹은 희소화, '쇼트 내에서의 시간의 압축'이야말로 본질적인 것이라고 말한다."(《시네마 II: 시간-이미지》, 이정하 옮김) 여기에 더한 타르콥스키 자신의 구절로부터의 인용. "쇼트의 시간은 독립적으로 흘러가야 한다. 혹은 이렇게 말할 수 있다면 자기 자신의 주인으로서 흘러가야 한다." 나는 이 문장을 명제라기보다는 시 구절처럼 그렇게 읽는다. 읽고 또 읽는다. 좀 더 용기를 내는 것을 허락한다면 감상하듯이 그렇게 읽는다. 아니, 음미한다. 물론 타르콥스키 자신도 이 책을 써나가면서 철학자들을 인용하는 대신 예술가들의 구절들을 쉴 틈 없이 가져온다. 수많은 인용들. 그 자신이 수난passion에 처했을 때 다시 한번 도약할 수 있는 열정passion을 가져다준 예술가들의 말. 타르콥스키는 그 자신을 예술가의 자리에 가져다놓은 다음 자신에게 주어지는 고난을 기꺼이 선물처럼 끌어안는다. 물론 이것은 한 비평가의 가벼운 말이다. 타르콥스키가 겪은 고난은 거의 그의 영혼을 부수다시피 했고 몸의 기운을 완전히 쉬어싼 나음 고작 54세의 나이에 폐암으로 그를 쓰러뜨렸다. 그가 폐암 판정을 받고 다가오는 죽음의 신의 발걸음 소리를 들으면서 찍은 〈희생〉에 나오는 대사, "희생이 없는 선물은 의미가 없죠"라는 말은 그가 우리에게 남겨준 영화에 해당하는 말이기도 할 것이다. 이때 이 말에서 시적인 울림이 있는 것은 아름답기 때문일 뿐만 아니라 그 말 자체가 하나의 선물처럼 우리에게 영화를 되돌려 보내는 것이기 때문이다. 선물. 일상적인 말. 그런데 그 말이 한 사람의 삶 전체와 맞바꾸는 것이 되었을 때 그 무게에는 책임을 다하고 있다는 대답이 함께 거기에 담긴다. 갑자기 그 말은 거기 멈춰 서서 우리를 바라보기 시작한다. 우리는 그 선물을 받을 만한 자격이 있는 것일까. 이 책의 7장 '예술가와 책임'은 그래서 무겁게 읽힌다. 타르콥스키는 몇 번이고 다시 예술가의 자유를 말하는 대신 그 자신의 임무와 책임을 생각하라고 요구한다. 나는 그 문장에 줄을 친 다음 여백에 써넣었다. 그렇다면 관객의 임무와 책임이란 무엇인가. 오늘날 영화를 보는 일은 점점 하찮은 행위가 되어가고 있다. 하지만 역사 속에서 남은 것은 예술 작품들뿐이라는 것을 잊으면 안 된다. 우리는 르네상스를 어떻게 만나고 있는가. (이 책에서 몇 번이고 인용되고 있는, 타르콥스키가 경애해 마지않는) 다 빈치. 그리고 단테. 그렇다면 사람들은 20세기를 어떻게 기억할까. 지나가버린 세기에 책임과 의무를 다하기 위해 이미지를 만든 사람들이 있다. 그중에 안드레이 타르콥스키가 있다. 그리고 그 과정을 이 책에 기록하고 있다. 세계가 영화를 바라보고 있을 때 그 시선에 마주하면서 영화가 책임을 안고 세계를 바라보는 것이 임무라는 대답이 여기에 있다. 그것을 타르콥스키는 어디서 배운 것일까. 누구에게서 배운 것일까. 어떻게 배운 것일까. 이 책은 시를 인용하고 다시 인용한다. 타르콥스키는 시 구절을 옮겨 쓰는 수고를 마다하지 않는다. 이제는 알겠다. 타르콥스키는 세계를 시적으로 느껴보려고 한다. 좀더 정확하게 말하고 싶다. 타르콥스키는 지구를 시적으로 느껴본다. 이 책의 몇몇 스틸 사진들을 보면서 영화를 떠올려주기 바란다. 지구의 무거운 중력. 그래서 계속해서 비가 떨어지고 있다. 이미지 전체를 감싸는 축축한 무게감. 젖은 외투보다 무거운 것이 있을 수 있을까. 인간은 그걸 입고 서서 견뎌야 한다. 발길에 닿는 질퍽거리는 대지의 진흙. 구두는 젖은 지 이미 오래다. 발걸음을 옮길 때마다 무거운 구두가 대지에 그를 못 박듯이 잡아당긴다. 나는 타르콥스키 영화에서 가벼운 발걸음을 본 적이 없다. 종종 신비롭다고 말하지만, 그리고 그건 사실이지만, 타르콥스키의 화면들이 전례 없이 유물론적이라는 걸 놓치면 안 된다. 그리고 그 안에서, 사방이 부식되고, 어디선가 물이 새고 있으며, 그래서 이끼가 차오르고, 사방에 곰팡이들이 피어오르며, 집 잃은 개가 어슬렁거리는 거리에서, 지구 위의 몇 남지 않은 지쳐버린 인간들은 겨우 꿈을 꾼다. 가까스로 잠든 꿈 사이로 스며드는 시적인 시간. 나는 일부러 시와 시간 사이에 어떤 매개항도 가져다 놓지 않았다. 왜냐하면 타르콥스키가 그렇게 했기 때문이다. 나는 그것을 영화에서 보았고 그리고 이 책에서 읽는다. 이제 두 번째 이유를 말할 차례이다. 처음 타르콥스키 영화를 본 날을 떠올리고 있다. 나는 차례가 뒤죽박죽된 순서의 상태로 보았다. 맨 처음에 본 영화는 〈향수〉였다. 단지 본 적이 없는 영화를 보았다는 것과는 정반대로 마치 나를 오랫동안 기다려온 영화를 보았다는 이상한 기분에 빠져버렸다. 그래서 내가 영화를 본다기보다는 영화가 나를 바라보고 있다는 상태로 내내 화면을 바라보았다. 지금 도착한 여기는 어디인 것일까. 내가 그 대답을 얻은 것은 이 책을 읽으면서였다. 공식적인

자료. 타르콥스키는 1932년 4월 4일에 태어나서 1962년에 첫 번째
영화 〈이반의 어린 시절〉을 찍은 다음 여섯 편의 영화를 더 만들고
1986년 12월 29일에 세상을 떠났다. 하지만 타르콥스키는 19세기
의 인간이다. 무슨 밀인가. 그는 정신적으로 거기에 머물렀고, 그
런 다음 거기서 우리를 바라보았다. 타르콥스키가 소비에트에서 영
화를 만들 때는 러시아를 찍었고, 서방세계에 온 다음에는 신이 죽
었다고 선언한 장소에 와서 신이 살아 있을 뿐만 아니라 유일한 대
답이라는 것을 보여주었다. 세계는 자신의 소중한 것을 지금 잃어
버렸다. 그걸 되찾는 방법은 되돌아가는 것뿐이다. 무엇이 소중한
가. 타르콥스키는 이 책의 2장 '이상을 향한 동경으로서의 예술'을
알렉산드르 블로크와 또 한 명 알렉산드르인 푸시킨의 인용으로 시
작한다. 어떤 의심도 없이 망설이지 않고 이어지는 자신의 이상, 이
상이 담보하고 있는 진리, 그 진리에 대한 신뢰, 오직 그 신뢰를 구
현할 수 있는 예술에 대한 헌신, 헌신에 대한 자부심과 기쁨으로 가
득 차 있는 구절들을 읽고 있으면 이 책의 저자가 한쪽에서는 산업
속에서 착취당하고 있는 이 예술, 다른 한쪽에서는 프로파간다를
위해 내몰린 이 예술의 시대에 아직 도착하지 않는 것만 같은 착각
을 일으키게 된다. 언젠가부터 우리 시대는 진실이라는 말을 외면
하고 심지어 조롱하고 경멸하면서 낡은 시대의 유산인 것처럼 다룬
다. 타르콥스키는 이 책 사방에서 진실이라는 말을 확신을 갖고 쓰
고 또 쓴다. 이때 나는 (마치 소설처럼 쓰는 나를 용서하기 바란다)
이 구절들이 왠지 촛불 아래서 쓰여진 것만 같은 기분으로 읽게 된
다. 어쩌면 촛불을 들고 세 번에 걸쳐 온천장을 가로질러 갔던 그
장면 때문일지도 모른다(〈향수〉). 혹은 중력이 사라지는 순간 흔들
리는 촛불(〈솔라리스〉). 촛불 아래서의 꿈. 꿈의 시간, 시간 속에서
잠들어버렸을 때(〈거울〉) 마주치는 섬광. 하지만 어른거리는 그림
자들이 빛을 위협할 것이다. 그 사이로 잠시 동안 우리 앞에 나타

나는 섬광의 이미지. 그것을 기록하는 섬광의 문자. 틀림없이 인쇄된 문장인데도 읽고 있으면 마치 손으로 쓴 필사본을 읽고 있는 것처럼 침잠하면서 오직 나만의 판본을 만들기 위해 거기에 밑줄을 긋고 떠오르는 생각을 아낌없이 여백에 써넣게 되는 구절들. 진실의 구절들. 물론 당신이 무질서하게 이 책에 다가갈 수 있다. 하지만 결국에는 되돌아와서 해야 할 두 가지를 순서대로 할 것이다. 물론 먼저 해야 할 일은 타르콥스키 영화를 다시 보는 것이다. 하늘에서 대지로 내려오는 첫 장면(〈이반의 어린 시절〉)으로 시작해서 대지에서 다시 살아난 나무를 타고 하늘로 올라가는 마지막 장면(〈희생〉)으로 끝나는 일곱 편의 영화. 그런 다음 이 책을 천천히 읽게 될 것이다. 아니, 그것으로 충분하지 않다. 이 책을 시집처럼 읽는 것이다. 그렇게 오늘 밤 나는 촛불 아래서 이 책을 한 번 더 읽을 것이다. 마치 누군가 들어주기를 기대하듯이 소리 내어 읽을 것이다. 만일 그때 지구 위에서 누군가 같은 구절을 읽고 있다면 나는 더 없이 행복한 꿈을 꿀 수 있을 것이다. 그것은 선물일 것이다.

정성일(영화평론가)

서문

20여 년 전 이 책의 초안을 작성할 때 나는 다음과 같은 의문에 빠지곤 했다. 이런 책을 쓸 가치가 있을까? 영화 작업 과정에서 흔히 발생하는 사변적인 문제들은 영화를 하나둘 찍으면서 실천적으로 해결해나가는 것이 더 낫지 않을까?

나의 영화 창작사는 썩 좋지 않았다. 작품과 작품 사이의 긴 휴지기가 고통스러웠다. 하지만 아무것도 하지 않을 때, 내가 영화를 만들면서 무엇을 추구하고 영화 예술이 다른 예술들과 어떻게 다르며 영화의 독보적 잠재력이 무엇인지를 충분히 생각해볼 수 있었고, 동료들의 경험과 성과를 내 경험과 비교해볼 수 있었다.

나는 영화사 저술들을 읽고 또 읽어봤지만 그에 만족하지 못한다는 결론에 이르렀고, 영화 창작에 관한 문제와 목적을 이해하는 나만의 방식을 논쟁적으로 제시하고 싶어졌다. 내가 아는 영화 이론들에서 벗어남으로써 나는 내 창작 원칙에 대한 인식과 그 기본 법칙들을 독자적으로 이해하고자 했다.

매우 다양한 관객층을 꽤 자주 접하게 된 것도 나의 견해를 좀 더 확실하게 표명할 필요가 있다고 느끼게 해준 것 같다. 관객들이 내 작품에서 영화적 경험의 본질을 이해하고 싶어 하고, 내가 그들의 무수한 질문에 답해주길 끈질기게 바라고 있어 마침내 나는 영화와 예술 전반에 관해 두서없고 혼란스러운 생각을 나름대로 정리해보기로 했다.

관객들에게서 받은 편지를 주의 깊게 읽은 나는 때로는 낙담하기도 했지만, 때로는 그와 반대로 많은 영감을 얻기도 했다. 이 편지들에는 내가 러시아에서 활동하던 시절 내내 나에게 쏟아진 무척 다양한 질문과 의혹이 숨 막힐 정도로 한 아름 담겨 있었다.

관객과의 접촉(때로는 완전한 오해!)에 어떤 득성이 있는지 강조하려면, 가장 전형적인 편지 몇 통을 여기에 소개해야 할 것이다.

레닌그라드(지금의 상트페테르부르크)의 한 토목기사는 편지에 이렇게 썼다. "영화 〈거울Zerkalo〉(1975)을 봤습니다. 끝까지 다 봤습니다. 그러나 영화를 보고 뭐라도 이해하려고, 등장인물과 사건, 회상들을 어떻게든 연결해보려고 무진 애를 쓰다가 30분 만에 골치가 아파졌습니다. 가엾은 우리 관객들이 보는 영화 중에는 좋은 것도, 나쁜 것도, 심하게 나쁜 것도 있으며, 평범한 것도, 매우 독창적인 것도 있습니다. 그래도 이 모든 영화는 이해할 만합니다. 감동하거나 거부할 수도 있습니다. 하지만 당신의 영화는 어떨까요?!" 칼리닌(지금의 트베리)의 한 설비기사는 몹시 격분했다. "30분 전에 영화 〈거울〉을 봤습니다. 강렬했습니다!!! 감독님! 감독님도 영화 봤겠죠? 내가 보기에 이 영화는 정상이라고 할 수 없습니다. … 감독님의 영화 창작이 크게 성공하길 바라지만, 이런 영화는 필요 없습니다." 스베르들롭스크(지금의 예카테린부르크)의 또 다른 기사는 몹시 불쾌한 심정을 숨기지 않았다. "정말 천박하고 더러워요! 정말 역겨워요! 내가 보기에 당신의 영화는 공포탄에 불과합니다. 관객들이 이해하지 못했을 겁니다. 중요한 건 바로 관객이란 말입니다." 이 사람은 심지어 영화 주무 기관의 책임을 묻기도 했다. "우리 소련에서 영화 상영을 책임지는 사람들이 어떻게 이런 '오발탄'을 허가해줄 수 있는지 놀라울 뿐입니다." 공평하게 말하자면, 영화 주무 기관은 '오발탄'들을 평균 5년에 한 번꼴로 극히 드물게 허가해주었다. 나는 이런 편지들을 받고 나면 정말이지 내가 누구를 위해 왜 영화를 만드는지 절망스럽게 묻곤 했다.

또 다른 관객들은 약간의 희망을 주기도 했다. 이들의 편지도 몰이해로 가득 차 있었지만, 이들은 적어도 영화에서 본 내용을 진심으로 이해해보려고 했다. 이들은 예를 들면 이렇게 썼다. "내가 당신의 영화 〈거울〉을 이해해보려다 당황한 나머지 당신에게 도움을 청하는 첫 번째 사람도 마지막 사람도 아닐 것이 분명합니다. 에피소드들은 각각 훌륭하지만, 어떻게 하면 이들을 통일성 있게 연결할 수 있을까요?" 또 레닌그라드의 어느 여자 관객은 이렇게 쓰기도 했다. "나는 형식상으로도 내용상으로도 이 영화를 어떻게 이해해야 할지 모르겠습니다. 이걸 어떻게 설명할 수 있을까요? 내가 영화를 전혀 모른다고는 할 수 없습니다. 당신의 전작들인 〈이반의 어린 시절 Ivanovo detstvo〉(1962)과 〈안드레이 루블료프 Andrei Rublev〉(1966)를 봤습니다. 이 영화들은 모든 게 명료합니다. 하지만 〈거울〉은 그렇지 않았습니다. … 영화를 보기 전에 관객들은 각오를 단단히 해야 할 것 같습니다. 그렇지 않은 채로 영화를 보면 무기력하고 얼떨떨한 상태에서 불쾌한 감정에 휩싸일 겁니다. 존경하는 안드레이! 내 편지에 답장할 수 없다면, 적어도 〈거울〉에 관해 읽어볼 수 있는 곳이라도 알려주십시오."

유감스럽게도 나는 이런 편지를 쓴 사람들에게 아무런 조언도 해줄 수 없었다. 고스키노Goskino(소련 국가영화위원회)와 영화제작자연맹 회의에서 내 동료들이 〈거울〉을 두고 허용할 수 없을 정도로 '엘리트주의적'이라고 공개 비난한 것과 이런 내용이 잡지《영화 예술 Iskusstvo kino》에 발표된 것을 제외하면 〈거울〉에 관한 글은 전혀 없었다. 그러나 이 모든 것에는 끝이 있었다. 내 영화를 기다리고 사랑하는 관객들이 존재한다는 사실을 꽤 분명하게 보여주는 증거들이 아주 많이 나왔기 때문이다. 다만 이런 관객들과 나의 접촉이 더 이어질 수 있게 도와주는 사람이나 이런 데 관심을 기울인 사람이 아무도 없었을 뿐이다. 그러나 소련 과학아카데미 물리학연구원의 직원 중 한 명은 다음과 같은 연구원 벽보 게시문을 내게 전해줬다.

"타르콥스키의 영화 〈서울〉이 상영되자 모스크비 전역에서 그랬던 것처럼 물리학연구원에서도 큰 관심을 불러일으켰다. 그러나 감독을 만나고 싶다고 해서 모두가 다 그를 만날 수 있는 것은 아니었다(유감스럽게도 게시문을 쓴 사람 역시 감독을 만나지 못한 사람들에 속했다). 우리는 타르콥스키 감독이 어떻게 영화 기법을 통해 그토록 심오한 철학적 작품을 만들어낼 수 있었는지 이해하지 못한다. 영화란 언제나 줄거리와 행위, 인물, 의례적인 '해피엔드'로 이루어진다는 것에 익숙한 관객은 타르콥스키의 영화에서도 바로 그런 요소들을 찾으려고 하지만, 결국 발견하지 못하고 실망한 나머지 극장을 나선다.

　이 영화는 무엇에 관해 이야기하는 것일까? 한 사람에 관해 이야기한다. 물론, 스크린 너머로 배우 이노켄티 스목투놉스키Innokentii Smoktunovskii(1925~94)의 연기를 통해 목소리가 전해지는 어떤 구체적인 사람에 관한 것은 아니다. 이 영화는 바로 당신과 당신의 아버지, 할아버지에 관한 것이다. 다시 말해 당신 이후에 살게 되고 여전히 '당신'인 사람에 관한 것이다. 이 땅에 살고 있고 이 땅의 일부인 사람에 관한 것이다. 그리고 이 땅은 그 사람의 일부이기도 하다. 이것은 사람이 과거와 미래에 대해 자신의 삶으로 답하는 것에 관한 영화이다. 이 영화는 그냥 봐야 하고, 요한 제바스티안 바흐Johann Sebastian Bach(1685~1750)의 음악과 아르세니 타르콥스키Arsenii Tarkovskii(1907~89)의 시에 귀를 기울여야 한다. 별과 바다를 보듯이 봐야 하고 풍경을 사랑하듯이 봐야 한다. 여기에는 수학적 논리가 없다. 수학적 논리는 인간이란 무엇이고 인생의 의미가 무엇인지도 설명해주지 못할 것이다."

고백하자면, 나는 전문 비평가들이 내 작품을 칭찬했을 때조차도 그들이 보여준 생각과 관점에 자주 실망하고 화가 났다. 적어도 나는 비평가들이 사실상 내 작업에 관심이 없거나 비평 능력이 없다는 인상을 자주 받곤 했다. 그들은 관객에게서 생생하게 나타나는 지각의 직접성을 논의하는 대신 잘 알려진 영화 논평이나 규정에서 가져온 상투적인 내용을 이야기하기에 바빴다. 관객의 편지를 받을 때나 내 영화가 인상적이었다고 말하는 관객들을 이따금 만날 때, 고백 편지들을 읽을 때 나는 내가 하는 일이 무엇인지 알게 된다. 진정한 소명을 느끼기 시작한다. 아마도 사람들 앞에서 의무감과 책임감을 느낀다고 말할 수 있을 것이다. 나는 어떤 예술가가 그의 작품이 누구에게도 필요하지 않으리라고 확신하고 오직 자기 자신만을 위해 창조할 수 있다고는 절대 생각하지 않았다. 하지만 이 문제는 나중에 더 논의하도록 하자.

고리키(현재 니즈니노브고로드)에 사는 한 여성 관객은 내게 보낸 편지에서 "당신의 영화 〈거울〉에 감사해요"라고 썼다. "내 어린 시절도 영화와 똑같았어요. … 그런데 당신은 이걸 어떻게 알아냈을까요? 그때도 이런 바람이 불었고 폭풍우가 일었죠. 할머니는 '갈카, 고양이를 쫓아내!'라고 소리쳤죠. 방안은 어두웠고요. … 석유등이 꺼졌는데, 내 영혼은 어머니에 대한 기다림으로 가득 찼어요. 당신의 영화는 어린아이의 의식과 생각의 각성을 정말 아름답게 보여주고 있어요! 세상에, 사실 그대로예요. … 우리는 사실 우리 어머니들의 얼굴을 모르기 때문이에요. 정말 간단하죠. 아시겠지만, 나는 어두운 객석 안에서 당신의 재능이 빛나는 스크린 한쪽을 바라보며 태어나 처음으로 내가 혼자가 아님을 느꼈습니다."

내 영화가 누구에게도 필요 없고 아무도 이해하지 못하리라는 말을 너무 오랫동안 들어와서 그런지, 이런 고백은 내 영혼을 따뜻하게 감싸주었고 작품 활동에도 의미를 부여해주면서 내가 선택한 길이 옳았고 우연이 아니었음을 확실하게 느낄 수 있게 해주었다.

레닌그라드의 어느 공장에서 일하며 야간대학에 다닌다는 학생은 이렇게 썼다. "영화 〈거울〉 때문에 편지를 쓰게 됐습니다. 저는 이 영화에 관해 심지어 한마디도 할 수 없지만, 바로 이 영화로 살아가고 있습니다. 경청하고 이해할 줄 아는 능력은 큰 자산입니다. … 인간관계의 근본 원리도 결국 사람들을 이해하고 그들이 의도치 않게 저지른 잘못과 자연스러운 실패를 용서할 줄 아는 능력에서 나옵니다. 만일 두 사람이 적어도 한 번이라도 똑같은 것을 느낄 수 있었다면, 그들은 언제나 서로 이해할 수 있을 겁니다. 심지어 그중 한 사람은 매머드가 살던 시대에 살았고 다른 한 사람은 전기의 시대에 살았다고 하더라도 말입니다. 부디 사람들이 자신의 것이든 남의 것이든 오로지 공통의 인간적 충동을 이해하고 느낄 수 있으면 좋겠습니다."

관객들은 나를 옹호해주고 기운을 북돋아 주었다. "저는 친분이나 우정으로 맺어진 다양한 직업의 관객 집단을 대표하여, 또 그들의 권유로 당신께 편지를 씁니다. 우선 저는 당신의 행운을 빌고 당신의 재능을 추종하는 사람들이 영화 잡지 《소비에트 스크린 Sovetskii ekran》의 통계 자료에 나올 법한 것보다 훨씬 더 많음을 알려드리고 싶습니다. 저에게는 종합적인 자료가 없지만, 제 지인들과 그들의 지인들 중에는 영화 평가를 위한 특별 설문에 응답한 사람이 아무도 없습니다. 하지만 그들은 영화관에 다닙니다. 사실 그리 자주 다니지는 않지만, 타르콥스키의 영화들은 보고 싶어 합니다 (당신의 영화들이 자주 상영되지 않아서 아쉽습니다)."

고백하면, 나 자신도 그게 아쉬웠다…. 그래서 마침내 나는 나에게만이 아니라 다른 사람들에게도 중요해 보이는 모든 것을 터놓고 말하고자 한다.

노보시비르스크에 사는 어느 여교사는 내게 이렇게 전했다. "나는 책의 저자나 영화감독들에게서 받은 인상을 글로 써 보낸 적이 한 번도 없습니다. 하지만 지금은 특별한 경우입니다. 이 영화는 한 사람에게서 실어증의 저주를 벗겨주어 그가 불안과 쓸데없는 생각의 부담으로부터 자신의 영혼과 두뇌를 해방시킬 수 있게 해줍니다. 영화 토론회에 갔었는데, 물리학자들과 시인들 모두 똑같은 생각이었습니다. 그들은 이 영화가 인간적이고 정직하며 우리에게 필요하다고 말하면서 영화감독에게 감사를 표했습니다. 그리고 토론회에서 발언한 사람들 모두 '이 영화는 바로 나 자신에 관한 영화다'라고 말했습니다."

이런 편지도 있다. "정년퇴직한 한 늙은이가 당신께 편지를 씁니다. 나는 영화 예술에 관심이 있긴 하지만, 직업상 예술과는 거리가 아주 먼 사람입니다(나는 라디오 기사입니다). 나는 당신의 영화에서 충격을 받았습니다. 어른과 어린아이의 감정 세계를 파고드는 당신의 재능, 주변 세계의 아름다움을 느끼는 감각을 일깨우는 재능, 이 세계의 그릇된 가치들이 아닌 진정한 가치들을 보여주는 재능, 영화 속의 모든 사물에 제 역할을 부여하고 모든 세목이 하나의 상징이 되게 하는 재능, 철학적 일반화를 끌어내고 최소한의 수단으로 모든 장면을 시와 음악으로 가득 채우는 재능… 이 모든 특성은 오직 당신의 서술 방식에서만 나오는 것입니다."

솔직히 말해서 나는 주로 논쟁을 통해 생각을 정립하는 편에 속한다(나는 진실이란 논쟁을 통해 드러난다는 관점에 전적으로 동의한다). 나머지 모든 경우에서 나는 내 성격의 형이상학적 성향에는 부합해도 활기차고 창조적인 사고 과정과는 배치되는 사색 상태에 곧잘 빠져드는데, 이런 상태는 그럭저럭 정돈된 구상과 계획을 위한 감정적 재료만 제공해줄 뿐이다.

편지를 통해 관객들과 접촉하거나 개인적으로 그들을 직접 만나게 된 것이 이래저래 내가 이 책을 쓰게 된 이유이다. 어쨌든, 나는 사변적인 문제들에 천착하기로 한 내 결정을 나무라는 사람들을 절대 비난하지는 않을 것이다. 또 다른 독자들에게서 호의적인 반응이 나오더라도 전혀 놀라지 않을 것이다.

노보시비르스크에서 어느 여자 노동자가 내게 이런 편지를 써 보냈다. "나는 당신의 영화를 일주일 동안 네 번 봤습니다. 그러나 단순히 영화만 보려고 극장에 가지는 않았습니다. 적어도 몇 시간이나마 진정한 예술가들과 진정한 사람들과 함께 진정한 삶을 살아보고 싶었습니다. … 나를 괴롭히는 것, 내게 부족한 것, 내가 동경하는 것, 나를 화나게 하는 것, 구역질 나게 하는 것, 나를 숨 막히게 하는 것, 내게 밝고 따뜻한 것, 내가 살아 있게 하고 내가 파멸하게 하는 것… 이 모든 것을 당신의 영화에서 거울 속을 들여다보듯이 봤습니다. 내게는 처음으로 영화가 현실이 됐습니다. 내가 당신의 영화를 보러 가는 이유, 잠시 그 속에 들어가 살려는 이유가 바로 여기에 있습니다."

자신이 하는 일에서 이보다 더 인정을 받을 수는 없을 것이다! 나는 언제나 내 영화에서 진정성과 완전성을 최대한 보여주려고 했다. 그렇다고 내 관점을 다른 사람들에게 관철하려고는 하지 않았다. 하지만 당신의 세계관이 다른 사람들에게 분리될 수 없는 무언가로 인식될 수 있다면, 이는 당신의 작업에서 커다란 자극제가 될 수 있다.

어떤 부인은 자신에게 쓴 딸의 편지를 내게 전해줬다. 딸은 가장 미묘한 차원에서 창작의 모든 의미, 소통 기능과 기회들을 놀라울 정도로 완전하게 표현했다.

"사람은 단어를 얼마나 많이 알까요?" 딸은 자신의 어머니에게 이렇게 쓰고 있다. "사람은 일상 어휘에서 단어를 얼마나 많이 사용해요? 백, 이백, 삼백 개? 사람들은 감정을 말로 포장하죠. 슬픔과 기쁨, 온갖 종류의 흥분 상태, 다시 말해 사실상 표현할 수 없는 것을 말로 표현하려고 하죠. 로미오는 줄리엣에게 아름다운 말, 표현이 풍부하고 강렬한 말을 해요. 그렇지만 이런 말은 금방이라도 심장이 터질 듯하고 당장이라도 숨이 멎을 듯한 로미오의 기분을, 사랑밖엔 아무것도 모르는 줄리엣의 심정을 과연 절반이라도 표현했을까요?

하지만 다른 언어, 다른 소통 형식도 있어요. 감정과 이미지를 통한 소통이죠. 이런 접촉은 분열을 극복하고 경계를 무너뜨리죠. 의지와 감정, 감성들이 이전에는 유리 거울 이쪽과 저쪽, 문 이쪽과 저쪽에 서 있던 사람들 사이의 장애물을 제거해주죠. … 스크린의 프레임들이 흩어져 움직이고, 이전에 우리에게서 가로막혀 있던 세계가 현실이 되어 우리 앞에 펼쳐져요. … 그리고 이것은 이제 소년 알렉세이를 통해서 나타나지 않아요. 바로 타르콥스키 자신이 스크린 저쪽에 앉아 있는 관객들에게 직접 말을 건네요. 죽음은 없고 불멸이 있죠. '증조부들과 손자들이 식탁에 앉아 있다…'라는 시에 드러나 있듯이, 시간은 통합적이고 연속적이에요. 참, 엄마. 나는 이 영화가 감정적 측면에서 더 와닿아요. 하지만 전혀 다른 측면이 있다는 것도 충분히 인정해요. 엄마는 어때요? 편지 써주세요."

나는 일 없이 긴 시간을 보낸 시기(나는 최근 내 운명을 바꿔볼 요량으로 이 시기를 억지로 끝맺었다)에 구체화된 이 책으로 누구를 가르칠 생각도 없거니와 나 자신의 관점을 강요하지도 않을 것이다. 이 책은 무엇보다도 사실상 연구가 별로 되어 있지 않을 정도로 젊고 아름다운 영화 예술의 기회들로 우거진 정글을 뚫고 나가고 싶은 열망에서, 가장 독립적이고 완전한 나 자신을 영화에서 발견하고 싶은 마음에서 쓴 것이다.

예술 창작을 영원히 변치 않는 절대 법칙이라는 '프로크루스테스의 침대'에 맞춰 재단할 수 없다는 것도 무척 중요하다. 세계 탐구라는 일반적 목표와 관련된 예술 창작은 인간을 생기 넘치는 활동으로 연설해주는 수많은 양상과 관계를 맺고 있다. 이러한 예술 창작은 끝없는 지식의 길을 잘 따라가면서 마침내 인간 삶의 의미에 대한 가장 완전한 이해를 보여주려는 시도가 아무리 보잘것없어도 이를 무시하지 않는다.

영화 이론과 개념들이 그리 많지 않은 가운데, 심지어 아주 사소한 것에도 어떤 의미가 있다는 생각과 영화의 몇몇 법칙을 밝혀보고 싶은 마음에서, 나는 영화에 관한 나 자신의 생각을 서술해보고자 했다.

제1장
시작

인생의 한 단계가 끝났다. 자기 결단이라고 할 수 있는 과정이 끝났다.

이 과정은 소련 국립영화학교 Vsesoiuznyi Gosudarstvennyi Institut Kinematografii(VGIK) 수학, 졸업 작품용 단편영화 제작, 그리고 마침내 8개월에 걸친 첫 장편영화 작업으로 이루어졌다.

나는 〈이반의 어린 시절〉 제작 경험을 분석할 기회, 영화 미학을 바라보는 일시적이나마 확고한 관점을 수립할 필요성, 그리고 다음 영화 촬영 과정에서 필요한 목표 설정에서 앞으로 나아갈 길을 발견했다. 이 모든 작업은 사변적으로 할 수 있었다. 하지만 그렇게 하면 결론을 도출하지 않아도 되거나 논리적인 고리를 '희미하고' 직관적인 연결로 대체할 위험성이 존재했다.

나는 상념으로 시간을 허비하고 싶지 않았는데, 이것도 내가 펜과 종이를 들기로 결심하는 데 도움이 됐다.

블라디미르 보고몰로프 Vladimir Bogomolov(1926~2003)의 단편소설 〈이반Ivan〉(1957)에서 나를 사로잡은 것은 무엇일까?

이런 질문에 답하기 전에, 모든 소설을 영화로 각색할 수 없다는 것부터 말하고 싶다.

요소의 통일성, 문학 이미지의 정확성과 독특함, 형언할 수 없을 정도로 깊이 있는 인물들, 마법적인 구성과 함께 감동적이고 독보적인 작가의 성격이 페이지 사이에서 분명하게 드러나 책 전체에 영향을 주는 능력이 빛나는 작품들이 존재한다. 그러나 오직 영화

와 산문 예술을 공평하게 대하는 사람에게만 그런 명작 중 하나를
각색하고 싶다는 의지가 나올 수 있다.

게다가 문학을 영화에서 마침내 분리해야 할 때가 왔다.

사상적 의도, 구체적이고 탄탄한 구성이나 독특한 주제를 강력
하게 표현한 산문이 존재한다. 이런 문학은 그 안에 담긴 사상을 미
학적으로 발전시키는 데 관심을 기울이지 않는 것처럼 보인다.

내가 보기에 보고몰로프의 〈이반〉은 이런 문학에 속한다.

순수하게 예술적 관점에서 볼 때, 소설의 주인공 갈체프 중위
의 성격이 스며 나오는 서정적 일탈과 무미건조하면서도 자세하되
서두르지 않는 서술 방식은 내 마음에 전혀 들지 않았다. 보고몰로
프는 군대의 일상을 정확하게 묘사하고, 자신의 이야기에서 일어나
는 모든 사건의 목격자였거나 목격자처럼 보이려고 한다는 점에 큰
의미를 부여한다.

이 모든 상황은 이 작품을 영화로 만들기에 충분히 부합하는
산문으로 간주하는 데 일조했다.

더욱이 영화화 결과 이 작품은 핵심 사상을 삶에 의해 승인되는
진실로 변화시켜주는 미학적·감정적 긴장감을 달성할 수도 있다.

보고몰로프의 소설은 기억 속에 파고들었다.

몇몇 특징은 그저 놀라울 뿐이었다.

첫째, 죽을 때까지 추적되는 주인공의 운명이 놀라웠다. 사실
이런 플롯 구성은 독창적이지 않다. 그러나 〈이반〉처럼 플롯 구성
이 핵심 사상의 내적 발전과 계획 실현의 자연스러운 필요성에 의
해 정당화되는 경우는 그렇게 많지 않다.

이 소설에서 주인공의 죽음은 특별한 의미가 있다.

다른 작가들의 비슷한 작품에서는 위안을 주는 후일담이 나오
는데, 〈이반〉은 바로 여기서 끝난다. 후일담이 나오지 않는다.

이럴 때 대개 작가들은 주인공을 전공戰功으로 보상해준다. 힘

들고 잔혹한 것은 과거 속으로 사라진다. 그것은 힘들었던 삶의 한 단계였을 뿐이다.

하지만 보고몰로프의 소설에서 이 단계는 죽음으로 끊어지면서 유일하고 최종적인 단계가 된다. 이반의 모든 삶과 비극적 페이소스는 바로 여기에 집중된다. 이러한 소진성은 예기치 않은 힘으로 전쟁이 본질적으로 자연에 반하는 것임을 느끼고 깨닫게 한다.

나를 놀라게 한 두 번째 양상은 참혹한 전쟁 이야기가 첨예한 군사적 충돌도, 급변하는 전선의 복잡한 상황도 들려주지 않는다는 사실이다. 전공 묘사는 나오지 않는다. 정찰 작전을 둘러싼 영웅적 활약상보다는 두 차례 정찰 임무 사이의 휴식기를 통해 이야기가 펼쳐진다. 작가는 외적으로 표현할 수 없는 흥분과 격정의 긴장감을 휴식기에 부여한다. 이러한 긴장감은 마지막까지 감긴 축음기 태엽의 팽팽한 긴장 상태를 연상시킨다.

전쟁을 이런 식으로 묘사하는 방식은 그 안에 영화적 잠재력을 숨겨 놓기에 설득력이 있었다. 이는 사건의 표면에 드러나지 않는 지하의 굉음처럼 오직 감지할 수만 있어 온 신경이 집중된 초긴장 상태를 일으킴으로써 진짜 전쟁 분위기를 새롭게 창조할 가능성을 열어주었다.

내가 마음속 깊이 감동한 세 번째 양상은 바로 어린 소년의 성격이다. 그는 전쟁으로 정상 궤도에서 벗어나 파괴된 성격의 인물임이 즉시 드러났다. 수많은 것이 파괴됐다. 게다가 이반의 나이에 고유한 모든 것이 그의 삶에서 돌이킬 수 없이 사라졌다. 그리고 전쟁의 사악한 선물로 얻은 것이 이반이 잃어버린 모든 것을 대신하여 그의 내부에 집중되어 증폭됐다.

이런 인물은 성격이 놀라울 정도로 극적이고, 첨예한 갈등과 인간 원리의 충돌을 통해 점진적으로 성장하며 드러나는 인물들보다 훨씬 더 흥미로웠다.

격정은 점진적 성장 과정에서보다는 발전하지 않고 멈춰 있는 듯한 긴장 상태에서 최고치에 도달하여 더 생생하고 확실하게 나타난다. 내가 표도르 도스토옙스키 Fedor Dostoevskii(1821~81)를 좋아하는 것도 바로 이런 열정 때문이다. 겉으로는 정적이지만, 속으로는 격정적 에너지로 충만한 인물들이 더 흥미롭다.

내가 읽은 이야기 속의 이반이 바로 그런 인물이었다. 그리고 보고몰로프의 이야기에 나타난 이런 특징들이 나의 상상력을 사로잡았다.

하지만 보고몰로프를 더는 따라갈 수 없었다. 그의 이야기를 둘러싼 감정적 질감은 모두 내게 낯설었다. 사건들은 일부러 신중하게, 심지어 다소 보고서 같은 양식으로 서술된다. 나는 이런 양식을 영화로 옮길 수 없었다. 내 신념에 배치되기 때문이었다.

작가와 감독의 미학적 성향이 다르면 타협이란 있을 수 없다. 타협은 영화의 의도를 망가뜨리기만 할 뿐이다. 따라서 영화는 나오지 못한다.

작가와 감독 사이에 이런 갈등이 생기면 길은 단 하나밖에 없다. 영화 제작 단계 중 하나에서 연출 시나리오라고 불리는 새로운 질감으로 문학 시나리오를 변화시키는 것이다. 이 연출 시나리오 작업 중에 미래 영화의 저자(시나리오 저자가 아닌 영화의 저자)는 자신이 원하는 대로 문학 시나리오를 바꿀 권리가 있다. 그의 비전이 전체가 되어야 하고, 시나리오의 단어 하나하나가 그에게 소중해야 하며, 그의 개인적 창작 경험을 거쳐야 한다.

시나리오 뭉치와 배우, 야외 촬영지 선택, 심지어 가장 빛나는 대사, 화가의 스케치 사이에서 유일하게 서 있을 수 있는 사람이 바로 감독이기 때문이다. 오직 감독만이 영화 창작 과정을 최종적으로 결정할 수 있다.

시나리오 작가와 영화감독이 같지 않을 때 언제나 우리는 절대

해결될 수 없는 이런 모순을 목격하게 될 것이다. 물론, 이들이 원칙 있는 예술가일 때 그렇다는 것이다.

이야기의 내용이 가능한 출발점 그 이상으로 보이지 않은 이유가 여기에 있다. 그러한 출발점의 생생한 본질은 앞으로 펼쳐질 영화에 대한 나의 개인적 이해와 부합하여 새로운 의미를 부여받아야 했다.

하지만 여기서 감독이 시나리오에 갖는 권리의 한계에 대한 문제가 제기된다. 영화감독의 시나리오 집필 권리를 단호하게 부정하는 사태도 종종 발생한다. 시나리오를 집필하려는 경향이 있는 감독은 호된 비난을 받는다.

하지만 자신이 감독보다 영화에서 훨씬 더 멀리 벗어나 있다고 느끼는 작가도 있다는 데는 이론의 여지가 없다. 그래서 이런 태도가 조금 이상하게 보인다. 모든 작가가 영화 시나리오 집필 권리를 갖고 있지만, 감독은 누구도 이런 권리를 갖고 있지 않기 때문이다. 그는 제안된 시나리오에 순순히 동의하고 그것을 분할하여 감독의 시나리오로 바꿔야만 한다.

하지만 여기서 본론으로 돌아가자.

영화에서 나를 굉장히 매료시키는 것은 바로 시적 연결, 시의 논리이다. 내가 볼 때 시의 논리는 예술 중에서 가장 진실하고 시적인 예술인 영화의 가능성에 더 잘 부합한다.

직선적이고 논리적으로 연속적인 플롯 전개로 이미지를 연결하는 전통적인 드라마보다는 시의 논리가 어떤 경우에도 내게 더 가깝다. 사건들 사이에서 이처럼 지독히도 '올바른' 관계는 대개 독단적인 계산과 사변적이고 사색적인 판단의 강한 영향 아래 탄생한다. 그러나 심지어 이런 것이 없을 때조차도, 인물들이 플롯을 지배할 때조차도 연결의 논리는 삶의 복잡성을 단순화하는 데서 나오는 것으로 드러난다.

하지만 영화 재료를 통합해주는 또 다른 방법이 존재한다. 이 방법에서 중요한 것은 인간 사유의 논리를 밝히는 것이다. 사건들의 시퀀스와 사건들을 하나의 전체로 만들어주는 편집은 바로 이 사유의 논리에 따라 좌우된다.

사유의 탄생과 발전은 특별한 법칙을 따른다. 사유의 표현은 논리적·사변적 구성과 다른 형식을 요구한다. 내가 볼 때 시적 논리는 전통적 드라마의 논리보다 사유의 발전 법칙에 더 가깝다. 다시 말해 삶 자체에 더 가깝다. 한편, 고전 드라마의 기법들은 오랫동안 극적 갈등의 표현 형식을 규정해온 유일한 모범으로 간주된다.

시적 연결 형식이 감정을 크게 고양시키면 관객이 적극적으로 반응하게 된다. 관객은 플롯에서 미리 도출된 결론이나 작가의 경직된 지시에 의존하지 않은 채 삶을 발견하는 과정에 참여하게 된다. 관객에게 자유롭게 허락되는 것은 오직 묘사되는 현상들의 심층적 의미를 파고들게 도와주는 것뿐이다. 복잡한 생각과 세계의 시적 비전은 지나치게 명명백백한 것의 틀 안에 끼워져서는 안 된다. 직접적이고 평범한 시퀀스들의 논리는 미심쩍게도 기하학적 원리의 증명을 연상시킨다. 예술에서 이런 방법은 감정적이고 이상적인 평가를 결합해주는 연상적 연결이 열어주는 기회보다 비교할 수 없을 정도로 빈약하다. 그래서 영화가 그런 기회를 극히 드물게 사용한다는 것은 매우 유감이다. 하지만 그런 길을 택하는 것이 더 낫다. 이미지가 창조돼 나오는 재료를 '폭발하게' 해주는 내적인 힘이 그 안에 있기 때문이다.

어떤 대상에 관해 모든 것이 말해지지 않는다면, 여전히 더 생각해볼 가능성이 남아 있다. 그렇지 않다면 결론은 관객이 어떤 생각도 하지 못하는 사이에 만들어져 나온다. 이때 결론은 관객에게 아무런 수고도 없이 제공되기 때문에 관객에게는 그런 결론이 필요하지 않다. 관객이 이미지의 탄생 과정에서 겪는 고뇌와 기쁨을 작

"시의 논리는 예술 중에서 가장 진실하고 시적인 예술인
영화의 가능성에 더 부합한다."

가 자신과 함께 나눠 갖지 못한다면, 작가는 관객에게 과연 무엇을 말할 수 있을까?

이런 창작 방식에는 또 다른 장점이 있다. 예술가가 관객에게 부분들을 하나의 전체로 다시 쌓아 올려서 글자 그대로 말해진 것보다 더 많은 것을 생각하게 하는 길이 영화를 인식하는 과정에서 관객과 예술가를 같은 선상에 올려놓는 유일한 길이다. 게다가 상호 존중의 관점에서 볼 때 이런 관계는 예술적으로 실천할 가치가 있다.

여기서 내가 말하는 시는 문학 장르의 하나가 아니다. 시는 세계에 대한 인식이자 현실을 보는 특별한 성격의 태도이다.

이때 시는 인간을 평생 지배하는 철학이 된다. 알렉산드르 그린Aleksandr Grin(1880~1932) 같은 예술가들의 운명과 성격을 떠올려보자. 그린은 굶주림에 죽을 것만 같아 산새라도 잡아먹으려고 손수 활을 만들어 산속으로 들어갔다. 이것을 그린이 살았던 시대 (1930년대)와 비교해보라. 그린과 시대의 관계가 몽상가의 비극적 면모를 밝혀줄 것이다.

빈센트 반 고흐Vincent van Gogh(1853~90)의 운명은 어떨까?

오시프 만델시탐Osip Mandelshtam(1891~1938)이나 보리스 파스테르나크Boris Pasternak(1890~1960), 찰리 채플린Charlie Chaplin(1889~1977), 알렉산드르 도브젠코Aleksandr Dovzhenko(1894~1956), 미조구치 겐지溝口健二(1898~1956)를 생각해보자. 대지 위로 높이 솟아오르는, 좀더 정확하게 표현하면, 대지 위로 피어나는 형상들이 얼마나 강렬한 감정적 힘을 만들어내는지 이해하게 될 것이다. 이런 형상 속에서 예술가는 인생의 탐구자로 등장할 뿐 아니라 높은 정신적 가치와 오직 시에만 있는 특별한 미의 창조자로 나타나기도 한다.

이런 예술가는 존재의 시적 조직에 담긴 특징을 찾아낼 줄 안다. 그는 직선적 논리의 한계를 넘어서 삶의 미묘한 관계와 심오한 현상에 담긴 특별한 본질, 삶의 깊은 복잡성과 진리를 전달할 수 있다.

예술가에게 이런 능력이 없다면, 삶을 아무리 사실적으로 묘사했다고 하더라도 도식적이고 단조롭게 보인다. 외적으로 아무리 생생하게 보이더라도 그것은 환영일 뿐 삶의 심연을 파고드는 작가의 탐구를 증명해주지 못한다.

나는 작가의 주관적 인상들과 현실의 객관적 묘사 사이에 존재하는 유기적 관계를 떠나서는 신빙성과 내적 진리뿐 아니라 심지어 외적 핍진성도 달성할 수 없다고 생각한다.

어떤 장면을 다큐멘터리처럼 연출하고 인물들에게 자연주의식으로 정확하게 옷을 입히면 실제 삶과 얼핏 같아 보이게 할 수는 있다. 하지만 결과적으로 영화는 현실과 매우 동떨어져서 완전히 인위적으로 보일 것이다. 즉 작가가 피하고 싶었던 것이 바로 그런 인위성이었음에도 현실과 전혀 닮아 보이지 않을 것이다.

이상하게도, 이론의 여지 없이 우리의 일반적이고 일상적인 현실 인식에 속하는 바로 그것이 예술에서는 인위성의 영역에 해당한다. 이는 삶이 절대적 자연성을 신봉하는 사람들이 묘사하는 것보다 훨씬 더 시적으로 조직된다는 것으로 설명할 수 있다. 예를 들면, 많은 것이 우리의 생각과 마음속에 실현되지 않은 암시로 남아있다. 그리고 다른 선의의 사실적 영화에서 그런 접근법이 존재하지 않을 뿐만 아니라 초점이 날카롭고 분명하게 맞춰진 묘사로 대체되기도 한다는 것은 부드럽게 말하자면 진실성이 아닌 인위성을 창조한다.

제1장의 서두에서 나는 유익한 영향을 많이 주고받는 영화와 문학 사이에서 분수령이 생겨나 기쁘다고 했다.

내가 보기에 영화는 발전을 거듭하면서 문학에서만 아니라 다른 예술 형식에서도 멀어지게 되었고, 그 덕분에 점점 더 독립적인 예술이 될 것이다. 그러나 발전 과정이 원하는 만큼 빠르게 이루어지고 있지는 않다. 이 과정은 길다. 단계들도 각기 다르다. 이런 상황이 빚어진 원인은 다른 예술 형식들에 고유하고 영화감독들이 작업에서 자주 의존하는 그런 특수한 원칙들이 영화에 어느 정도 뿌리를 내렸다는 데서 찾을 수 있다. 그러나 이런 원칙들은 점차 영화의 특수성 확보를 가로막으면서 장애물로 변질되고 있다. 이러한 상황이 낳은 결과 가운데 하나는 영화가 문학이나 회화, 연극의 도움을 통해 삶을 변화시킨다는 것이 아니라 자기만의 수단을 통해 현실을 직접적으로 구현하는 능력을 부분적으로 상실하고 말았다는 것이다.

영화에 미치는 시각예술의 영향도 이런저런 그림을 스크린 위로 직접 옮겨놓으려고 애쓰는 데서 드러나고 있다. 개별적인 구성 원칙들이나 채색(천연색 영화일 경우) 원칙들이 특히 자주 전용된다. 하지만 어떤 경우든 예술적 실현은 창조적 독립성을 결여하고 있고, 직접 차용으로 변질되고 있다.

다른 예술의 특징들을 스크린에 적용하는 것은 영화에 고유한 힘을 영화에서 박탈하고, 독립적인 예술로서 영화의 막강한 자원에 기대는 해결책 모색을 방해한다. 하지만 가장 중요한 점은 이처럼 다른 예술의 특징을 영화에 옮겨놓을 경우 작가와 삶 사이에 장벽이 가로놓인다는 것이다. 더 오래된 예술들에 의해 실현된 해결책들이 이들 사이에 끼어든다. 특히, 이것은 영화가 인간이 삶을 보고 느끼는 방식, 다시 말해 진실한 방식으로 창조하는 것을 방해한다.

우리가 어느 하루를 보냈다고 하자. 그리고 이날 뭔가 중요하고 의미심장한 일이 발생했다고 하자. 이는 영화 창작의 동기가 될 수도 있고, 사상적 갈등 묘사의 토대가 될 수도 있다. 그런데 이날은 우리 기억 속에 어떻게 각인됐을까?

　형태 없고 유동적인 것으로, 뼈대도 도식도 없는 것으로 각인
된다. 마치 구름과도 같다. 그리고 오직 이날의 중심 사건만이 구체
적인 기록과 명료한 의미, 일정한 형식 속에 응축된다. 그날 하루
전체를 배경으로 볼 때 이 사건은 안개 속의 한 그루 나무처럼 두드
러진다. 하지만 이런 비유는 그렇게 정확하지 않다. 내가 안개, 구
름이라고 부르는 모든 것은 절대 똑같지 않기 때문이다. 하루의 개
별 인상들은 우리 안에서 내적 충동을 일으키고 연상을 일깨운다.
기억 속에 남게 되는 대상과 상황들은 윤곽이 뚜렷하지 않고, 완성
되지 못하고, 우연한 것처럼 보인다. 이런 삶에 대한 느낌을 영화
예술로 전달할 수 있을까? 물론 전달할 수 있다. 게다가 이것은 무
엇보다 모든 예술 중에서 가장 사실적인 예술인 영화가 갖는 힘 덕
분에 가능하다.

　물론 생생한 느낌의 재현 자체가 목적이 될 수는 없다. 하지
만 그런 느낌을 전달할 수 있다는 것은 미학적으로 일정한 의미를
지닐 수 있으며, 심오한 사상의 일반화를 구현하는 데 이용될 수
있다.

　내가 볼 때 핍진성과 내적 진리는 사실에 충실한 데서 나오는
것이 아니라 오히려 느낌의 전달에 충실한 데서 나온다.

　당신이 거리를 거닐다 마주 오던 사람과 눈이 마주친다. 이 시
선에서 무엇인가가 당신을 놀라게 한다. 모종의 불안감을 일으킨
다. 우리에게 심리적으로 영향을 끼치고 묘한 정신적 분위기를 조
성한다.

　당신이 배우에게 고증처럼 정확하게 옷을 입히고 촬영 장소도
정확하게 결정하여 그런 조우를 둘러싼 모든 상황을 기계적으로 철
저하게 재구성한다고 해도 조우 자체에서 받은 느낌을 똑같이 받
지는 못할 것이다. 이런 장면을 촬영할 때는 낯선 사람의 시선에 특
별한 감정적 내용을 부여하는 당신 자신의 정신 상태를 설명해주는

심리적 전제조건을 전혀 신경 쓰지 않기 때문이다. 따라서 낯선 사람의 시선이 그때 당신 자신을 놀라게 했던 것처럼 그렇게 관객을 놀라게 하려면, 무엇보다 먼저 실제 조우 당시와 유사한 분위기가 관객에게서 조성되어야 한다.

이것은 감독의 추가 작업이자 시나리오 추가 자료이다.

수 세기에 걸친 연극 연출을 기반으로 엄청난 양의 상투적 수법과 도식, 진부한 표현들이 쏟아져 나왔는데, 유감스럽게도 이들은 영화에서도 통용되고 있다. 앞에서 나는 영화의 연출법과 논리에 관한 내 생각을 이미 피력했다. 더 구체적이고 정확한 이해를 돕기 위해 미장센Mise-en-Scène 같은 개념을 살펴볼 필요가 있다. 내가 보기에 표현과 표현력 문제를 해결하는 무미건조하고 형식적인 방법은 바로 미장센을 바라보는 태도에서 특히 분명하게 드러난다. 게다가 영화의 미장센과 작가가 보는 미장센을 비교해본다면, 많은 경우 우리는 영화 미장센의 형식주의가 어디에서 나타나는지 곧바로 알 수 있다.

영화감독들은 흔히 미장센의 표현력에 정성을 기울였는데, 바로 미장센이 자신의 구상, 장면의 분명한 의미와 기저 텍스트를 직접적으로 표현해준다고 생각했기 때문이다. 세르게이 에이젠시테인 Sergei Eisenstein(1898~1948)도 살아 있을 때 이런 주장을 펼쳤다. 이때 장면은 의미가 요구하는 필수적인 깊이와 표현력을 획득하는 것으로 간주됐다.

이런 이해 방식은 원시적이다. 바로 이런 토대 위에서 예술적 형상의 생생한 질감에 폭력을 가하고 왜곡을 일삼는 불필요한 관습이 무수히 쏟아져 나왔다.

잘 알려졌듯이, 미장센이란 외적 환경에 맞게 배우들의 상호 위치를 설정해주는 디자인을 일컫는다. 삶 속의 에피소드 하나는 표현력이 극도로 풍부한 미장센으로 우리를 자주 놀라게 한다. 우리는 "어떻게 저런 걸 생각해낼 수 있지!"라고 말하면서 미장센에 감탄을 표현한다. 무엇이 우리를 특히 놀라게 하는 것일까? 에피소드의 의미가 미장센과 일치하지 않는 상황 때문이다. 어떤 의미에서 우리를 충격에 빠뜨리는 것은 미장센의 불합리성이다. 하지만 이러한 불합리성은 겉으로만 그렇게 보일 뿐이다. 그 이면에는 거대한 의미가 숨겨져 있다. 바로 이 의미가 우리로 하여금 사건의 진실을 믿게 하는 절대적 설득력을 미장센에 부여해준다.

한마디로 복잡한 것을 피하지 말고 모든 것을 단순화해서도 안 된다. 따라서 미장센이 추상적 의미를 예시하지 않도록 하고 삶을 따라가도록, 인물들의 성격과 심리 상태를 따라가도록 해야 한다. 바로 이런 이유에서 어떤 대화나 행동에 억지로 의미를 부여하는 것은 미장센의 과제가 될 수 없다.

영화에서 미장센은 묘사되는 행동의 핍진성과 예술적 형상들의 아름다움과 깊이로 우리를 놀라게 해야 하지, 그들의 의미를 억지로 예시하는 것으로 놀라게 해서는 안 된다. 다른 경우들과 마찬가지로 이 경우에도 생각을 힘주어 설명하면 관객의 상상력을 제한하게 되고 관념의 천장을 만들어낸다. 그리고 천장 너머는 텅 비어 있다. 이것은 생각의 경계를 지켜주는 것이 아니라 생각의 심연으로 뚫고 들어갈 기회를 제한하는 것이다.

이것을 보여주는 사례들이 필요하다면 어렵지 않게 찾을 수 있다. 사랑하는 연인들을 갈라놓는 끝없는 담장과 울타리, 창살을 떠올려보라. 의미심장한 미장센들의 또 다른 변형도 있다. 분별없이 설치는 이기주의자를 정신 차리게 하여 그에게 노동과 노동자 계급에 대한 사랑을 불어넣어 주려고 굉음이 나는 대규모 건설 현장을 카메라로 훑고 지나가는 거대한 파노라마 장면들을 들 수 있다. 미장센은 반복할 권리가 없다. 똑같은 인물들이 존재할 수 없기 때문이다. 미장센이 하나의 기호, 상투 수법, 개념(심지어 독창적 개념이라고 할지라도)으로 변질된다면, 인물들의 성격과 상황, 심리 상태 등 모든 것은 도식과 거짓으로 탈바꿈한다.

도스토옙스키의 장편소설 《백치Idiot》(1869)의 마지막 장면을 떠올려보자. 인물과 상황을 둘러싼 진실이 매우 충격적이다. 큰 빙에서 서로 무릎을 맞대고 의자에 앉아 있는 로고진과 미시킨 공작의 모습은 내면 상태의 절대적 진실 속에서 다름 아닌 미장센의 외면적 불합리성과 무의미성으로 우리를 충격에 빠뜨린다. 미장센을 짓누르는 심오한 생각을 버릴 때 비로소 미장센은 삶 자체처럼 설득력 있어 보인다.

하지만 미장센이 어떤 분명한 사상도 없이 구성된다면, 이는 많은 사람에게 형식주의적인 것으로 보이기도 한다. 인간적 행동에 진정한 의미가 아니라 그에게 강요된 의미를 부여하려고 안간힘을 쓰는 감독의 무분별하고 몰취미한 의미심장함이 자주 비난의 원인으로 꼽힌다. 일례로, 나의 이런 생각이 옳다는 것을 확인하려면 지인들에게 그들이 목격자로서 본 죽음에 관해 이야기해달라고 하면 간단하다. 확신하건대, 당신은 주변 상황과 성격 표현, 불합리성, 이런 표현을 써서 미안하지만, 그런 죽음의 표현력에 놀랄 것이다. 영화적 표현을 위한답시고 엉터리 삶을 진부하고 시시껄렁하게 구성하지 말고 삶을 있는 그대로 생생하게 관찰해야 할 것이다.

미장센의 사이비 표현력을 두고 벌어진 내적인 논쟁에서 내가 들은 두 가지 일화가 떠올랐다. 두 일화는 꾸며낼 수 없었고 그 자체로 진실이며, 이로써 이른바 '이미지 사유'의 사례들과 확실하게 구분된다.

한 무리의 군인이 동료들이 지켜보는 가운데 배신죄로 총살형을 당할 예정이었다. 이들은 병원 건물 벽 옆 웅덩이 사이에서 처형을 기다렸다. 이들에게 외투와 신발을 벗으라는 명령이 떨어졌다. 이들 중 한 명은 해어진 양말을 신은 채 웅덩이 사이를 오랫동안 걸어 다니면서 잠시 후면 그에게 필요 없어질 외투와 장화를 놓을 마른 땅을 찾고 있었다.

또 다른 일화는 이렇다. 어떤 사람이 전차에 치여 한쪽 다리를 잃었다. 사람들은 그를 어느 집 벽에 기대어 앉혀 놓았다. 여기서 그는 호기심 어린 눈으로 자신을 대놓고 쳐다보는 사람들에게 둘러싸여 앉은 채 구급차가 오기를 기다렸다. 하지만 그는 끝내 참지 못하고 주머니에서 손수건을 꺼내어 잘려나간 다리 끝을 덮어 가렸다.

정말 강렬한 표현이 아닐 수 없다! 이런 사례를 들어서 다시 한번 용서를 구한다.

물론, 중요한 점은 (만일을 대비하여) 이런 일화들을 수집하는 데 있지 않다. '이미지'를 통해 인위적으로 처리하는 피상적인 아름다움을 좇아가는 것이 아니라 인물과 상황의 진실을 좇아가는 것이 중요하다.

유감스럽게도 이론적 논의에서 오는 부수적인 어려움은 많은 전문용어와 수식어를 아주 빈번하게 만들어내는데, 이들은 말한 내용의 의미를 흐리게 하고 이론 전선의 혼란상을 부추기기만 할 뿐이다.

진정한 예술적 이미지는 언제나 관념과 형식의 유기적 통일성에서 나온다. 관념 없이 형식만 있거나 형식 없이 관념만 있는 작품은 진정한 예술적 이미지를 파괴하고 예술에서 벗어나게 한다.

나는 〈이반의 어린 시절〉을 만들기 시작할 때 이런 생각을 하지는 않았다. 이런 생각은 영화 작업의 결과로 나왔다. 그리고 지금 내게 분명한 것 중에서 상당 부분은 이 영화를 찍기 시작하기 전에는 전혀 분명하지 않았다.

물론, 나의 관점은 다행히도 주관적이다. 자기 작품에서 예술가는 삶을 개인적 인식의 프리즘 속에 굴절시키며, 따라서 반복할 수 없는 카메라 앵글로 현실의 가장 다양한 측면을 볼 수 있다. 그러나 나는 예술가의 주관적 이해와 개인적 세계 인식에 큰 의미를 부여하며 어떤 전횡과 무정부주의에도 반대한다. 여기서 문제는 세계관과 윤리적·사상적 과제에 의해 해결된다.

명작은 윤리적 이상을 표현하려고 애쓰는 과정에서 탄생한다. 예술가의 개념과 느낌은 윤리적 이상을 통해 나온다. 만약 예술가가 삶을 사랑한다면, 삶을 이해하고 변화시키고 삶이 더 좋아지도록 도와줘야 할 극복하기 어려운 필요성을 느낀다면, 한마디로 예술가가 삶의 가치 제고에 협력하려고 한다면, 현실 묘사가 작가의 주관적 개념과 정신 상태라는 필터를 통과하는 데서 위험성은 없다. 결과는 항상 인간적 완성을 위한 정신적 노력이 될 것이기 때문이다. 감정과 생각의 조화, 고상함과 자제력으로 우리를 사로잡는 세계의 이미지가 될 것이기 때문이다.

내 생각에 담긴 전체적 의미는 이렇다. 단단한 윤리적 토대 위에 서 있다면, 수단을 선택할 때 커다란 자유를 얻는다 하더라도 걱정할 필요가 없다. 게다가 언제나 자유는 당신이 어떤 해결책을 선택하도록 떠미는 분명하고 굳건한 의도로 제한되어서는 안 된다. 직접적으로 발생하는 해결책에 대한 신뢰를 드러내야만 한다. 물론, 그런 해결책이 쓸데없는 복잡성으로 관객의 거부 반응을 일으키지 않도록 하는 것이 중요하다. 하지만 그것은 당신의 영화에서 어떤 기법을 사용하지 않겠다는 판단으로 이룰 수 있는 것이 아니다. 그것은 첫 작업에서 발생하는 무절제에 대한 관찰 경험에 의지하여 달성할 수 있다. 그런 무절제는 창작의 자연스럽고 직접적인 과정에서 버려져야만 한다.

나는 첫 영화를 만들 때 내게 영화 연출 능력이 있는지 없는지 밝혀보겠다는 것을 가장 단순한 목표로 정했다. 명확한 결론에 도달하기 위해 나는 말하자면 고삐를 늦춰 놓았다. '영화가 만들어져 나온다는 것은 곧 내게 영화 작업을 할 권리가 있다는 것'이라고 나는 생각했다. 바로 이런 점에서 〈이반의 어린 시절〉은 내게 특별한 의미가 있다. 이 영화는 창작의 권리를 얻기 위한 시험 무대였다.

물론, 영화 작업이 무정부주의적인 행위로 보이지는 않았다. 나는 그저 어떤 제약도 받지 않으려고 했을 뿐이다. 자신의 취향에 의존할 수밖에 없었고, 내 미학적 취향의 권한에 대한 믿음을 가져야만 했다. 결과적으로 나는 앞으로 무엇을 근거로 삼아야 하고 무엇을 포기해야 할지 결정해야만 했다.

물론, 지금 나는 많은 점에서 달라졌다고 생각한다. 나중에 밝혀졌듯이, 내가 발견한 것 중에서 생명력을 갖고 살아남은 것은 그리 많지 않다. 그리고 내가 도달한 결론들도 전부 공유하고 있는 것은 아니다.

영화 작업에서 우리 제작진에게 특히 유익했던 것은 사건이 벌어지는 장소와 풍경의 질감을 완성하고, 시나리오상 대사가 없는 부분들을 특정 배경의 장면과 에피소드들로 변환하는 일이었다. 보고몰로프는 이야기의 토대가 되는 사건들을 직접 목격한 사람에게서 볼 수 있는 부러울 정도로 철두철미한 자세로 사건의 장소를 묘사한다. 작가의 유일한 지도 원칙은 마치 자신의 눈으로 본 듯이 다큐멘터리식으로 장소들을 재구성하는 것이다.

내가 볼 때 그의 소설에서 사건이 벌어지는 장소는 파편화되어 있고 뚜렷한 특징도 없었다. 적군 쪽 강둑의 덤불 숲, 갈체프 중위의 토굴 속 어두운 판자, 쌍둥이처럼 똑같이 생긴 대대 위생 막사, 강둑을 따라 펼쳐진 우울한 느낌의 관측 초소, 참호. 이 모든 장소가 정확하게 묘사되어 있었지만, 내게 어떤 미적 감정도 일깨우지 않았다. 게다가 왠지 불쾌하기까지 했다. 내가 생각할 때, 이런 배경은 이반에 관한 이야기를 둘러싼 상황에 어울릴 만한 감정을 전혀 일깨우지 못했다. 나는 이 영화가 성공하려면 사건이 벌어지는 장소와 풍경의 매력적인 질감이 내게서 일정한 회상과 시적 연상을 불러일으켜야 한다고 계속해서 생각했다. 20여 년이 흐른 지금 나는 분석을 허용하지 않는 다음과 같은 상황을 굳게 믿고 있다. 만약 작가 자신이 선택한 자연에 흥분한다면, 그 자연은 그에게서 회상을 일깨우고 매우 주관적이더라도 어떤 연상을 일으킬 것이다. 관객에게는 어떤 특별한 흥분감이 전해진다. 바로 이런 작가적 분위기로 물든 일련의 에피소드에서 '자작나무'가 있고, 자작나무로 만든 위생 막사의 엄폐부, '마지막 꿈'의 풍경, 물에 잠겨 죽은 듯한 숲이 나온다.

(네 번의) 모든 꿈은 상당히 구체적인 연상을 근거로 하고 있다. 예를 들면, 첫 번째 꿈은 처음부터 끝까지, 바로 "엄마, 저기 뻐꾸기가 있어!"라고 외치는 대목까지, 나의 어린 시절의 첫 추억 가운데 하나다. 이것은 세계와 처음 만나는 시간이었다. 그때 나는 네 살이었다.

인간에게 회상은 소중하다. 따라서 회상이 항상 시적인 색채로 상식되는 것은 우연이 아니다. 가장 아름다운 회상은 어린 시절의 회상이다. 사실, 기억은 과거의 예술적 재구성에서 토대가 되기 전에 일정한 손질이 필요하다. 여기서는 특별한 감정적 분위기를 잃지 않도록 하는 것이 중요하다. 그러한 분위기가 없다면, 자연주의식으로 자세하게 재구성되는 회상은 모두 쓰라린 환멸감만 불러일으킬 것이다. 당신이 태어난 집이지만, 이미 오랫동안 보지 못한 집을 상상하는 것과 시간의 거대한 간극을 통해 이 집을 직접적으로 관조하는 것 사이에서 나오는 차이가 매우 크기 때문이다. 보통 회상의 시적 특성은 회상의 구체적인 원천과 충돌하게 되면 깨지기 마련이다. 나는 바로 이런 기억의 특성으로부터 발전해 나오는 어떤 독특한 원리 위에서 최고로 흥미로운 영화가 탄생할 수 있다고 확신한다. 행위와 사건의 논리, 주인공의 행동 논리는 외적으로 깨지게 된다. 이것은 그의 회상과 몽상에 관한 이야기가 된다. 그렇게 되면, 심지어 주인공 자신을 보여주지 않고도, 더 확실하게 말하자면, 전통적인 연출로 만들어진 영화에서 흔히 그런 것처럼 주인공을 보여주지 않고도 커다란 의미를 표현할 수 있고 독특한 성격을 묘사할 수 있으며 주인공의 내면세계를 드러내 보일 수 있다. 이러한 방법은 문학과 시에서 주인공의 서정적 이미지를 구현하는 것과 일치한다. 주인공 자신은 부재하지만, 그가 무엇을 어떻게 생각하는지가 그에 관한 분명하고 확실한 관념을 만들어낸다. 훗날 이런 식으로 만들어진 것이 바로 영화 〈거울〉이다.

그러나 이러한 시적 논리를 따르는 길에서는 수많은 난관과 마주친다. 여기서는 시적 논리의 원칙이 문학적 논리와 연극 연출 논리의 원칙만큼이나 합법적임에도 한 걸음 뗄 때마다 반대자들이 당신을 기다리고 있다. 구성의 원칙이 한 요소에서 다른 요소로 바뀌었을 뿐인데 말이다.

이와 관련하여 "시인은 자질을 타고나는 것이지, 되겠다고 해서 되는 것이 아니다"라는 헤르만 헤세 Hermann Hesse(1877~1962)의 서글픈 말이 떠오른다.

〈이반의 어린 시절〉을 만드는 과정에서 우리는 플롯 연결을 시적 연결로 바꾸려고 할 때마다 반드시 영화 관계 당국의 항의를 받았다. 그러나 우리는 이런 방법에 상당히 조심스럽게 접근하면서 우리의 길을 모색하기만 할 뿐이었다. 나는 여전히 영화 제작 작업 원칙을 일관성 있게 개선해나가지 못했다. 하지만 극적 구조에서 뭔가 새로운 기미가 조금이라도 나타나면, 다시 말해 일상생활의 논리를 좀더 자유롭게 다룬다면, 반드시 의혹의 눈초리와 항의를 받았다. 당국은 관객을 특히 자주 들먹였다. 관객에게는 중단 없이 전개되는 줄거리가 필요하며, 관객은 영화의 플롯이 약하면 스크린을 쳐다볼 수 없다는 것이었다. 〈이반의 어린 시절〉에서 꿈에서 현실로, 또는 그 반대로 교회 지하실의 마지막 장면에서 베를린의 '승전 기념일'로 급격히 전환되는 대목들은 많은 사람에게 적절해 보이지 않았다. 하지만 기쁘게도 나는 관객들은 그렇게 생각하지 않는다는 것을 훗날 확인할 수 있었다.

인간의 삶에는 여러 측면이 존재하는데, 이는 오직 시의 기법을 통해서만 충실하게 재현할 수 있다. 하지만 바로 여기서 영화 연출자는 아주 빈번하게 시적 논리를 기술적 방법의 투박한 관습으로 바꾸려고 애쓴다. 내가 말하는 것은 꿈이든 회상이든 몽상이든, 환영과 환상에 관련된 것이다.

이처럼 영화에서 꿈은 구체적인 삶의 현상에서 낡아빠진 영화적 기법들의 집적물로 자주 변질되곤 한다.

영화에서 꿈을 찍어야 할 필요성과 맞닥뜨린 우리는 시적인 구체성에 어떻게 접근하고 그것을 어떻게, 어떤 방법으로 표현해야 하느냐 하는 문제를 해결해야만 했다. 여기서는 사변적인 해결책이 있을 수 없었다. 탈출구를 찾는 과정에서 우리는 연상과 혼란스러운 추측에 의지하면서 몇 가지 실천적인 시도에 착수했다. 이렇게 해서 세 번째 꿈에 나오는 부정적 묘사에 관한 생각이 예기치 않게 머릿속에 떠올랐다. 우리는 검은 태양의 밝은 반점들(빅토르 위고Victor Hugo를 생각해보라!)이 눈 덮인 나무들 사이로 깜빡거리고 빗물이 반짝이며 흐르는 것을 상상했다. 번개의 섬광이 포지티브 필름(양화)이 네거티브 필름(음화)으로 바뀌는 몽타주Montage를 기술적으로 가능하게 해주었다. 하지만 이 모든 것은 비현실적인 분위기를 자아내기만 할 뿐이었다. 그렇다면 내용은 어떨까? 꿈의 논리는 또 어떨까? 그것은 이미 회상에서 나온 것이다. 물에 젖은 풀밭이 보였고 사과를 가득 실은 트럭도 보였다. 비에 젖은 채 태양을 향해 입김을 내뿜는 말도 보인다. 그리고 이 모든 것은 삶에서 화면으로 직접 가져온 것이지, 인접한 시각예술에서 간접적으로 빌려온 재료가 아니다. 꿈의 초현실성을 전달하기 위해 간단한 해결책을 찾던 끝에 우리는 네거티브 필름처럼 움직이는 나무들을 보여주는 파노라마와 함께, 이 나무들을 배경으로 소녀가 카메라 앞에 세 번 나타나며 그때마다 표정을 바꾸는 것으로 해결책을 마련했다. 이 장면에서 우리는 피할 수 없는 비극의 예감을 포착해 표현하고자 했다. 이 꿈의 마지막 장면은 이반의 마지막 꿈과 연결시키려고 일부러 해변의 물가에서 찍었다.

촬영지 선택 문제로 돌아가보자. 구체적인 장소에서 나오는 생생한 느낌이 일깨우는 연상들을 마다한 채 추상적인 것을 고안해내고 시나리오에 있는 것을 그대로 따른다면, 바로 여기서 우리는 실패를 맛보게 된다는 것을 지적하지 않을 수 없다.

우리는 진창투성이의 축축하고 버려진 들판을 상상했다.

이 길을 따라 가을 들판의 옥수숫대가 서 있었다.

잿더미는 하나도 없었다.

저 멀리 지평선 끝에 굴뚝 하나만 외롭게 솟아 있을 뿐이었다.

고독감이 모든 것을 지배해야 했다. 미쳐버린 노인과 이반이 타고 가는 건초 마차는 말라빠진 암소[에펜디 카피예프Effendi Kapiev (1909~44)의 최전방 전투 묘사에서 나왔다]가 끌고 갔다. 마차 바닥에 수탉 한 마리가 앉아 있고 그 옆에 더러운 부대로 둘둘 말린 무언가 상당히 큰 물건이 하나 놓여 있다. 연대장의 자동차가 눈에 들어오자 이반은 멀리 들판 지평선 쪽으로 도망갔고, 홀린 대위는 한참 뒤에 소년을 붙잡고 그의 무거운 장화를 진흙탕 속에서 간신히 꺼낸다. 그러고 나서 '닷지' 자동차가 떠나고 노인은 혼자 남는다. 바람이 불어 부대를 들썩이면 마차에 놓여 있던 녹슨 쟁기가 드러나 보인다.

이 장면은 길고 느린 쇼트로 찍어야 하고, 따라서 완전히 다른 리듬을 가져야만 했다.

내가 제작 일정을 고려하여 이 장면을 다르게 찍었다고 생각해서는 안 된다. 이 장면에는 원래 두 가지 선택지가 있었는데, 나의 선택지가 더 좋지 못했음을 그때는 바로 느끼지 못했다.

이 영화에는 그런 실패가 더 있다. 그것은 배우와 관객을 위한 인식의 순간이 부재한 데서 나오는데, 이에 관해 나는 앞에서 회상의 시학과 관련하여 이미 말한 바 있다. 이반이 군부대와 군용 트럭 대열을 통과하는 장면이 바로 그것이다. 이때 이반은 유격대원들 쪽으로 도망친다. 이 장면은 나에게 어떤 감정도 일깨우지 못했고, 관객에게도 마찬가지였다.

이런 점에서 보면 정찰대에서 이반과 그랴즈노프 대령이 나누는 대화 장면도 부분적으로 실패작이었다. 이 장면에서 소년의 흥분이 외적으로 역동성을 띠고 있음에도 실내 광경은 무덤덤하고 애매모호했다. 후면에서 창문 밖으로 보이는 병사들의 일과 모습만이 삶의 요소를 불어넣어 주면서 관객들이 한 번 더 생각해보고 연상해볼 수 있는 계기로 작용할 뿐이다.

내적 의미가 결여돼 있고 작가의 특별한 조명을 받지 못하는 이런 장면들은 곧바로 이질적인 것으로 인식된다. 이들은 영화 전체에 걸친 조형적 해결책에서 벗어나 있기 때문이다.

이 모든 것은 영화가 다른 모든 예술과 마찬가지로 작가에 의해 창조되는 예술이라는 점을 다시 한번 입증한다. 함께 작업하는 동료들이 감독에게 무수히 많은 것을 줄 수 있지만, 오직 감독의 생각만이 영화에 최종적인 통일성을 부여한다. 그의 작가적 비전을 거쳐 여과되는 것만이 예술적 재료가 되고 현실의 진정한 모습을 반영하는 독특하고 복잡한 세계를 형성한다. 물론, 감독이 최종 결정을 내린다고 해서 영화 제작에 참여하는 모든 사람의 창조적 기여에 담긴 크나큰 의미가 없어지는 것은 아니다. 그러나 여기서 의존의 관계는 다음과 같다. 참여자들의 제안을 감독이 제대로 선별할 때 비로소 작품은 실질적으로 향상된다. 그렇지 않으면 작품의 전체성은 파괴된다.

우리의 영화가 거둔 성공의 상당 부분은 당연히 배우들에게 돌아간다. 특히 니콜라이 부를랴예프 Nikolai Burliaev(1946~), 발렌티나 말랴비나 Valentina Maliavina(1941~), 예브게니 자리코프 Evgenii Zharikov(1941~), 발렌틴 줍코프 Valentin Zubkov(1923~79)의 공이 크다. 많은 배우가 처음 영화를 찍었지만, 진지하게 임했다.

이반 역을 연기한 니콜라이 부를랴예프는 내가 국립영화학교에 다닐 때 이미 눈여겨봤다. 그를 알게 된 것이 〈이반의 어린 시절〉 제작에 대한 나의 태도를 결정지었다고 해도 과언이 아닐 것이다. (제작 일정이 굉장히 촉박해서 이반 역의 배우를 본격적으로 찾아 나설 수 없었다. 다른 제작진이 시작했던 《이반》의 영화 작업이 실패로 끝나면서 예산마저 빠듯했다.) 성공하리라는 또 다른 보장이 있어야 영화 제작에 동의할 수 있었는데, 니콜라이 부를랴예프, 카메라맨 바딤 유소프 Vadim Iusov(1929~2013), 작곡가 뱌체슬라프 옵친니코프 Viacheslav Ovchinnikov(1936~2019), 미술가 예브게니 체르냐예프 Evgenii Cherniaev(1955~)가 성공을 보장해주었다.

여배우 발렌티나 말랴비나는 원작자 보고몰로프가 상상했던 간호원과는 어느 모로 보나 어울리지 않았다. 원작에서 간호원은 숱이 많은 금발에 풍만한 젖가슴과 푸른 눈동자를 가진 아가씨였다.

그러나 말랴비나의 외모는 보고몰로프가 묘사한 간호원과 정반대였다. 갈색 머리와 밤색 눈동자에 체구는 소년 같았다. 하지만 이 모든 것과 더불어 그녀는 소설 속에 없는 특별하고 개성적이며 돌발적인 무언가를 가지고 있었다. 그리고 이것은 훨씬 더 중요하고 복잡했다. 이것은 마샤의 이미지에 관해 많은 것을 설명하고 약속해주었다. 이렇게 해서 도덕적 보장을 또 하나 갖게 되었다.

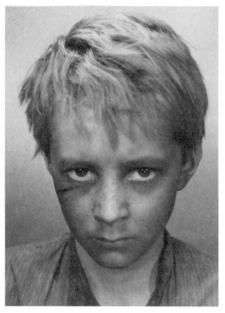

"부를랴예프를 알게 된 것이 〈이반의 어린 시절〉
제작에 대한 나의 태도를 결정지었다고 해도 과언이 아닐 것이다."
〈이반의 어린 시절〉의 주연 니콜라이 부를랴예프.

말랴비나가 배우로서 가진 내적 핵심은 연약함에 있었다. 그녀는 정말 순진하고 순결하고 신뢰감을 주기 때문에 다음과 같은 것이 곧 분명해졌다. 마샤―말랴비나는 그녀와 공통점이 하나도 없는 전쟁 앞에서 의지할 데가 전혀 없다. 이러한 취약성은 그녀의 천성과 나이에 고유한 페이소스다. 삶에 대한 그녀의 태도를 결정해야 할 모든 활력은 그녀 안에서 아직 맹아 상태에 있다. 바로 이것으로 그녀와 홀린 대위의 관계는 자연스럽게 형성되었다. 홀린 대위는 바로 그녀의 연약함에 무장해제 됐기 때문이다. 홀린 역을 맡은 줍코프는 자신의 상대역에 완전히 빠져 있었다. 만일 그가 다른 여배우와 함께 연기했다면 그의 행동은 인위적이고 교훈적으로 보였겠지만, 그녀와 함께 연기했을 때는 진실이 담겨 있었다.

이 모든 판단을 〈이반의 어린 시절〉이 만들어진 배경의 근거로 받아들여서는 안 된다. 이것은 영화 작업 과정에서 어떤 생각이 탄생하여 어떤 관점 체계로 수렴됐는지 스스로 설명해보려는 시도일 뿐이다.

이 영화를 찍으면서 얻은 경험은 나의 확신을 형성하는 데 도움을 주었다. 나의 확신은 〈안드레이 루블료프〉 시나리오 집필과 1966년에 완성한 안드레이 루블료프 Andrei Rublev(1360년대~1427/1430)의 삶에 관한 영화를 제작하는 과정에서 강화됐다. 시나리오 집필 이후에 나는 나의 구상이 실현될 수 있을지를 두고 깊은 의구심에 빠졌다. 그러나 기회가 주어진다면 미래의 영화가 어떤 경우에도 역사물이나 전기물로는 만들어지지 않을 것이라고 생각했다. 나의 관심은 다른 데 있었다. 그것은 바로 위대한 러시아 화가의 시적 재능에 깃든 성격을 탐구하는 것이다. 루블료프의 사례를 통해서 나는 예술 창작의 심리 문제를 탐구하고 싶었고 초시간적 의미가 있는 정신적 보고를 창조한 한 예술가의 정신과 시민적 감정을 분석해보고 싶었다.

이 영화는 야만적인 동족상잔과 몽골·타타르의 압제에 시달리는 시대에 형제애를 향한 민족적 열망이 어떻게 하여 형제애와 사랑, 고요한 거룩함의 이상인 〈성 삼위일체Troitsa〉 성상화를 탄생시켰는지를 이야기할 예정이었다. 바로 이것이 시나리오의 사상적·미학적 구상의 근간을 형성했다.

시나리오는 개별적인 에피소드로 구성됐다. 루블료프가 모든 에피소드에 등장하지는 않는다. 하지만 그가 나타나지 않을 때도 그의 영적인 삶, 세계에 대한 그의 태도를 보여주는 분위기의 숨결이 느껴져야만 했다. 이 이야기들은 전통적인 연대기 방식으로 연결된 것이 아니라, 루블료프가 〈성 삼위일체〉 성상화를 그리게 된 내적·시적 논리로 연결되어 있다. 바로 이 논리가 에피소드들의 통일성으로 이어지는데, 각 에피소드에는 특별한 플롯과 고유한 사상이 담겨 있다. 에피소드들은 내적으로 서로 충돌하며 상호 작용을 거쳐 발전한다.

그러나 시나리오의 순서상 이러한 충돌은 삶과 창작의 모순과 복잡성이 이미지로 표현되는 것처럼 시적 논리에 상응하여 일어나야만 했다.

역사적인 측면에서, 마치 우리의 동시대인에 관해 이야기한다는 인상을 주는 영화를 만들고 싶었다. 그렇게 하려면 역사적 사실과 인물들 속에서, 물질문화의 잔재 속에서 미래의 기념비를 위한 동기가 아니라 살아 숨 쉬듯이 생생하면서 심지어 일상적이기까지 한 무엇인가를 찾아야만 했다.

소도구와 의상, 용구, 이 모든 것을 박물관 전시품을 수집하는 역사학자와 고고학자, 민족지학자의 눈으로 바라보려고 하지는 않았다. 의자는 앉을 대상으로 바라봐야지 박물관의 희귀 소장품으로 바라보면 안 된다.

배우들은 자신들도 쉽게 이해하고 사실상 현대인과 똑같은 감정을 느끼는 인물들을 연기해야 한다. 대개 역사 영화에서 배우들이 촬영 중에 신고 연기하다가 촬영이 끝날 때쯤 어느새 한쪽에 죽마처럼 모셔 놓곤 하는 코투른Kothurn* 전통은 단호하게 거부해야 한다. 이 모든 것이 성공적으로 이루어진다면, 다소 낙관적인 결과를 기대할 수 있을 것으로 나는 생각했다. 나는 우리가 자신들의 능력을 입증해 보인 친절한 제작진의 집단적 힘으로 이 영화를 만들어낼 수 있기를 간절히 바랐다. 카메라맨 유소프와 미술가 체르냐예프, 작곡가 옵친니코프가 우리 제작진에 합류해 있었다.

---

* 고대 그리스 비극 배우들이 실제보다 더 커 보이기 위해 신은 굽 높은 반장화.

제2장

이상을 향한 동경으로서의 예술

영화 예술의 특수성과 관련한 사적인 성격의 문제를 다루기 전에 예술 자체의 궁극적 목적을 내가 어떻게 이해하는지 밝히는 것이 중요할 것이다. 예술은 왜 존재할까? 예술은 누구에게 필요할까? 예술이 필요한 사람이 정말 있을까? 이런 질문은 시인만이 아니라 예술을 감상하는 사람, 또는 흔히 말하듯 불행히도 20세기에 예술이 관객과 맺는 관계의 본질인 '소비'를 드러내는 사람도 제기한다.

많은 사람이 이렇게 질문하고 예술 관련자 모두가 이 질문에 각자 특별한 방식으로 답변한다. 알렉산드르 블로크Aleksandr Blok (1880~1921)는 "시인은 혼돈에서 조화를 창조한다"라고 말했다. 알렉산드르 푸시킨Aleksandr Pushkin(1799~1837)은 시인에게 예언자의 재능을 부여했다. 모든 예술가는 자신만의 법칙을 따르지만, 이 법칙을 다른 사람에게 강요하지 않는다.

어쨌든, 예술이 '소비자'를 위한 판매 상품일 경우를 제외하면, 모든 예술의 목적이 인간은 무엇을 위해 살고 인간의 존재 의미는 무엇인지를 예술가 자신과 주변 사람들에게 설명해준다는 것임은 자명하다. 그것은 인간이 지구상에 출현하게 된 이유가 무엇인지 그들에게 설명해주는 데 있다. 설명해주지 않는다고 할지라도 적어도 이런 질문을 사람들에게 제기하는 것이 예술의 목적이다.

가장 일반적인 사항부터 시작해보자. 이론의 여지 없이 예술의 기능은 인상을 주는 형식이 충격과 카타르시스의 형식으로 표현되는 지식knowing의 관념에서 나오는 것임을 말할 필요가 있다.

　이브가 지식의 나무에서 사과를 따 먹은 순간부터 인류는 진리를 향해 끝없이 노력해야 할 운명을 짊어졌다.

　잘 알려져 있듯이, 무엇보다도 먼저 아담과 이브는 자신들이 벌거벗고 있음을 알아차렸다. 그리고 부끄러워했다. 그들은 자신들이 벌거벗고 있음을 알았기 때문에 부끄러워했고, 서로를 알게 된 기쁨에서 자신들의 길을 가기 시작했다. 순수한 무지 상태에서 막 나와 적대적이고 불가해한 광야에 내던져진 두 영혼에게 이 순간이 얼마나 극적이었을지 충분히 이해할 수 있다.

　"너의 얼굴에 땀을 흘려야 빵을 얻을 수 있다."

　'자연의 화관'이라고 하는 인간은 다름 아닌 바로 인간이 무엇을 위해 나타났는지, 또는 보내졌는지 알기 위해 지구에 나타났다. 그리고 인간의 도움을 통해 창조주는 자기 자신을 알게 된다. 이러한 길은 진화로 불린다. 이 길은 인간의 자기 인식이라는 고통스러운 과정을 수반한다.

　어떤 의미에서 개인은 자기 존재와 자신의 삶, 자신의 목표를 매번 새롭게 안다. 물론, 인간은 축적된 지식의 총량을 사용한다. 하지만 그럼에도 윤리적·도덕적 자기 인식이라는 경험은 모든 사람에게 삶의 유일한 목표이며 주관적으로 매번 새롭게 경험된다. 인간은 자신의 외부에 있으며 자신이 직관적·감각적 원리로서 포착하는 그 이상을 획득하고, 그 이상과 결합되기를 고통스럽게 갈망하면서 계속해서 다시 이 세계와 관계를 맺는다. 이런 결합을 달성할 수 없다는 것, 고유한 '자아'가 부족하다는 것이 바로 인간 불만족의 영원한 원천이다. 따라서 예술은 과학과 마찬가지로 세계를 자기 것으로 만드는 수단이며, 인간이 이른바 '절대 진리'로 가는 길에서 그것을 알 수 있는 무기이다.

그러나 창작이란 발견이 아닌 창조라고 감히 주장한다면, 인간 창작 정신의 두 구현 형식 사이의 유사성은 여기서 끝난다.

이제는 과학과 미학이라는 두 가지 지식 형식 사이의 분기점, 근본적 차이점을 지적하는 것이 훨씬 더 중요하다.

인간은 예술을 매개로 한 주관적 경험을 통해 현실을 자기 것으로 만들어낸다. 세계에 대한 인간의 과학적 지식은 끝없는 계단을 올라가면서, 특별한 객관적 진리를 위해 흔히 하나의 발견이 또 다른 발견에 의해 계속해서 논박되는 식으로 점점 더 새로운 지식으로 지속해서 교체된다. 예술적 발견은 매번 새롭고도 독보적인 세계의 이미지로, 절대 진리의 상형문자로 나타난다. 그것은 계시로 나타난다. 아름다운 것과 추한 것, 인간적인 것과 잔인한 것, 무한한 것과 유한한 것 등 세계의 모든 법칙을 한꺼번에 직관적으로 파악하고 싶은 순간적이고 열정적인 바람으로 나타난다. 예술가는 예술적 이미지를 창조하면서 이런 것들을 표현한다. 그는 독특한 절대의 포획자다. 무한한 것의 느낌은 이미지의 도움으로 유지되는데, 여기서 무한한 것은 유한한 것을 통해서, 정신적인 것은 물질적인 것을 통해서, 광대한 것은 프레임을 통해서 표현된다.

예술은 실증주의적, 실용주의적 행위로는 드러나지 않는 정신적인 절대 진리와 연결된 하나의 보편적 상징이라고 말할 수 있다.

어떤 과학 시스템에 들어가려면 논리적 사고의 도움이 필요하고 이해의 과정을 거쳐야 하는데, 그런 과정의 출발점은 일정한 교육이다.

예술은 인상을 자아내고 느껴지길 바라면서, 특히 감정적 충격을 일으키고 수용되고, 반박의 여지 없는 합리적 결론이 아니라 예술가가 작품에 쏟아붓는 정신적 에너지로 우리를 복종시키기를 바라면서 모든 사람에게 다가간다. 그리고 실증주의적 의미의 교육 기반 대신에 일정한 정신적 수준을 요구한다.

   예술은 정신적인 것과 이상을 향한 영원한 동경이 존재하는 곳
에서 탄생하고 정착한다. 이러한 동경은 사람들을 예술 주변으로
불러 모은다. 현대 예술은 개인의 가치 자체를 위해서 존재의 의미
탐색을 포기함으로써 잘못된 길을 길았다. 이른바 창작은 개인화된
행동의 자기 만족적 가치를 주장하는 미심쩍은 사람들의 이상한 일
로 보이기 시작했다. 하지만 예술 창작에서 사람은 자기 자신을 내
세우지 않고 공통의 고매한 사상에 봉사한다. 예술가는 언제나 자
신에게 기적처럼 주어진 재능에 보답하려고 하는 종복이다. 그러나
오직 희생만이 진정으로 자기주장을 표현하는 것임에도 현대인은
어떤 희생도 하고자 하지 않는다. 우리는 이에 관해 점차 잊고 있
다. 따라서 인간적 소명감도 잃고 있다.

   아름다운 것을 향한 열망에 관해 말하고, 이상적인 것이 예술
이 추구하는 목표이며, 이상적인 것을 향한 동경에서 예술이 탄생
한다고 말할 때 나는 예술이 세속의 '더러운 것'을 피해야 한다고
주장하는 것이 결코 아니다. 오히려 그 반대다! 예술적 이미지는
언제나 일종의 환유다. 어떤 것을 다른 어떤 것으로, 큰 것을 작은
것으로 대체하는 것이다. 예술가는 살아 있는 것에 관해 이야기할
때 죽어 있는 것을 사용한다. 무한한 것에 관해 말할 때는 유한한
것을 보여준다. 이것이 바로 대체다! 무한한 것은 물질화할 수 없
지만, 무한한 것의 환영인 이미지를 창조할 수 있다.

   기괴한 것은 항상 아름다운 것 안에 있고, 아름다운 것은 기괴
한 것 안에 있다. 이처럼 삶은 터무니없이 커다란 모순으로 뒤얽혀
있는데, 이런 모순은 예술의 조화로운 동시에 극적인 통일성 속에
서 나타난다. 이미지는 바로 이런 통일성을 느낄 기회를 제공한다.
이런 통일성에서는 모든 것이 인접해 있고 서로 뒤섞인다. 이미지
의 관념성에 관해 말할 수 있고 이미지의 존재를 말로 묘사할 수도
있다. 그러나 이러한 묘사는 이미지와 절대 동등할 수 없다. 이미지

"예술은 정신적인 것과 이상을 향한 영원한 동경이 존재하는 곳에서
　탄생하고 정착한다."

는 창조되고 감각될 수 있을 뿐이다. 받아들여지거나 거부될 수 있을 뿐이다. 하지만 지적인 차원에서 이해될 수 있는 것은 아니다. 무한한 것이라는 관념은 말로 표현할 수 없고 심지어 묘사할 수조차 없다. 우리는 무한한 섯 너머로 나아가지 못한다. 하지만 예술은 그렇게 할 기회를 제공한다. 예술은 무한한 것을 느낄 수 있게 해준다. 절대적인 것은 오직 믿음과 창작 행위로만 달성할 수 있다. 자신의 창작 권리를 얻기 위한 투쟁의 유일한 조건은 소명에 대한 믿음, 봉사할 준비 그리고 비타협성이다. 창작은 실제로 예술가에게 이 말의 가장 비극적인 의미에서 '완전 소멸'(보리스 파스테르나크)을 요구한다.

예술이 절대 진리의 상형문자를 내포한다고 한다면, 그런 상형문자는 모두 최종적으로 작품 속에 나타나는 세계의 이미지다. 또 실증적이고 과학적이며 냉철한 현실 인식이 마치 끝없는 층계를 올라가는 것과 같다고 한다면, 예술적 인식은 내적으로 완결되어 폐쇄된 영역들의 무한한 시스템을 떠올리게 해준다. 이들 영역은 서로 보완해줄 수 있고 서로 충돌할 수 있지만, 어떤 상황에서도 서로 상쇄하지는 않는다. 반대로 이들은 서로 보강해주고 축적을 거듭하면서, 무한으로 성장하는 특별한 포괄적 영역을 형성한다.

이와 함께 예술은 의심의 여지 없이 순수한 의사소통 기능을 수행한다. 인간의 상호 이해란 통합력이자 최종 의미로는 정신적 교감이다. 이는 예술 창작의 최종 목표에서 가장 중요한 측면 가운데 하나이다.

예술 작품들은 과학적 개념들과 달리 물질적 의미에서 어떤 실용적 목적도 추구하지 않는다. 예술은 메타언어이다. 사람들은 이 언어를 통해 서로 소통하려고 한다. 자기 자신에 관한 정보를 전달하고 타인의 경험을 받아들인다. 그러나 다시 말하지만, 이것은 실용적 이익을 위한 것이 아니라 사랑의 관념을 실현하기 위한 것이다. 사랑의 의미는 실용주의와 반대되는 헌신성에 있다. 나는 예술가가 자기 표현만을 위해 창작할 수 있다고는 절대 믿지 않는다. 상호 이해 없는 자기 표현은 무의미하다. 다른 사람들과 맺는 정신적 관계의 실현을 위한 자기 표현은 고통스럽고 이익이 생기지도 않으니 결국 희생적인 것이다. 자기 목소리의 메아리를 들으려고 노력할 필요가 있을까? 하지만 어쩌면 예술적 창작뿐 아니라 과학적 창작에도 존재하는 직관이 내 생각에는 이렇게 충돌하는 현실 이해 방식들을 서로 가깝게 만들어주는지도 모른다.

물론, 직관은 예술뿐 아니라 과학에서도 가장 큰 역할을 담당하고 있지만, 시적 창작에서 직관은 과학적 연구에서의 직관과 같지 않다.

이와 마찬가지로 몰이해라는 용어도 두 영역에서 완전히 다르다.

과학적 의미에서 이해는 지적·논리적 차원에서의 동의이자 원리의 증명 과정과 비슷한 지능적 행위이다.

예술적 이미지의 이해는 감각적인 차원에서, 때로는 초감각적인 차원에서 아름다운 것을 미학적으로 수용하는 것이다.

과학자의 직관은 심지어 그것이 통찰이나 영감과 비슷하다고 해도 항상 논리적 추론의 비유적 표현이다. 이는 논리적 옵션들이 가용한 정보를 바탕으로 처음부터 끝까지 산정되는 것이 아니라, 산정된 것으로 암시되고 기억 속에 보관되고 완료 상태로 표시되지 않는다는 것을 의미한다. 다시 말해 어떤 과학적 지식 분야에서 법칙의 지식을 바탕으로 논리적 추론을 통한 비약이 이루어지고 있다는 것이다.

그리고 과학적 발견이 영감을 통해 이루어진 것처럼 보인다고 할지라도 과학자의 영감은 시인의 영감과 공통점이 하나도 없다.

지능을 통해 인식하는 경험적 과정은 예술적 이미지의 탄생을 설명해주지 못한다. 이것은 독보적이고 불가분하고, 지능의 차원과 다른 (지능적이지 않은) 차원에서 창조되어 존재하기 때문이다.

이처럼 과학에서 직관은 논리를 대신한다. 예술의 직관은 종교이 경우처럼 획신 및 믿음과 능가를 이룬다. 이것은 정신 상태이지, 사고방식이 아니다. 과학은 경험적이지만, 이미지 사유는 계시의 에너지를 받아 진행된다. 이것은 일종의 순간적 통찰이다. 마치 눈에 붙은 비늘이 떨어져 나가는 것과 같다! 하지만 이것은 부분적인 것과의 관계가 아니라, 전체적인 것, 무한한 것, 의식과 어울리지 않는 것과의 관계에서 일어난다.

예술은 논리적으로 사유하지 않고, 행동 논리도 만들어내지 않는다. 그러나 예술은 자신만의 믿음 원리를 표현한다. 그러므로 예술적 이미지는 오직 믿음으로만 받아들일 수 있다. 과학이 자신의 진리와 정당성을 수립하여 반대론자들에게 논리적으로 입증할 수 있다고 한다면, 예술은 수용자가 창조된 이미지에 시큰둥하고 세계와 인간에 관해 발견된 진리 앞에 복종하지 않는다면, 또 관객이 마침내 예술을 마주하고도 지루할 뿐이라고 한다면, 자신의 정당성을 누구에게도 설득하지 못할 것이다.

레프 톨스토이Lev Tolstoi(1828~1910)의 창작, 그중에서 톨스토이가 자신의 사상과 작품의 도덕적 페이소스를 도식적으로 정확하게 표현하길 특별히 고집했던 작품들을 예로 들어보자. 매번 우리는 톨스토이가 창조한 예술적 이미지가 어떻게 작가에 의해 자신 밖에 놓인 자신의 이념적 경계선들을 밀어붙이기라도 하듯이 그 안으로 들어가지 않은 채 논쟁을 벌이고, 이따금 심지어는 시적 의미에서 자신의 논리적 구성 체계와 대립하기까지 하는지 볼 수 있을 것이다. 명작은 자신만의 법칙에 따라 계속해서 살아간다. 그리고 심지어 우리가 명작의 근간을 이루는 작가의 기본 구상에 동의하지 않을 때조차도 우리에게 커다란 감정적·미학적 인상을 불

러일으킨다. 위대한 작품은 예술가가 자신의 약점을 극복하는 과
정에서 단생하는 경우가 아주 많다. 이때 극복은 작품에서 약점을
제거한다는 뜻이 아니라, 작품이 약점에도 불구하고 존재한다는
것이다.

예술가는 우리에게 세계를 열어 보이면서 우리가 그 세계를 믿
든지, 아니면 우리 자신에게 불필요하고 설득력 없는 것이라며 거
부하든지 하게 한다. 예술가는 예술적 이미지를 창조하면서 항상
자신에게 계시로 나타난 세계의 감각적·지각적 이미지 앞에서 초
라한 자신의 생각을 극복해나간다. 생각은 단명하지만, 이미지는
절대적이기 때문이다. 따라서 정신적으로 잘 받아들일 준비가 되어
있는 사람이 예술 작품에서 받게 되는 인상과 순수하게 종교적인
인상 사이의 유사점에 관해 이야기해볼 수 있다. 예술은 무엇보다
도 인간 영혼에 영향을 미치면서 인간의 정신적 구조를 형성한다.

시인은 어린아이의 상상력과 심리를 갖고 있다. 세계에 대한
그의 사상이 제아무리 심오할지라도 그가 세계에서 받는 인상은 직
접적인 것이다. 다시 말해 그는 세계를 '묘사'하는 것이 아니라 세
계를 열어 보인다.

예술가를 신뢰할 준비가 되어 있고 신뢰할 수 있어야 하는 것
이야말로 예술을 감상하고 수용하기 위한 필수 조건이다. 그러나
감성적인 시적 이미지로부터 우리를 갈라놓는 몰이해의 선을 뛰어
넘기가 어려울 때가 종종 있다! 신에 대한 진정한 믿음을 가져야
할 때처럼, 아니면 적어도 그런 믿음이 필요하다고 느낄 때처럼, 특
별한 상태의 영혼, 아주 순수한 정신적 잠재성을 보유해야만 한다.

이와 관련하여 도스토옙스키의 소설 《악령 Besy》(1872)에 나오
는 스타브로긴과 샤토프의 대화가 기억에 떠오른다.

— … 나는 그저 당신 자신이 신을 믿는지 믿지 않는지 알고

싶었을 뿐입니다. ─ 니콜라이 프세볼로도비치(스타브로긴)가 그(샤토프)를 준엄하게 바라봤다.

─ 나는 러시아를 믿습니다. 러시아 정교를 믿습니다…. 나는 그리스도의 성체를 믿습니다…. 나는 그리스도의 재림이 러시아에서 이루어질 것이라고 믿습니다…. 나는 믿습니다…. ─ 샤토프가 절망에 빠져 지껄이기 시작했다.

─ 그럼 신은 믿습니까? 신은 믿느냐고요?

─ 나는 … 나는 신을 믿을 것입니다.

여기에 무엇을 덧붙일 수 있을까? 정신적 무기력증으로 진단할 수 있는 현대인에게 점점 더 만성적 징후가 되는 영혼의 혼란과 쇠약, 열등감에 대한 천재적인 통찰이 잘 나타나 있다.

진리를 추구하지 않는 사람들이나 진리가 금기로 되어 있는 사람들에게는 아름다운 것이 눈에 보이지 않는다. 예술을 감상하지 않고 재단하려 드는 사람들은 정신성이 몹시 부족하다는 사실, 다시 말해 이들이 자신의 존재 의미와 목적에 대해 아주 진지하게 생각해볼 의사도 각오도 없다는 사실은 "마음에 들지 않아!", "재미없어"라는 저속하고 원시적인 외침으로 바뀌어 나오곤 한다. 이것은 강력한 주장이긴 하지만, 무지개에 대한 묘사를 듣고 있는 장님에게서 나오는 말일 때가 자주 있다.

그렇다면 진리는 무엇일까?

내가 보기에 우리 시대에 일어나는 가장 슬픈 일 가운데 하나는 아름다운 것에 관한 유의미한 지식으로 인해 인간 의식이 완전히 파괴되는 것이다. 인공 문명 시대에 소비자 중심의 현대 대중문화는 인간의 영혼을 불구로 만들면서 인간이 자기 존재의 중대한 문제들과 씨름하고 정신적 존재로서 자기 자신을 의식하는 데로 나아가는 길을 가로막고 있다. 하지만 그럼에도 예술가는 진리가 부

"발렌티나 말랴비나는 소설 속에 없는
  특별하고 개성적이며 돌발적인 무언가를 가지고 있었다."
〈이반의 어린 시절〉의 주연 발렌티나 말랴비나.

르는 소리에 귀를 막고 있을 수 없다. 오직 진리만이 예술가의 창작 의지를 규명하고 조직해주기 때문이다.

오직 이런 경우에만 예술가는 자신의 믿음을 다른 사람들에게 전달해줄 수 있다. 믿음이 없는 예술가는 눈먼 화가나 다름없다.

예술가가 자신의 주제를 '찾고 있다'고 말한다면 그것은 잘못 된 말이다. 주제는 예술가 안에서 열매처럼 무르익으면서 표현되 기를 요구하기 시작한다. … 이것은 출산과 같다. 시인은 자랑할 만 한 것이 아무것도 없다. 그는 상황의 주인이 아니라 하인이다. 그에 게 창작은 유일하게 가능한 존재 형식이며, 그의 모든 작품은 그가 자기 마음대로 철회할 수 없는 행동과도 같다. 연속되는 행동의 합 법성과 적법성이라는 느낌은 오직 이상에 대한 믿음이 존재할 때만 나온다. 오직 이런 믿음만이 이미지 체계를 단단히 접합해준다(삶 의 체계를 읽어 보라).

진리를 느끼지 못한다면 통찰의 순간이란 무엇일까?

종교적 진리의 의미는 희망에 있다. 철학은 진리를 탐구하면서 인간 존재와 활동의 의미, 인간 이성의 한계를 규명한다. 심지어 철 학자가 존재의 무의미성과 인간 노력의 덧없음에 대해 생각할 때조 차 철학은 진리를 탐구한다.

예술의 기능적 목적은 흔히 생각하는 것처럼(심지어는 예술가 자신들조차도 그렇다고 생각한다) 생각을 주입하고 사상을 전파하 고 모범을 선보이는 데 있는 것이 결코 아니다. 예술의 목적은 인간 이 죽음을 대비하게 하고, 영혼의 밭을 쟁기로 갈아 써레로 고르게 하여 이 영혼이 선善으로 향할 수 있게 하는 것이다.

인간은 명작을 만날 때 예술가에게 이 작품을 창조하도록 촉구 한 진리의 소리를 듣기 시작한다. 작품과 관객이 연결되면, 인간은 고매하고 순수해지는 정신적 충격을 경험한다. 명작과 수용자를 결 합해주는 특별한 에너지장에서 우리 영혼의 최고 국면들이 나타나는데, 우리는 이들의 해방을 갈망한다. 우리는 이런 순간에 우리가 가진 가능성의 심연에서, 자신만의 고유한 감정의 깊이에서, 우리 자신을 인지하고 발견한다.

조화의 감각이라는 가장 일반적인 측면에 관해 말하는 것을 제외하면, 위대한 작품에 대해 논의하는 것은 정말 어려운 일이다! 주변 현상들 사이에서 명작을 규정하고 선별해주는 불변의 조건들이 존재하는 듯하다. 게다가 예술 작품의 가치는 수용자의 태도에 따라 상대적으로 달라진다.

예술 작품의 가치는 작품과 사람의 관계 속에서, 작품과 사회의 접촉 속에서 드러날 수 있다고 생각된다. 이는 대체로 맞는 말이다. 다만 여기서 역설은 이런 맥락에서 예술 작품이 감상자의 능력에 완전히 좌우된다는 것이다. 먼저 특정 작품을 세계와 전체적으로 연결하고 다음으로 언제나 현실과의 상호 관계를 독자적으로 형성하는 특정 인간 개성과 연결하는 실마리들을 감지하고 풀어낼 능력이 누군가에게 있느냐 없느냐에 따라 크게 좌우된다. 좋은 책을 읽는 일은 좋은 책을 쓰는 일만큼이나 어렵다고 말한 요한 볼프강 폰 괴테Johann Wolfgang von Goethe(1749~1832)는 백번 천번 옳다. 자신의 관점, 자신의 평가가 객관적이라고 주장할 수는 없다. 상대적으로 객관적인 평가 가능성만이 다양한 해석을 통해 나올 뿐이다. 또 대중 다수가 보는 앞에서 어떤 예술 작품의 서열을 가르는 평가는 상당히 우연한 상황에 의해 자주 결정된다. 예를 들면, 다른 사람들이 볼 때 어떤 사람의 미학적 취향은 작품 자체보다는 작품 감상자의 개성을 더 나타내 보일 수 있다.

대개 연구자는 무엇보다 자신의 구상을 예증할 목적으로 예술 분야에서 나온 이런저런 사례를 살펴보지만, 유감스럽게도 작품 자체와의 직접적이고 생생한 감정적 접촉을 보여주는 일은 훨씬 드물다. 순수한 감식을 위해서는 독창적이고 독자적이며 '때 묻지 않은'

판단을 내리는 자신만의 뛰어난 능력이 필요하다. 보통 인간은 자신의 견해를 뒷받침해줄 근거를 자신이 알고 있는 사례와 현상들의 맥락 속에서 찾으며, 예술 작품은 주관적인 목적이나 개인적인 능력에 맞춰서 평가된다. 그러나 다른 한편으로 예술 작품은 자신에게 내려지는 수많은 판정 속에서 변화무쌍하고 다채로운 삶을 새롭게 획득한다. 이와 함께 예술 작품의 존재감도 높아지고 넓어진다.

"위대한 시인들의 작품은 인류가 아직 읽지 못했다. 왜냐하면 오직 위대한 시인만이 그것을 읽을 능력이 있기 때문이다. 대중은 기껏해야 별자리를 읽어내는 것처럼 그렇게 이 작품들을 읽는다. 그나마도 천문학자처럼 읽지 못하고 점성술사처럼 읽는다. 대다수 사람은 거래에서 지출을 기록하고 사기를 당하지 않으려고 계산하는 법을 배우듯이 편의를 위해 시를 암송한다. 하지만 사람들은 독서가 고귀한 정신 훈련이라는 점에 대해서는 아무 생각이 없다. 오직 이것만이 고상한 의미에서의 독서이다. 이는 우리를 달콤한 말로 달래서 잠에 빠져들게 하는 것이 아니라, 발뒤꿈치를 들고 까치발로 서서 하는 독서이며 정신이 말똥말똥한 가장 좋은 시간에 하는 독서이다."

헨리 데이비드 소로Henry David Thoreau(1817~62)는 자신의 훌륭한 수필집 《월든Walden》(1854)에서 이렇게 말했다.

창작은 재료를 대하는 예술가의 진실하고 열정적인 태도가 없으면 불가능하다. 다이아몬드는 흑토에서 나오지 않고 화산 주위에서 나온다. 예술이 아름다운 것에 가까이 접근만 해서는 안 되는 것처럼, 예술가도 부분적으로만 진실해서는 안 된다. 예술은 절대적으로 아름답고 완결된 것의 존재 형식 자체이다.

예술에서 아름답고 완결된 것은 미학적 의미에서도 사상적 의미에서도 작품의 총체성을 해치지 않고 어느 한 경향을 따로 분리하거나 선호하거나 할 수 없는 데서 볼 수 있다. 명작에서는 어느 하나가 다른 하나보다 더 좋다고 할 수 없으며, 명작을 창조한 예술가의 '손을 붙들어 놓고' 그의 최종 목표와 목적을 정할 수는 없다. 예를 들면, 푸블리우스 오비디우스Puvlius Ovidius(기원전 43~기원후 17/18)는 "예술은 눈에 띄지 않도록 하는 데서 나온다"고 말했다. 프리드리히 엥겔스Friedrich Engels(1820~95)는 "예술 작품은 작가의 시선이 더 많이 가려지면 가려질수록 더 좋다"고 주장했다.

　　예술 작품은 모든 살아 있는 유기체와 비슷하게 대립적 원리들의 투쟁 속에 존재하고 발전한다. 대립 요소들은 작품 속에서 서로 뒤섞이면서 작품의 의미를 무한으로 끌고 나간다. 작품의 결정체라고 할 수 있는 핵심 사상은 그것을 구성하는 대립 원리들의 균형 뒤에 숨어 있다. 따라서 예술 작품에 대한 최종 '승리'(다시 말해 작품의 의미와 목적에 대한 확실한 설명)는 불가능하다. 괴테가 "작품이 이성으로 판단하기 어려우면 어려울수록 작품은 그만큼 더 위대하다"라고 말한 이유가 바로 여기에 있다.

　　명작은 내부가 너무 차갑지도 너무 뜨겁지도 않은 폐쇄적 공간이다. 아름다운 것은 부분들의 균형에서 나온다. 역설적인 점은 작품이 더 완벽하면 완벽할수록, 이 작품으로 만들어지는 연상의 부재가 실제로 그만큼 더 확실하게 의식된다는 것이다. 완벽한 것은 독보적인 것이다. 또는 무한한 연상을 낳을 수 있는데, 이것도 결국 똑같은 것을 의미한다.

　　이와 관련하여 뱌체슬라프 이바노프Viacheslav Ivanov(1866~1949)가 내놓은 논평은 굉장히 정확하고 적절하다. 그는 예술적 이미지(그는 이것을 상징이라고 부른다)에 관해 이렇게 말했다. "상징은 그 의미가 무진장하고 무제한적일 때만, 진술될 수 없고 외적인 말로는 표현할 수 없는 무언가를 암시와 시사의 내밀한(신비적·마법적) 언어로 말할 때만 비로소 진정한 상징이 된다. 상징은 다면적이고 다의적이며 항상 깊디깊은 곳에 어둡게 숨어 있다. 상징은 수정체처럼 유기적으로 형성된다. 상징은 심지어 모나드 같기도 하다. 그래서 우의와 우화, 직유의 복잡한 분할 구조와 나르다. … 상징들은 진술되거나 설명될 수 없다. 우리는 총체적 의미 속에서 상징을 마주치게 되면 속수무책일 수밖에 없다."

　　예술학자들이 특정 작품의 의미를 규명할 때나 어떤 작품을 다른 작품보다 더 선호할 때, 그 과정에는 많은 우연이 작용한다. 그래서 나는 앞에서 말한 것을 들어 내 평가의 객관성을 주장하기보다는 특히 이탈리아 르네상스 시기의 회화사에서 가져온 사례들을 활용하고자 한다. 간혹 나를 놀라게만 할 수 있었을 뿐인 일반적으로 받아들여진 평가가 여기에 얼마나 많았던가!

　　라파엘로 산치오Raffaello Sanzio(1483~1520)와 그가 그린 〈시스티나의 성모Sistine Madonna〉(1513~14)에 관해 글을 써보지 않은 사람이 얼마나 될까? 피와 살로 마침내 인격을 획득한 사람의 관념, 인간의 관념, 인간의 도덕적 힘을 빨아낼 듯이 굳게 고정된 시선을 받고 있는 중세의 주님을 수백 년에 걸쳐 무릎 꿇어 숭배한 뒤 자신의 내부와 주변에서 세계와 신을 발견한 사람의 관념, 이 모든 것이 우르비노 출신의 천재 화가가 그린 화폭에 일관되게 최종적으로 구현됐다고 한다. 한편으로, 정말 그렇다고 가정해보자. 이 화가가 묘사한 성모 마리아는 평범한 시민으로, 화폭에 반영된 심리 상태가 삶의 진실에 토대를 두고 있다. 그녀는 사람들에게 희생물로 바쳐지는 아들의 운명을 두고 불안에 떤다. 그녀는 심지어 사람들을 구원하려고 하는데도 이들에게서 자신을 보호하고 싶은 유혹에 맞선 싸움에서 희생물로 바쳐진다.

　　이 모든 것은 실제로 그림 속에 생생하게, 내 관점에서는 지나치게 생생하게 '새겨져 있다.' 화가의 생각이 유감스럽게도 너무 분

명하게 읽히고 있기 때문이다. 모든 형식을 지배하는 작가의 우의
적 경향이 짜증을 유발하는데, 그림의 순수하게 회화적인 특성이
그런 경향에 가려 빛을 잃고 있기 때문이다. 화가는 생각의 해명과
작품의 사변적 개념에 의지를 집중한 나머지 그림이 물러 빠지고
생기 없어 보이는 대가를 치르고 있다.

　나는 의지, 에너지 그리고 당연히 있어야 한다고 보는 회화 속
긴장의 법칙에 관해 이야기하고 있다. 그러나 우리는 이러한 법칙
이 베네치아 출신으로 라파엘로와 같은 시대를 산 비토레 카르파치
오Vittore Carpaccio(1465~1520)의 그림들에 잘 표현되어 있음을 알고
있다! 카르파치오는 작품에서 대상과 물질, 사람들이 물밀듯 쇄도
하는 현실에 눈이 먼 듯한 르네상스 시대 사람들 앞에 놓인 윤리적
문제를 해결했다. 그는 설교와 꾸며낸 이야기 같은 인상을 풍기는
〈시스티나의 성모〉와 달리 문학적 기법이 아닌 진정으로 회화적인
기법으로 이 문제를 해결했다. 개인과 외부 현실의 새로운 관계는
그의 작품에서 대담하고 고귀하게 표현되어 있다. 그는 지나친 감
상에 빠지지 않고 인간 해방 앞에서 자신의 편향과 떨리는 기쁨을
감추는 법을 알고 있다.

　작가 니콜라이 고골Nikolai Gogol(1809~52)은 1848년 1월 시인 바
실리 주콥스키Vasilii Zhukovskii(1783~1852)에게 보내는 편지에서 이
렇게 썼다. "설교하는 것이 제가 할 일은 아닙니다. 예술이 이미 설
교니까요[저자 강조]. 제가 할 일은 생생한 이미지로 말하는 것이지
논거로 말하는 것은 아닙니다. 삶은 있는 그대로 보여주는 것일 뿐,
삶을 해석해서는 안 됩니다."

　지당한 말이다! 그렇지 않으면 예술가는 자신의 생각을 관객
에게 강요하는 듯할 것이다. 하지만 객석에 앉아 있는 관객보다, 손
에 책을 들고 있는 독자보다, 극장 앞자리에 앉아 있는 연극 애호가
보다 예술가가 더 똑똑하다고 누가 말했던가? 시인은 그저 이미지

로 사유하고 대중과 달리 바로 이미지를 통해 자신의 세계를 표현할 수 있을 뿐이다. 인류가 4천 년 동안 아무것도 배우지 않았기 때문에 예술이 누구에게도 아무것도 가르쳐줄 수 없다는 것은 자명하다.

우리가 예술의 경험을 터득하고 작품에 표현된 윤리적 이상에 따라 변화할 수 있었다면, 오래전에 천사가 되었을 것이다.

사람을 가르치면 선해질 수 있다는 생각은 터무니없다. 푸시킨의 운문소설 《예브게니 오네긴 Evgenii Onegin》(1833)에 나오는 타티야나 라리나의 '긍정적인' 사례를 배운다고 해서 '정숙한' 여자가 될 수는 없다. 예술은 오로지 정신적 경험을 위한 양식과 자극, 계기만 줄 수 있을 뿐이다.

그러나 르네상스 시대의 베네치아로 다시 돌아가보자. 많은 인물이 나오는 카르파치오의 작품들은 마법 같은 아름다움으로 놀라움을 자아낸다. 심지어 감히 '관념의 아름다움'이라고 부르는 것이 타당할지도 모른다. 그의 그림 앞에 서면 설명 불가능한 것이 곧바로 설명될 수 있을 것만 같은 불안한 느낌이 든다. 들어가면 한순간 깜짝 놀랄 정도로 당신을 충격으로 완전히 뒤흔들어 놓는 회화의 매력에서 빠져나오지 못하게 되는 심리적 영역을 만들어내는 것이 과연 무엇인지 곧장 이해하기는 어렵다.

당신이 카르파치오의 회화를 둘러싼 조화의 원칙을 느껴보기까지는 어쩌면 수 시간이 걸릴지도 모른다. 하지만 마침내 그 원리를 이해하고 나면 그의 회화의 아름다움과 이로부터 당신이 처음느끼는 황홀경에서 영원히 헤어나오지 못할 것이다.

조화의 원칙은 결국 굉장히 간단하다. 그것은 르네상스 예술의 인본주의적 본질을 고귀하게 표현하고 있다. 내가 보기에는 라파엘로보다 훨씬 더 월등하다. 중요한 점은 많은 인물로 이루어진 카르파치오의 작품에서는 각 인물이 구심점을 이룬다는 것이다. 어느 한 인물을 주목해서 보면 나머지 모든 것은 이 '우연한' 인물을 위한 일종의 토대로 구축된 주변 환경이자 배경일 뿐임을 확실하게 알 수 있다. 한 바퀴 돌면서 카르파치오의 그림을 관조하는 당신의 의지는 예술가가 산정해놓은 감정 논리의 경로를 따라 순종적으로, 무의식적으로 흘러가면서 한 인물에서 마치 군중 속에 숨어버린 듯한 또 다른 인물을 찾아 옮겨간다.

나는 라파엘로보다는 카르파치오를 더 선호한다는 것을 드러내면서 위대한 두 예술가를 바라보는 내 관점이 뛰어나다고 독자를 설득할 생각이 전혀 없다. 나는 그저 이렇게 말하고 싶을 뿐이다. 결국 모든 예술은 경향을 띠지만, 스타일은 경향과 다르다. 어쨌든, 하나의 똑같은 경향은 그것을 표현하는 예술적 이미지들의 다층적이고 끝없는 심연으로 집어 삼켜질 수 있으며, 라파엘로가 〈시스티나의 성모〉에서 그랬듯이 포스터처럼 생생하게 표현될 수도 있다. 심지어 가없은 유물론자인 카를 마르크스Karl Marx(1818~83)조차 예술에서 경향성은 소파에서 용수철이 튀어나오는 것처럼 그렇게 튀어나오지 않도록 숨겨야만 한다고 말했다.

물론, 독자적으로 표현된 모든 경향은 창조적 인간이 현실을 대하는 일반적 관계의 패턴처럼, 즉 낱낱의 수많은 조각이 하나의 모자이크를 형성하듯 그렇게 소중하다. 하지만 그래도….

내게 좀더 가까운 영화인 가운데 한 명인 루이스 부뉴엘Luis Buñuel(1900~83)에 대한 생각을 지금 밝힌다면, 그의 영화가 항상 반순응주의의 페이소스로 가득하다는 것을 알 수 있다. 격렬하고 비타협적이고 강강한 그의 저항은 무엇보다 감정적으로 전염시키는 영화의 감각적 질감에 잘 표현되어 있다. 이러한 저항은 타산적이지도 않고 사변적이지도 않으며 지능적으로 구성돼 있지도 않다. 부뉴엘은 내가 보기에 예술 작품 속에 직접 표현되면 언제나 그릇된 정치적 페이소스에 빠져들지 않을 만큼 순수하게 예술적인 감각을 충분하게 소유하고 있다. 그러나 사실상 그의 작품에 표현된 정치적·사회적 저항은 많은 이류 영화감독에게 영향을 주기에 충분할 것이다.

무엇보다도 시적 의식의 소유자인 부뉴엘은 미학적 구조는 선언문이 필요 없으며, 예술의 힘은 감정적 설득력, 다시 말해 앞서 인용한 편지에서 고골이 말한 바 있는 독보적 생동감에서 나온다는 것을 잘 알고 있다.

부뉴엘의 작품은 스페인 고전 문화에 깊이 뿌리내리고 있다. 미겔 데 세르반테스Miguel de Cervantes(1547~1616), 프란시스코 고야 Francisco Goya(1746~1828), 엘 그레코 El Greco(1541~1614), 페데리코 가르시아 로르카 Federico García Lorca(1899~1936), 파블로 피카소 Pablo Picasso(1881~1973), 살바도르 달리 Salvador Dalí(1904~89), 페르난도 아라발 Fernando Arrabal(1932~)과 맺어진 영감의 관계를 빼놓고서는 부뉴엘을 생각할 수 없다. 정열과 분노, 온화, 긴장, 저항으로 충만한 이들의 작품은 한편으로는 깊은 조국애에서 탄생했고, 다른 한편으로는 생기 없는 도식에 대한 커다란 증오, 감정도 없이 냉담하게 머리만 쥐어짜는 행태에 대한 들끓는 증오에서 나왔다. 살아 있는 인간적 감정, 천상의 불꽃, 그리고 태양이 이글거리는 돌투성이 스페인 땅에 수 세기에 걸쳐 스며들었던 익숙한 고통이 담겨 있지 않은 모든 것은 증오로 눈이 먼 이들의 시야에 들어오지 않았다.

이 스페인인들은 예언자적 소명에 충실함으로써 위대한 인물들이 되었다. 엘 그레코의 풍경을 둘러싼 긴장감 넘치고 반항적인 페이소스, 인물들의 독실한 금욕주의, 길게 늘어난 비율의 역동성과 무자비할 정도로 차가운 색채감은 그의 시대에는 너무 어울리지 않았다. 그의 그림은 오히려 현대 회화의 숭배자들에게 친숙해 보였는데, 이런 특징은 심지어 난시에 얽힌 전설을 낳기까지 했다. 엘 그레코는 난시였으며, 그의 작품이 대상과 공간의 비율을 뒤틀며 변형을 가하는 경향을 보인 것은 그 난시에서 비롯됐다고 하는 것이다.

세르반테스의 돈키호테는 고귀함과 헌신, 사심 없는 선행, 충절의 상징이 되었고, 산초 판자는 상식과 분별의 상징이 되었다. 세르반테스 자신은, 이렇게 말할 수 있다면, 돈키호테가 둘시네아에게 충실했던 것처럼 자신의 주인공에게 더 충실했다. 감옥에 있는 동안 세르반테스는 어떤 불한당이 돈키호테의 모험 제2부를 불법으로 출간하여 작가와 작품 사이의 순수하고 진실한 관계를 모욕한데 질투 어린 분노를 가누지 못한 나머지 자신의 소설 제2부를 새롭게 쓰고, 이제는 누구도 '슬픈 용모의 기사'에 대한 신성한 기억을 더럽히지 못하도록 소설 말미에 가서 주인공을 죽게 한다.

프란시스코 고야는 잔인하고 생기 없는 국왕 권력에 홀로 맞섰고 종교재판에도 저항했다. 그의 무시무시한 판화 작품 〈로스 카프리초스Los Caprichos〉(1797~98)는 격렬한 증오에서 야수 같은 공포로, 사악한 경멸에서 돈키호테를 사로잡은 광기와 반계몽주의로 그를 내던지는 검은 세력의 화신이 된다.

역사적으로 천재의 운명은 놀랍고도 교훈적이다. 신에게 선택된 수난자들은 운동과 재건을 위해 파괴해야 하는 운명을 짊어진채, 행복을 향한 열망과 행복이 구현된 현실이나 상태로는 존재하지 않는다는 확신 사이에서 불안한 균형의 모순 상태에 빠져 있다. 왜냐하면 행복은 추상적이고 도덕적인 개념이기 때문이다. 진짜 행복, 행복한 행복은 잘 알려져 있듯이 인간에게 절대적이지 않을 수 없는 행복을 향한 열망에 있다. 우리는 행복을 절대적인 것으로 갈구한다. 그러나 사람들이 행복을 달성한다고 가정해보자. 이때 행복은, 가장 넓은 의미에서 말하자면, 인간적 의지의 완전한 자유를 발현하는 것이다. 바로 이 순간에 인간의 개성은 파괴된다. 인간은 베엘제붑Beelzebub* 신처럼 외로워진다. 사회적 인간들의 관계는 신생아의 탯줄처럼 끊어진다. 그 결과 사회도 파괴된다. 대상들은 중력을 잃은 채 허공으로 날아가 흩어진다. 물론, 완전히 새롭고 정의로운 것이 파괴된 잔해 위에서 창조될 수 있도록 사회가 파괴되어야 한다고 누군가는 말할 것이다. 하지만 나는 모른다. 나는 파괴자가 아니다.

　새롭게 얻어 주머니 속에 넣은 이상을 행복이라고 부르기는 어렵다. 푸시킨은 "세상에 행복이란 없다. 평안과 자유만 있을 뿐이다!"라고 말했다. 명작들의 모호한 동시에 신성한 의미가 명확하게 드러나게 하려면 그들을 주의 깊게 살펴보고 그들의 활기차고 신비로운 힘을 파고들어 보기만 해도 된다. 그들은 끔찍한 위험을 알리는 암호처럼 인간의 길 위에 서서 '위험, 접근 금지!'라고 말한다.

　그들은 가능하고 예상되는 역사적 대격동의 장소들에 기암절벽이나 수렁 옆의 경고판처럼 자리 잡고 있다. 그들은 사회를 위협하는 위험성의 변증법적 배아를 정의하고 과장하고 변형한다. 그리고 거의 언제나 옛것과 새것 사이의 충돌을 알리는 전령이 된다. 고상하나 음울한 운명이다.

　시인들은 자신들의 동시대인들보다 먼저 이런 위험 장벽을 분간한다. 그들이 더 먼저 분간하면 할수록 천재성에 그만큼 더 가까워졌다. 악명 높은 헤겔식 모순이 역사의 자궁 안에서 성숙할 때까지 그들은 오랫동안 이해되지 못했다. 마침내 충돌이 일어나자 충격과 감동을 받은 동시대인들은 힘과 희망으로 가득 찬 젊은 경향을 표현한 사람에게 기념비를 세워 바쳤다. 젊은 경향은 그때야 비로소 의기양양한 전진을 명확하게 상징했다.

　그런 뒤에 예술가와 사상가는 현대성의 이념가이자 대변자, 예정된 변화의 촉진자가 된다. 예술의 위대성과 모호성은 예술이 심

　　˚ 고대 기독교 전승에 나오는 마신魔神 중 하나로 히브리어로는 '파리 대왕'을 의미한다.

지어 '주의, 생명 위험!' 같은 경고판을 세우는 곳에서조차 그에 관해 아무것도 입증하지도, 설명하지도, 질문에 답변하지도 않는다는 데 있다. 이런 영향은 도덕적·윤리적 격변과 연관된다. 예술의 감정적 추론에 냉담한 태도를 보이고 그것을 믿지 못하는 사람들은 방사선 증후군을 무릅쓴다. 조금씩… 자신도 모르게…. 지구는 팬케이크처럼 평평하고 세 마리 고래가 떠받치고 있다고 확신하는 사람의 넓고 차분한 얼굴 위로 바보 같은 미소가 떠오른다.

천재성을 주장하는 작품들의 틈바구니에서 언제나 구별된 것도 아니었고 구별될 수 있는 것도 아니었던 명작들은 마치 지뢰밭의 경고판처럼 세계에 깔려 있다. 오직 행운만이 우리가 지뢰를 밟아 터지지 않도록 도와준다. 그러나 이러한 행운은 위험에 대한 불신을 불러일으키고 바보 같은 사이비 낙관론이 활개를 치게 해준다. 이런 낙관적 세계관을 배경으로 예술은 자연스럽게 중세 허풍선이나 연금술사처럼 짜증을 유발한다.

부뉴엘이 영화 〈안달루시아의 개 Un Chien Andalou〉(1929)가 상영된 뒤에 분개한 부르주아의 추적을 피해 숨어 있다가 집에서 나올 때 바지 뒷주머니에 권총을 찔러 넣을 수밖에 없었다는 사실을 기억하자. 이것은 시작일 뿐이었다. 전하는 바에 따르면, 그는 곧 글을 쓰기 시작했는데, 노트에 그어진 줄 위에 글을 쓰지 않고 줄과 엇갈리게 썼다고 한다. 문명이 선사한 오락으로 영화를 바라보는 데 익숙해진 주민들은 몹시 참기 어려운 이 영화의 가슴 저미고 충격적인 이미지와 상징들을 보고 부들부들 떨며 공포에 빠질 수밖에 없었다. 하지만 여기서도 부뉴엘은 포스터의 언어가 아니라 감정으로 전염하는 예술 언어로 말하기 위해 상당 부분 예술가로 남아 있었다. 1858년 3월 21일에 쓴 일기에서 레프 톨스토이는 다음과 같이 놀라울 정도로 정확하게 말했다. "정치적인 것은 예술적인 것을 배제한다. 왜냐하면 정치적인 것은 뭔가를 입증하려면 일방적이어

야만 하기 때문이다!" 당연한 말이다! 예술적 이미지는 일방적일
수 없다. 예술적 이미지가 진실하다고 당당하게 주장하려면, 변증
법적으로 충돌하는 현상들을 그 안에서 통합해야만 한다.

　마리시 심지어 예술학자들조차 작품의 핵심 사상과 시적 본질
을 분석하기 위해 빈틈없이 가려내지 못하는 것은 자연스러운 일
이다. 예술에서 생각은 이미지 표현 바깥에 존재하지 않으며, 이미
지는 예술가가 자신의 성향과 독특한 세계관에 따라 취하는 의지에
의한 현실 파악 형식으로서 존재한다.

　어린 시절에 나의 어머니는 내게 《전쟁과 평화 Voina i mir》(1867)
를 읽어보라고 권하셨고, 그 뒤로 오랜 세월 동안 이 소설의 대목들
을 꽤 자주 인용하면서 톨스토이 산문의 미묘하고 섬세한 측면에
주목하게 해주셨다. 이런 식으로 《전쟁과 평화》는 내게 마치 예술
학교 같았고, 취향과 예술적 깊이를 가늠하는 기준점이 되었다. 그
뒤로 시시껄렁한 작품들은 구역질만 나서 읽을 수가 없었다.

　톨스토이와 도스토옙스키를 비교하는 자신의 책에서 드미트
리 메레지콥스키 Dmitrii Merezhkovskii(1866~1941)는 주인공들이 직접
철학을 논하면서 삶에 관한 궁극적 사상들을 말로 표현하는 톨스토
이의 소설 대목들이 실패작이라고 평가했다. 그러나 시 작품의 핵
심 사상은 순수하게 사변적으로 나타나서는 안 된다는 데 전적으로
동의하면서, 또는 적어도 가장 일반적인 측면에서 그런 주장에 동
의하면서, 나는 이렇게 말하고 싶다. 예술 작품에서 개성의 의미에
관해 말하자면, 작품의 진정한 가치를 유일하게 보장해주는 것은
개성의 표현을 둘러싼 진정성이다. 따라서 내가 볼 때 메레지콥스
키의 비판은 충분히 탄탄한 근거가 있지만, 이것은 심지어 '그릇된'
대목이 있음에도 내가 톨스토이의 《전쟁과 평화》를 좋아하는 것을
막지 못한다. 천재는 작품의 절대적 완결성에서 나타나지 않고 자
기 자신에 대한 절대적 충성심에서, 자기 열정의 일관성에서 나타

난다. 진리를 향한 예술가의 뜨거운 열망, 예술가가 세계와 이 세계 속에 있는 자기 자신을 의식하려는 열망은 심지어 그의 작품에서 썩 명료하지 않은 대목이나 이른바 '실패한' 대목에도 특별한 의미를 부여한다.

어쩌면 여기서 한 걸음 더 나아가 이렇게 말할 수도 있다. 나는 어떤 약점도 없고 불완전에서 완전히 해방된 작가를 한 사람도 모른다. 다름 아닌 예술가를 만들어내는 성향, 자신만의 사상을 향한 집념은 그의 위대함만이 아니라 실패까지도 나타내주는 표시이기 때문이다. 세계관 전체에 유기적 일부로 들어가는 데도 실패라고 할 수 있을까? 토마스 만Thomas Mann(1875~1955)은 이렇게 썼다. "오직 무관심만이 자유롭다. 특징적인 것[저자 강조]은 자유롭지 않다. 그것은 각인이 찍히고 조건이 붙고 사슬에 매인다."

제3장
시간의 각인

> 스타브로긴: … 묵시록에서 천사는 시간이 더는 존재하지 않을 거라고
> 단언합니다.
> 키릴로프: … 묵시록에서 이는 확실하고 분명하며 정확합니다. 인간이
> 행복을 달성한다면, 시간은 더는 존재하지 않을 겁니다. 시간이 필
> 요 없기 때문이죠. 정말 맞는 말입니다.
> 스타브로긴: 그렇다면 사람들은 시간을 어디다 처박아둘까요?
> 키릴로프: 아무 데도 처박아두지 않을 겁니다. 시간은 사물이 아니라 관
> 념이기 때문이죠. 시간은 이성 안에서 사멸할 겁니다.
> — 도스토옙스키의 《악령》에서

시간이란 우리의 '자아'를 위한 존재 조건이다. 시간은 개인과 그
존재 조건 사이의 연결이 끊어지면 필요를 잃고 파괴되는 우리의
소중한 대기와도 같은 것이다. 이른바 죽음이 찾아오면 개인적 시
간도 소멸한다. 그 결과 인간 존재의 삶은 살아남은 사람들에게 느
껴질 수 없다. 다시 말해 주변 사람들에게 죽어 있는 것이다.

시간은 인간이 육화를 거쳐 개인으로서 자아를 실현하는 데 필
요하다. 내가 생각하는 시간은 무엇인가를 해낼 수 있고 어떤 행동
을 완수할 가능성을 의미하는 선형적인 시간이 아니다. 여기서 행
동이란 하나의 결과이며, 나는 윤리적인 의미에서 인간에게 생명을
불어넣어 주는 원인에 관해 생각한다.

역사는 여전히 시간이 아니다. 진화도 마찬가지다. 역사와 진
화는 결과를 의미한다. 반면 시간은 상태를 의미한다. 그것은 인간
영혼의 샐러맨더Salamander*가 깃들어 있는 불꽃이다.

　시간과 기억은 서로 열려 있다. 이들은 동전의 양면과 같다. 시간 밖에서는 기억도 존재하지 않는다는 것은 자명하다. 기억은 굉장히 복잡한 개념이다. 기억이 우리에게 주는 인상의 총량을 규정하려면 기억의 모든 특징을 열거하는 것으로는 부족하다. 기억은 정신적 개념이다. 예를 들면, 누군가에게 자신의 어린 시절 인상에 관해 이야기하게 해보라. 우리는 인간에 관해 가장 완전한 인상을 받을 수 있게 도와주는 재료가 우리 손에 들어올 것이라고 확실하게 말할 수 있다. 기억을 상실한 사람은 실체 없는 존재의 포로가 된다. 그는 시간에서 이탈함으로써 자기 자신과 외부 세계를 이어주는 연결고리를 놓친다. 다시 말해 그는 미쳐버린다.

　윤리적 존재로서 인간에게는 기억이 부여되며, 기억은 인간의 내면에 불만족한 감정을 뿌린다. 기억은 우리를 상처받게 하고 고통스럽게 한다.

　문학이나 음악, 회화에서 시간이 어떻게 나타나는지 연구하는 예술학자나 비평가들은 시간의 기록 방법에 관해 말한다. 예를 들면, 제임스 조이스James Joyce(1882~1941)나 마르셀 프루스트Marcel Proust(1871~1922)의 작품을 연구하면서, 작품 속의 회상에서 작동하는 존재의 미학적 메커니즘, 다시 말해 회상하는 개인이 자신의 경험을 기록하는 방식에 관해 고찰한다. 그들은 예술에서 시간이 기록되는 객관적인 형식을 연구한다. 그러나 내 관심을 끄는 것은 시간 자체에 본질적으로 고유한 내면적이고 윤리적인 특성이다.

　인간이 살아가는 시간은 인간에게 진리를 갈구하는 윤리적 존재로서 자기 자신을 인식할 기회를 제공한다. 이는 달콤한 동시에 쓰디쓴 선물과도 같다. 삶은 무엇보다 인간에게 주어진 일정한 기한에 불과하다. 이 기한 안에 인간은 자신이 이해한 존재의 목적에

---

* 유럽에서 오래전부터 타오르는 불 속에 사는 것으로 믿었던 상상의 동물을 가리킨다.

따라 자기 정신을 형성할 수 있어야 하고 형성해야만 한다. 우리의 삶을 가둬 놓는 엄격한 틀은 우리 자신과 다른 사람들 앞에 우리의 책임을 아주 극명하게 드러나게 한다. 인간의 양심은 시간에 좌우되며 시간 덕분에 존재한다.

시간은 되돌릴 수 없다고들 한다. 이는 흔히 말하듯이 과거를 되돌려놓을 수 없다는 의미에서만 맞는 말이다. 하지만 '과거'란 본질적으로 무엇일까? 이미 지나간 것을 말할까? 그러나 우리 모두에게 과거가 현재의 현실, 각 순간의 현실 안에서 영속되는 모든 것을 담지하고 있는 것이라면, '지나간 것'은 과연 무엇을 의미할까? 어떤 의미에서 과거는 현재보다 훨씬 더 실제적이거나 적어도 더 안정적이고 강력하다. 현재는 마치 손가락 사이로 흘러나가는 모래알처럼 미끄러져 사라지고, 오직 회상 속에서만 물질적 중량감을 획득한다. 주지하듯이, 솔로몬 왕의 반지에는 "이 또한 지나가리라"(구약성서 속의 이런 선언에 대해 그를 용서해주자)라는 글귀가 새겨져 있다. 이와 달리 나는 윤리적 의미에서 시간의 가역성에 주목하고자 한다. 시간은 주관적이고 정신적인 범주일 뿐이므로 우리의 물질세계에서는 흔적도 없이 사라질 수 있다. 우리가 사는 시간은 시간 속의 경험을 통해 우리 영혼에 깃든다.

원인과 결과는 직선적인 동시에 가역적인 관계 속에 상호 작용한다. 우리가 모든 관계를 단번에 끝까지 드러내 보일 수 있었다면, 치명적으로 보였을 가차 없는 운명과 함께 어느 하나가 다른 하나를 낳는다. 인과관계, 다시 말해 어느 한 상태에서 다른 상태로 전환되는 것은 시간이 존재하는 형식이자 시간이 일상 속에 구현되는 방식이다. 그러나 원인은 발사된 로켓의 일부 단계가 분리되듯 결과를 낳은 뒤 떨어져 나갈 수 없다. 어떤 결과를 두고 우리는 그 원천으로, 그 원인으로 계속해서 되돌아간다. 형식적으로, 달리 말하자면, 우리는 양심을 통해 시간을 뒤로 되돌린다. 원인과 결과는 윤리적인 의미에서 가역적인 관계에 있다. 그리고 바로 이럴 때 인간은 과거로 되돌아간다.

기자이자 작가인 프세볼로트 옵친니코프 Vsevolod Obchinnikov (1926~)는 일본에 관한 자신의 인상기에서 이렇게 쓰고 있다.

시간은 그 자체로 사물의 본질을 드러내 보일 수 있다고 간주된다. 그래서 일본인들은 나이의 흔적에 특별한 매력을 느낀다. 이들은 오래된 나무의 어두운 색조, 돌에 이끼가 끼어 있거나 심지어 옷자락이 해어져 있는 것, 그림 가장자리를 만진 무수한 손길의 흔적에도 애착을 보인다. 바로 이런 연륜의 특징은 글자 그대로 '녹'을 의미하는 '사비さび'라는 말로 불린다. 그렇다면 사비는 자연스럽게 녹슨 상태, 오래된 나날의 매력, 시간의 각인을 가리킨다.

'사비'와 같은 미의 요소는 예술과 자연의 관계를 구현한다. 어떤 의미에서 일본인들은 시간을 미학적으로 터득하려 한다고 볼 수 있다.

이런 맥락에서 프루스트가 자신의 할머니에 관해 다음과 같이 회상한 일화를 떠올리지 않을 수 없다.

할머니는 누군가에게 이른바 실용적인 선물을 해야 할 때, 예를 들면, 안락의자나 저녁 식사, 지팡이 같은 것을 주려고 할 때조차도, 마치 오랫동안 사용하지 않아 실용적 성격을 잃어버려 우리의 일상적 필요를 충족하는 것보다는 지난 시대 사람들의 삶에 관해 이야기하는 데 더 적절하다는 듯이, '오래된' 물건들을 물색했다.

프루스트는 "회상이라는 거대한 건물에 생기를 불어넣는다"라는 말을 했는데, 내가 생각하기에는 바로 영화가 이처럼 생기를 불어넣는 과정에서 특별한 역할을 해야 할 것이다.

어떤 의미에서 일본인들이 '사비'를 통해 추구하는 이상은 바로 영화에 있다고 할 수 있다. 영화가 완전히 새로운 재료인 시간을 터득하고 이 말의 완전한 의미에서 새로운 뮤즈가 되고 있기 때문이다.

영화인의 직업 내부와 주변에는 엄청나게 많은 선입관이 존재한다. 전통이 아니라 바로 선입관과 틀에 박힌 사고, 흔히 전통 주변에서 생겨나 점차 모든 전통을 뒤덮어버리는 진부한 방식들이 존재한다. 그러나 창작 분야에서 무언가를 달성한다는 것은 오로지 선입관에서 자유로울 때만 가능하다. 자신만의 태도와 관점을 ─ 물론 항상 상식에 따라 ─ 수립하여 작업 과정에서 가장 사랑하는 사람처럼 소중히 보존해야 한다.

영화 연출은 극작가와 함께 시나리오에 대해 논의하는 순간에 시작되는 것도, 배우와 함께 작업하고 작곡가와 함께 소통하는 데서 시작되는 것도 아니다. 그것은 바로 영화의 이미지가 감독이라는 영화 만드는 사람의 내면의 시선 앞에 세밀하게 다듬은 일련의 에피소드로 떠오를 때 시작된다. 아니면 감독이 스크린에 구체화될 미학적 질감과 감정적 분위기를 인식할 때 시작되는지도 모른다. 자신의 구상을 분명하게 파악하고 나서 촬영진과 작업하며 이 구상을 결정적으로 정확하게 실현해나갈 줄 아는 감독이 진짜 감독으로 불릴 수 있다. 그러나 이 모든 것은 평범한 수공업의 틀을 여전히 벗어나지 못한다. 많은 요소가 이 틀 안에 갇혀 있는데, 예술은 그런 요소들이 없다면 실현되지 못한다. 그러나 영화감독이 예술가로 불릴 수 있으려면 그것들로는 부족하다.

감독의 구상이나 그의 영화에서 특별한 이미지 구조가 생성되고, 다시 말해 현실 세계를 바라보는 독특한 사고 체계가 형성되고 감독이 영화를 관객의 판단에 맡기면서, 자신의 가장 소중한 꿈으로서 영화를 관객과 함께 공유할 때 비로소 감독은 예술가가 되기 시작한다. 사물을 바라보는 자신만의 시선이 있을 때만 감독은 일종의 철학자가 되며 예술가로 떠오른다. 감독이 철학자가 된다고 할 때, 이 말은 물론 극히 제한된 의미에서 철학자를 가리킨다.

이와 관련하여 폴 발레리Paul Valéry(1871~1945)의 말이 떠오른다. "시인이 철학자라고 한다면, 이는 바다 그림을 그린 화가를 배의 선장과 혼동하는 것과 같다."

모든 예술은 자체의 법칙에 따라 탄생하며 존재한다.

영화의 특수한 법칙에 관해 말할 때는 영화를 문학과 함께 놓고 말하는 경우가 가장 빈번하다. 나는 영화와 문학을 더 분명하게 구분하고 더는 혼동하지 않으려면, 이 둘 사이의 상호 관계를 가능한 한 더 깊이 이해하고 밝혀줘야 한다고 생각한다. 그렇다면 문학과 영화는 어떤 점에서 유사하고 서로 관련돼 있을까? 이들을 연결해주는 것은 무엇일까?

무엇보다 먼저 예술가들이 현실에 의해 제공되는 재료를 다루고 이것을 시종일관 시간 속에 조직할 기회를 갖는 데서 누리는 독보적인 자유를 들 수 있다. 이러한 정의가 굉장히 광범위하고 일반적인 것으로 보일 수 있지만, 나는 이것이 영화와 문학 사이에 존재하는 유사점을 모두 포괄한다고 본다. 이와 함께, 말과 영상 묘사의 원칙적인 불일치에서 나오는 양립 불가능한 차이도 있다. 근본적인 차이는 문학이 세계를 언어로 묘사하는 것과 달리, 영화는 언어를 갖고 있지 않다는 것이다.

영화의 특수성 문제는 모든 것을 포괄하는 단일한 해석이 예나 지금이나 나오지 않아 해결되지 못하고 있다. 서로 충돌하고 최악의 경우에는 서로 뒤섞이면서 절충적인 혼란상을 조성하는 각기 다른 견해가 무수히 많이 존재한다. 영화 예술가들도 각자 영화의 특수성 문제를 자기 나름대로 제기하며 이해하고 해결할 수 있다. 어쨌든, 무엇인가를 창작할 때는 의식적으로 창작할 수 있게 해주는 엄격한 개념이 필요하다. 왜냐하면 자신의 예술 법칙을 의식하지 않고 창작할 수는 없기 때문이다.

영화의 특수성은 무엇이고, 영화는 과연 무엇일까? 형식적으로나 정신적으로나 영화의 잠재력과 수단, 재료에는 어떤 것들이 있을까?

나는 지난 세기에 상영된 천재적인 영화, 모든 것의 출발점이 된 영화 〈열차의 도착 L'Arrivée d'un train en gare de La Ciotat〉(1896)을 지금까지 잊을 수 없다. 모두가 잘 아는 오귀스트 뤼미에르Auguste Lumière(1862~1954)와 루이 뤼미에르Louis Lumière(1864~1948) 형제는 촬영 카메라와 필름, 투영기가 있어서 영화를 찍을 수 있었다. 겨우 30초밖에 안 되는 이 영화는 햇빛이 비치는 기차역 승강장을 왔다 갔다 하는 신사 숙녀들, 화면 깊숙한 데서 카메라를 향해 곧장 다가오는 기차를 보여준다. 기차가 다가오자 상영관은 공포에 휩싸인다. 이는 단순히 세계를 재현하는 기술이나 새로운 방법의 문제가 아니었다. 이는 새로운 미학적 원리의 탄생을 알리는 것이었다.

이 원리는 예술사에서, 더 나아가 문화사에서 처음으로 인간이 직접 시간을 각인하는 방법을 찾았다는 데 의미가 있다. 이와 동시에 시간을 스크린 위에 몇 번이고 자유롭게 재생하고 반복함으로써 그 시간으로 되돌아갈 가능성도 발견했다. 인간은 실제 시간의 모체를 획득했다. 시간은 이제 보여지고 기록된 뒤 금속 상자 안에 오랫동안 (이론적으로 무한히) 보존될 수 있었다.

바로 이런 의미에서 뤼미에르 형제의 영화는 최초로 새로운 미학적 원리의 씨앗을 품은 것이다. 하지만 그들의 작품이 나온 직후 영화는 자신에게 부과된 예술의 길에서 벗어나 세속적 취향과 이익의 관점에서 가장 확실한 길을 따라갔다. 그로부터 20년 동안 거의 모든 세계 문학과 엄청난 양의 연극과 역사 플롯이 영화화되었다. 영화는 연극 공연을 기록하는 단순하고 매력적인 방법으로 이용되었다. 이때 영화가 잘못된 길에 들어선 탓에 우리는 지금도 그로부터 빚어진 불행한 결과에서 벗어나지 못하고 있다는 사실을 받아들여야만 한다. 문제는 영화가 단순히 활동사진으로 축소되는 불행에만 있지 않았다. 가장 큰 불행은 셀룰로이드 필름 위에 시간의 현실을 각인할 수 있는 영화의 독보적으로 소중한 잠재력을 예술적으로 활용하는 것을 포기했다는 데 있다.

영화는 시간을 어떤 형태로 각인할까? 사실적 형태라고 정의해보자. 사건도, 인간의 움직임도, 어떤 실제 대상도 사실로 나타날 수 있다. 게다가 이런 대상은 부동과 불변 상태로 제시될 수 있다 (이러한 부동성은 시간의 실제 과정 속에 존재하기 때문이다).

바로 여기서 영화 예술을 둘러싼 특수성의 뿌리를 찾아야 한다. 물론, 시간의 문제는 음악에서도 근본적인 문제라고 이의를 제기하곤 한다. 하지만 음악에서 시간의 문제는 완전히 다르게 해결된다. 음악에서 생생한 물질성은 완전히 소멸하기 직전에 나온다. 반면 영화의 힘은 시간이 우리를 매일 매시간 둘러싸고 있는 현실의 재료와 실제적이고 뗄 수 없는 관계를 맺는 데서 나온다.

사실적 형태와 표현 속에 각인된 시간이 바로 예술로서 영화의 핵심 개념이다. 이 개념은 미개발된 영화의 풍부한 잠재력과 무궁한 미래를 생각해볼 수 있게 해준다. 바로 이를 바탕으로 나는 작업 가설을 세우기도 한다.

사람들은 왜 영화를 보러 가는 것일까? 사람들이 어두운 상영관으로 들어가서 두 시간 동안 은막 위에 펼쳐지는 그림자 놀이를 지켜보는 이유는 무엇일까? 오락거리를 찾으려는 걸까? 일종의 환각제가 필요해서 그럴까? 실제로 영화와 텔레비전, 기타 많은 구경거리를 이용하는 오락 기업과 조직들이 전 세계에 걸쳐 존재한다. 그러나 우리의 출발점은 여기서 나오는 것이 아니라, 세계를 정복하고 인식하는 인간적 필요성과 관련된 영화의 본질에서 나와야 한다. 나는 영화를 보러 가려는 사람의 정상적인 의지가 그가 바로 시간을 찾아서, 다시 말해 잃어버렸거나 소비한 시간, 아직 얻지 못한 시간을 찾는 데서 나온다고 생각한다. 인간은 생생한 경험을 찾아서 영화관에 간다. 영화는 예술의 하나일지라도 인간의 사실적 경험을 확장하고 제고하고 집중시켜주기 때문이다. 게다가 단순히 제고하는 데 그치지 않고 더 길게, 상당히 길게 연장해주기도 한다. 영화의 실질적 힘은 바로 여기서 나온다. '스타 배우들'과 플롯, 오락성에서 나오는 것이 아니다. 오늘날 영화에서 관객은 관객이라기보다는 목격자에 더 가깝다.

　　영화에서 감독이 하는 작업의 본질은 무엇일까? 시간을 조각하는 것이라고 잠정적으로 규정할 수 있다. 조각가가 대리석 덩어리를 붙들고서 완성된 작품의 특징을 마음속으로 그려보며 군더더기를 제거하듯이, 영화인은 생생한 사실들의 거대하고 불가분한 집합체로 이루어진 시간 덩어리에서 앞으로 나올 영화의 요소가 되어야 하는 것, 영화 이미지의 구성 성분으로 판명되는 것만 남겨두고 불필요한 것을 모두 잘라내서 던져버린다. 모든 예술 장르에 존재하는 예술적 선별 작업은 바로 이런 행위를 통해서 이루어진다.

　　영화는 종합 예술이라고 한다. 이 말은 드라마, 산문, 연기, 회화, 음악 등 많은 인접 예술이 영화에 공동으로 참여한다는 것을 근거로 내세운다. 그러나 사실 이들의 '공동 참여'는 한순간에 영화를 절충적인 잡동사니로 변질시키거나 기껏해야 일시적인 하모니로 전락시킬 정도로 영화에 심각한 타격을 입힐 수 있다. 일시적인 하모니에서는 영화의 진정한 혼을 찾을 수 없다. 영화가 일시적인 하모니를 보여주는 바로 그 순간 진정한 혼이 빠져나가기 때문이다.

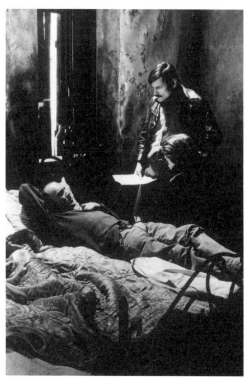

"영화에서 감독이 하는 작업의 본질은
  시간을 조각하는 것이다."

영화가 예술이라고 할 때, 그것은 다른 인접 예술들의 원리를 단순하게 결합하는 것이 아님을 확실하게 밝혀야 하며, 바로 이렇게 하고 나서야 비로소 영화 예술의 악명 높은 종합성이 과연 무엇이냐는 물음에 답할 수 있다. 영화 이미지는 문학적 사유 과정을 회화 형식과 혼합하는 데서 나오지 않는다. 그것은 공허하거나 과시적인 절충만을 만들어낼 뿐이다. 따라서 영화에서 시간의 운동과 조직 법칙들은 연극의 시간 법칙들로 대체되어서도 안 된다.

다시 상기하자면, 시간은 사실의 형태를 띤다! 나에게는 연대기Chronicle가 이상적인 영화로 보인다. 그것은 삶을 촬영하는 방식이 아니라 삶을 재구성하고 재창조하는 방식이기 때문이다.

언젠가 나는 어떤 대화를 우연히 테이프에 녹음한 적이 있다. 사람들은 자신들의 대화가 녹음되는 줄 모른 채 대화하고 있었다. 이후 나는 녹음을 들어보고 대화가 정말 멋지게 '쓰여지고' '연기됐다'고 생각했다. 인물들의 움직임과 감정, 에너지 등 모든 것이 또렷하게 느껴졌다! 목소리도 정말 듣기 좋았고, 일시 정지도 정말 훌륭했다. 콘스탄틴 스타니슬랍스키Konstantin Stanislavskii(1863~1938)도 이런 침묵을 설명해주지 못했을 것이다. 어니스트 헤밍웨이Ernest Hemingway(1899~1961)의 스타일은 우연히 녹음된 대화가 구성된 방식과 비교했을 때 과장되고 소박해 보인다.

나는 영화 작업을 보여주는 이상적인 사례를 다음과 같이 그려볼 수 있다. 작가가 수백만 미터의 필름을 가져와서 거기에 순간순간, 날마다, 해마다, 태어나서 죽을 때까지 인간의 삶을 추적하여 기록하고, 이 모든 것에서 편집을 통해 2500미터의 필름, 다시 말해 약 한 시간 반 분량의 필름을 추출한다. (이 수백만 미터의 필름이 영화감독 몇 명의 손에 들어가고 그들이 각자 자신만의 영화를 만든다고 상상해보는 것도 흥미롭다. 정말 다른 영화들이 나올 것이다!)

수백만 미터의 필름을 소유하는 것이 실제로는 불가능하지만, 그렇다고 '이상적인' 작업 조건이 현실적이지 않은 것도 아니므로 추구해볼 필요는 있다. 어떤 의미에서 그럴까? 문제는 연속적으로 이어지는 사실들 사이에 있는 것은 무엇이고, 또 이들을 부단하게 연결해주는 것은 무엇인지 정확히 알고 보고 들으면서 그들을 선별하고 합쳐주는 데 있다. 이것이 바로 영화이다. 그렇지 않으면 우리는 익숙한 연극 연출의 길로, 주어진 인물들을 토대로 플롯 구조를 창조하는 길로 쉽게 벗어날 수 있다. 이와 함께 특정 주인공을 줄기차게 따라가서도 안 된다. 스크린 위에서는 인간의 행동 논리가 완전히 다른 (이질적으로 보이는) 사실과 현상들의 논리로 전환될 수 있으며, 당신이 선택한 사람은 사실을 다루는 과정에서 작가를 지배하는 사상에 필요할 경우 완전히 다른 뭔가로 대체되면서 스크린에서 사라질 수 있다. 예를 들면, 주인공은 전혀 등장하지 않고 모든 것이 삶을 바라보는 인간적 시선의 '앵글'을 통해 규명되는 영화를 만들어볼 수 있다.

영화는 시간 속에 퍼진 어떤 사실도 이용할 수 있으며, 삶에서 모든 것을 마음대로 골라낼 수 있다. 문학에서는 특별한 기회이자 특이한 경우로 보이는 것[예를 들면, 헤밍웨이의 단편소설집 《우리 시대에 In Our Time》(1920)에 나오는 '다큐멘터리식' 도입부]이 영화에서는 근본적인 예술 법칙들의 작동으로 나타난다. 무엇이든 가능하다! 이 '무엇이든'은 희곡의 질감, 소설의 질감에 유기적이지 않을지도 모르지만, 영화에서는 굉장히 유기적이다.

인간을 무한한 환경과 나란히 세우고, 그의 옆으로, 그에게서 멀리 지나가는 셀 수 없이 많은 사람과 그를 뒤섞고 세계 전체와 그를 연결하는 데 바로 영화의 의미가 있다.

이제는 진부한 표현이 된 '시적 영화 Poetic Cinema'라는 용어가 있다. 이 용어는 영화가 자신의 이미지를 통해서 실제 삶에서 보이는 것과 같은 구체적 사실로부터 대담하게 멀어지면서 동시에 자신의 구조적 완전성을 주장한다는 것을 시사한다. 그러나 여기에는 특별한 위험성이 도사리고 있다. 그것은 영화가 자기 자신에게서 멀어진다는 위험성이다. '시적 영화'는 대개 상징과 우의, 기타 비유를 낳는데, 이들은 영화에 본질적으로 고유한 이미지와 공통점이 전혀 없다.

여기서 나는 한 가지를 정확히 해둘 필요성을 느낀다. 영화에서 시간이 사실의 형태를 띤다고 한다면, 사실은 그에 대한 단순하고 직접적인 관찰의 형태로 제시된다. 사실의 가장 미세한 세포 속까지 침투하는 영화의 기본적인 형성 원리는 바로 관찰이다.

우리는 고대 일본 시의 전통 장르인 하이쿠俳句를 잘 알고 있다. 에이젠시테인이 인용한 하이쿠의 예는 다음과 같다.

오래된 암자
차가운 달
승냥이가 운다

들판은 고요하고
나방이 난다
나방이 잠들었다

이 삼행시에서 에이젠시테인은 어떻게 세 개의 각기 다른 요소가 한 데 결합해 질적으로 새로운 것으로 탈바꿈했는지 보여주는 본보기를 발견했다.

그러나 이런 원리가 영화에만 고유한 것은 아니다. 이것은 하이쿠 자체에 이미 존재하고 있었다. 내가 하이쿠에서 느끼는 매력은 바로 삶의 관찰에서 보이는 순수성과 정확성, 결합성이다.

물결 속의 낚싯대
보름달이 달려가다
살짝 건드린다

또는

이슬이 내려
벗나무 이파리마다
작은 물방울이 맺혔다

이것은 순수한 관찰이다. 적절하고 정확한 관찰은 감각이 아무리 무딘 사람이더라도 시의 힘을 느낄 수 있게 해주고, 작가를 사로잡은 생생한 이미지를 지각할 수 있게 해준다. 이처럼 진부하게 표현한 것에 용서를 빈다.

나는 다른 예술들과 관련한 유사점에 대해 매우 조심스러운 태도를 취하지만, 일본의 옛 시에서 인용한 사례는 내가 볼 때 영화의 진실에 가깝다. 문학과 시는 영화와 달리 언어를 사용한다는 사실을 잊지만 않으면 된다.

영화는 삶을 직접 관찰하는 데서 나온다. 내가 볼 때 시적 영화의 진정한 길은 바로 여기에 있다. 시간 속을 관류하는 현상에 대한 관찰이 본질적으로 영화 이미지의 형식이기 때문이다.

직접 관찰의 원칙과는 거리가 굉장히 먼 영화 한 편이 있다. 에이젠시테인의 영화 〈이반 뇌제 Ivan Groznyi〉(1944, 1958)가 바로 그것이다. 이 영화는 전체가 일종의 상형문자일 뿐 아니라 크고 작고 미세한 상형문자들로 빼곡히 차 있고, 세세한 부분까지 작가의 의미가 침투해 있지 않은 곳이 없다. (나는 에이젠시테인 자신이 어느 강연에서 이러한 상형문자화와 비밀스러운 의미에 대해 심지어 역설적인 말을 했다고 들었다. 이반 뇌제의 갑옷에는 해가 그려져 있었고 쿠룹스키의 갑옷에는 달이 그려져 있었다. 쿠룹스키의 본질은 그가 '햇빛의 반사로 빛난다'는 데 있기 때문이다.)

인물 구성과 조형적 이미지, 분위기로 볼 때 〈이반 뇌제〉는 연극에 (뮤지컬 연극에) 굉장히 가까워서 심지어 나의 순수하게 이론적인 관점에서 볼 때조차 영화 작품이 될 수 없을 정도이다. 그것은 에이젠시테인이 동료의 어떤 영화에 관해 말한 것처럼 〈대낮의 오페라 Opera dnyom〉 같았다. 1920년대에 에이젠시테인이 만든 영화들과 특히 〈전함 포템킨 Bronenosets Potemkin〉(1926)은 그와 완전히 달랐다. 이들 영화는 적어도 시각적으로 자연스러웠다.

이처럼 영화 이미지는 기본적으로 삶 자체의 형식에 따라, 삶의 시간적 법칙에 따라 조직된 시간 속의 생생한 사실들에 대한 관찰이라고 할 수 있다. 관찰은 선별적이다. 왜냐하면 우리는 이미지로 통합될 자격이 있는 것만 필름에 남겨두기 때문이다. 이와 함께 영화 이미지는 시간적 본질에 반하여 분리하거나 분할할 수 없고, 현재의 시간도 영화 이미지로부터 제거할 수 없다. 이미지는 무엇보다도 그것이 시간 속에 살아 있어야 할 뿐만 아니라 시간도 각 프레임에서 이미지 안에 살아 있어야 한다는 필수 조건이 지켜질 때 비로소 진정한 영화 이미지가 된다.

다른 모든 것에서 따로 떼어 프레임 안으로 가져온 탁자와 의자, 컵처럼 어떤 '죽은' 대상도, 마치 시간의 부재라는 관점에서 보는 것처럼, 이 시간에서 배제되어 있는 것으로 제시될 수는 없다.

이런 조건에서 벗어나면 인접 예술들의 속성을 엄청나게 많이 영화 속에 끌어들이는 빌미를 제공할 수 있다. 이런 속성들의 도움을 받아서 매우 효과적인 영화를 만들 수는 있지만, 영화 형식의 관점에서 볼 때 이들은 영화의 본질과 잠재력이 자연스럽게 발전하는 것에 역행한다.

시간 속에서 존재하고 변화하는 사실과 질감에 대한 느낌을 전달할 때 보이는 힘과 정확성, 엄격함이라는 측면에서 영화와 비교될 수 있는 예술은 아무것도 없다. 그래서 오늘날 이른바 '시적 영화'의 주장들은 사실로부터, 시간의 사실주의로부터 단절되고 있고 우쭐한 태도와 매너리즘을 보이고 있어 특히 언짢다.

현대 영화는 형식 발전에서 몇 가지 기본 경향을 내포하고 있지만, 그중에서 연대기적 경향이 특히 두드러지고 이목을 사로잡는 것은 우연이 아니다. 이것은 매우 중요하고 잠재력도 아주 풍부하여, 직접 가져와서 그대로 붙여넣을 만큼 모방하려는 시도가 자주 보인다. 그러나 진정한 팩토그래피factography*와 진정한 연대기성의 의미는 흔들리는 카메라를 손에 들고, 심지어는 뚜렷하지 않은 윤곽(보라, 카메라 감독이 초점을 제때 맞추지 못했다) 및 유사 수법을 통해 촬영하는 데 있지 않다. 당신의 촬영 방식이 발전 중인 사실의 구체적이고 독보적인 형식을 전달했다는 것이 중요한 것은 아니다. 우연인 듯 찍은 장면들도 어쭙잖은 시적 영화가 빈약한 상징을 덧붙여 세심하게 구성한 장면들 못지않게 꽤 상투적이고 가식적일 때가 자주 있다. 촬영되는 대상의 구체적이고 생기 넘치며 감동적인 내용은 이들 영화 곳곳에서 잘려나간다.

이른바 예술적 관례의 문제도 주의 깊게 살펴봐야 한다. 예술에 타당한 관례도 존재하고, 관례라기보다는 선입관으로 볼 수 있는 그릇된 관례도 존재하기 때문이다.

한편으로, 어떤 예술의 특수성을 규정해주는 관례가 있다. 예를 들면, 화가는 캔버스 표면의 색과 색채 관계에 끊임없이 관심을 기울인다.

---

* 1920년대 소련에서 나온 미학적 개념으로, 사실들을 어떤 분석적 조명이나 일반화 없이 있는 그대로 묘사하는 방식을 의미한다.

다른 한편으로, 예를 들면, 무엇인가 덧없는 것에서, 영화의 본질에 대한 피상적인 이해에서 생성되는 그릇된 관례가 있다. 또는 표현 수단의 일시적인 제한에서, 그냥 습관과 상투 수법에서, 예술에 대한 사변적인 접근에서 나오는 관례가 있다. 영화 쇼트와 회화 캔버스의 프레임들을 겉으로 보고 똑같이 대하는 관례를 보라. 선입관은 바로 이렇게 탄생한다.

영화에서 가장 엄격하면서도 자연스러운 관례 가운데 하나는 동시성과 회상 등의 개념이 실제로 존재하는데도 스크린 속의 행위가 순차적으로 전개돼야 한다는 데 있다. 두 개 또는 몇 개의 과정을 동시에 병렬로 제시하려면 불가피하게도 이들을 순차적인 몽타주에 담아 하나씩 차례로 보여주어야만 한다. 다른 방법은 없다. 알렉산드르 도브젠코의 영화 〈대지Zemlia〉(1930)에는 어느 부농이 주인공에게 총을 쏘는 대목이 나온다. 총소리를 전달하기 위해 카메라는 주인공이 갑자기 땅에 쓰러지는 쇼트에서 들판 어디선가 말들이 놀라 머리를 치켜드는 다른 — 병렬 — 쇼트로 이동한다. 그런 다음에 카메라는 살해 장소로 다시 돌아온다. 머리를 치켜든 말들이 관객들을 위해 퍼져나가는 총소리를 대신 표현해준 것이다. 유성영화 시대가 도래하자 이런 식의 몽타주는 더는 필요 없었다. 오늘날 영화에서 쓸데없이 '병렬' 몽타주에 의지할 때 보이는 민첩함을 정당화하려고 도브젠코의 천재적인 쇼트들을 들먹일 것까지는 없다. 한 사람이 물에 빠졌다고 하자. 다음 쇼트에서는, 이를테면, '마샤가 쳐다보고 있다.' 그러나 이렇게 할 필요가 전혀 없다. 이런 장면들은 무성영화 시학의 후유증처럼 보인다. 이처럼 불필요한 관례는 선입관으로, 상투적 표현으로 변질된다.

최근 영화에서 기술적 발전은 넓은 스크린을 두 개 또는 몇 개로 분할하여 병렬로 일어나는 두서너 가지 행위를 동시에 보여주고 싶은 유혹을 낳았다(또는 되살려놓았다). 이는 그릇된 방법이다.

이는 인위적으로 만들어진 사이비 관례로, 영화에 유기적이지 않아 전혀 쓸모없다.

몇 개의 스크린에서, 예를 들면, 여섯 개(!)에서 영화 스펙터클을 동시에 보여준다고 상상해보자. 영화 화면 속의 움직임은 음악 사운드와는 다른 속성을 띤다. 이런 의미에서 '다화면' 영화는 화음이나 화성, 다성과 비교할 수 없고 오히려 각기 다른 음악을 동시에 연주하는 몇 개의 오케스트라 소리와 비교할 수 있다. 이때 얻을 수 있는 것은 혼돈밖에 없고 우리의 인지 법칙들은 파괴되고, 다화면 영화의 작가 앞에는 동시성을 순차성으로 수정해야 하는 임무, 모든 경우에 맞게 정교한 조건 체계를 특별히 수립해야 하는 임무가 불가피하게 제기된다. 이는 흡사 오른쪽 손으로 오른쪽 콧구멍을 후비려고 하면서 복잡하고 힘들게 오른쪽 팔을 왼쪽 귀 뒤로 돌려서 하는 것과 같다. 순차적 묘사 같은 영화의 간단하고도 자연스러운 조건을 터득하고 이런 조건을 출발점으로 삼는 것이 더 낫지 않을까? 인간은 몇 개의 행위를 동시에 볼 수 없다. 이런 능력은 인간의 정신생리학 바깥에 있다.

어떤 예술의 고유한 특징을 떠받쳐주는 자연스러운 조건들, 현실 생활과 해당 예술의 제한된 형식 사이에 존재하는 차이점들을 규정해주는 조건들을 허황한 조건들과 구별할 필요가 있다. 다시 말해 진부한 표현에 노예처럼 매달리거나 무책임하게 공상에 잠기거나 인접 예술들의 특성을 빌려오거나 하는 짓으로 인해 변질되는 인위적이고 비원칙적인 조건들로부터 특정 예술의 고유성을 뒷받침해주는 자연스러운 조건들을 구별해야 한다.

영화의 가장 중요한 조건 가운데 하나는 영화 이미지가 눈으로 보이고 귀로 들리는 삶의 사실적이고 자연스러운 형태로만 구체화될 수 있다는 것이다. 묘사는 자연주의식의 묘사가 되어야 한다. 자연주의적 성격에 대해 말하면서 나는 이 말의 문학적 의미에서 자연주의[예를 들면, 에밀 졸라Émile Zola(1840~1902) 등과 관련된]를 생각하고 있는 것은 아니다. 여기서 나는 영화 이미지를 둘러싼 감각적 지각 형식의 성격을 강조하고 있다.

그렇다면 작가의 판타지, 인간의 내적 상상 세계를 어떻게 할 것이냐고, 인간이 '자신의 내면' 속에서 보는 것, 다시 말해 밤에 꾸는 꿈과 '백일몽' 등 모든 꿈을 어떻게 재현할 것이냐고 물을 수 있다.

이는 다음과 같은 한 가지 조건 아래서 가능하다. 스크린 속의 '꿈'은 삶 자체에서 관찰되는 자연스러운 형태들로 구성되어야 한다. 감독들은 무언가를 고속으로 촬영하거나 뿌연 안개를 뿌려 촬영하기도 한다. 아니면 오래된 레터박스 수법을 활용하거나 음향 효과를 도입하기도 한다. 이런 방식을 잘 아는 관객은 '아, 이건 그가 회상하는 거구나!', '이건 그녀가 꿈을 꾸는 거구나!' 하고 즉각 반응한다. 그러나 몽롱하고 신비로운 묘사 방식으로는 꿈이나 회상에서 진정으로 영화다운 인상을 창조하지 못한다. 영화는 연극 효과를 빌려오는 데 관심이 없으며 있어서도 안 된다. 그렇다면 뭐가 필요할까? 무엇보다도 바로 누가 어떤 꿈을 꾸었는지 알아야 한다. 이 꿈의 실제적이고 사실적인 배경을 정확히 알아야 한다. 한밤중의 깨어 있는 의식 속에서 굴절되는 (또는 인간이 어떤 장면을 상상하면서 작동시키는) 현실의 모든 요소를 볼 수 있어야 한다. 그리고 이 모든 것을 스크린에서 흐릿하게 하거나 정교한 장치를 사용하지 않고 정확히 전달해야 한다. 그럼 꿈의 혼란상과 불명확성, 불확실성을 어떻게 할 것이냐고 또다시 물을 수 있다. 그러면 나는 영화에서 꿈의 '혼란상'과 '말로 표현할 수 없는 속성'이 명확한 영상의 부재를 의미하는 것은 아니라고 대답한다. 그것은 꿈의 논리가 만들어내는 특별한 인상이며, 완전히 현실적인 요소들의 결합과 충돌로 빚어지는 이례적이고 예기치 않은 상황이다. 이 요소들도 극히 정확하게 보고 제시해야 한다. 영화는 속성상 현실을 그늘지게 하는 게 아니라, 그것을 드러내 보여야 한다. (말이 나온 김에 하자면, 가장 흥미롭고 가장 무서운 꿈은 여러분이 미세한 부분까지 모두 기억하는 꿈이다.)

영화에서 모든 조형적 구성의 필수 조건과 최종적으로 필요한 구성 기준은 언제나 삶의 진실성과 사실의 구체성에 있음을 다시 한번 상기하고자 한다. 독보성도 바로 여기에서 나온다. 이는 작가가 특별한 조형적 구성을 발견하여 자기 생각의 신비로운 회전과 연결하고 여기에 '자신에게서' 나온 어떤 의미를 부여하는 데서 나오는 것이 아니다. 누구나 사용할 수 있는 진부한 표현으로 변질되는 상징들이 바로 이런 식으로 탄생한다.

영화의 순수성과 차용 불가능한 힘은 이미지의 상징적 예리함(아무리 대담하더라도)에서 나오는 것이 아니라 이미지가 실제 사실의 구체성과 독보성을 표현하는 데서 나온다.

부뉴엘의 영화 〈나자린Nazarin〉(1959)에는 흑사병이 기승을 부리는 작은 마을을 배경으로 한 에피소드가 있다. 석회암으로 이루어진 마을은 바짝 메말라 있고 돌투성이다. 작가는 다 죽고 아무도 남지 않은 곳이라는 인상을 주기 위해 어떻게 했을까? 딥포커스Deep Focus로 찍은 먼지 나는 길과 전면에서 찍어 원근감을 주며 두 줄로 늘어선 집들이 보인다. 거리는 산으로 이어져 있고, 하늘은 보이지 않는다. 거리 오른쪽은 그늘져 있고, 왼쪽은 햇빛이 비친다. 거리는 텅 비어 있다. 한 아이가 화면 깊숙한 곳에서 길 한가운데로 곧장 카메라를 향해 눈이 부실 정도로 하얀 침대 시트를 질질 끌며 걸어 나온다. 크레인에 설치된 카메라가 천천히 움직인다. 그리고 이 화면은 다른 화면으로 바뀌기 직전의 마지막 순간에 햇빛에 반짝이는 하얀 시트로 갑자기 뒤덮인다. 하얀 시트는 어디서 나왔을까? 빨랫줄에 널어 말리던 것이었을까? 곧이어 우리는 의학적 사실처럼 절묘하게 포착된 '흑사병의 숨결'을 놀라울 정도로 강렬하게 느낀다.

또 하나의 장면이 있다. 구로사와 아키라黒澤明(1920~98)의 영화 〈7인의 사무라이七人の侍〉(1959)에서 가져온 장면이다. 여기에는 중세 시대 일본 마을이 나온다. 말을 타고 다니는 사무라이들과 걸어 다니는 사무라이들 사이에 싸움이 벌어진다. 사무라이들은 중세 일본식 옷을 차려입고 있어 진흙이 묻은 다리가 허벅지까지 드러난다. 그리고 한 사무라이가 칼을 맞고 쓰러지자 다리에 묻은 진흙이 비에 씻겨 나가면서 한쪽 다리가 하얗게, 대리석처럼 하얗게 바뀐다. 사람이 죽은 것이다. 이는 이미지인 동시에 사실이다.

어쩌면 모든 것이 우연히 이루어졌을지도 모른다. 배우가 달려가다가 넘어졌고 쏟아지는 빗줄기가 다리에 묻은 진흙을 씻겨냈을 뿐인데, 우리는 이것을 감독의 머릿속에서 나온 계시로 간주하는 것은 아닐까?

이 모든 것과 관련하여 미장센에 관해 이야기해보자. 알다시피, 영화에서 미장센은 선택된 대상들을 화면에 배치하고 이동시키는 방식을 의미한다. 그렇다면 미장센의 기능은 무엇일까? 이런 질문에 십중팔구는 미장센이 어떤 상황의 의미를 표현하는 기능을 수행한다고 대답할 것이다. 이게 전부다. 하지만 미장센의 목적을 이런 대답으로만 제한할 수는 없다. 이것은 한쪽으로 치우치는 길, 추상으로 치우치는 길을 따라가는 것을 의미하기 때문이다. 주세페 드 산티스 Giuseppe De Santis(1917~97)는 영화 〈안나를 위한 남편 Un marito per Anna Zaccheo〉(1953)의 마지막 장면에서 모두가 기억하듯이 남녀 주인공을 담장 쇠창살 양쪽에 각각 배치했다. 이 장면은 어쩌면 누군가가 이전에 그보다 앞서 고안했는지도 모른다. 하지만 이게 중요한 것은 아니다. 쇠창살은 부부가 갈라져 있고 절대 행복하지 못할 것이며 모든 것이 끝났음을 분명하게 말해준다. 구체적이고 개인적이며 독보적인 성격의 사건은 하찮은 형태를 취할 수밖에 없어 매우 진부한 의미를 띤다. 관객은 감독에게서 나온 이른바 생각의 '천장'에 곧장 머리를 부딪친다. 다시 말해 감독의 생각을 금방 일아차린나. 그러나 많은 관객이 이렇게 머리를 부딪치는 걸 좋아하고 이로부터 안도감을 느낀다는 것은 불행이 아닐 수 없다. 사건은 '흥미진진하다.' 게다가 핵심 사상도 명료하여 자신의 뇌와 눈을 긴장시키지 않아도 되고 일어나는 상황의 구체성을 자세히 살펴보지 않아도 된다. 하지만 관객에게 이런 양식을 제공한다면 그는 퇴화하기 시작할 것이다. 이런 쇠창살과 담장, 울타리들은 많은 영화에서 무수히 되풀이되며 모두 똑같은 것을 의미했기 때문이다.

미장센은 도대체 무엇일까? 최고의 문학 작품들을 살펴보자. 앞서 이미 소개한 내용을 다시 상기해보자. 도스토옙스키의 장편소설 《백치》의 마지막 장면에서 미시킨 공작은 로고진과 함께 방에 들어간다. 살해된 나스타시야 필리포브나가 문간에 누워 있고, 로고진이 말하듯이 이미 부패한 냄새를 풍긴다. 두 사람은 커다란 방 한가운데서 무릎을 맞대고 의자에 앉아 있다. 이 모든 광경을 상상해보라. 으스스한 느낌이 들 것이다. 여기서 미장센은 특정 순간에 두 주인공의 심리 상태에서 발생하며, 이들의 관계를 둘러싼 복잡미묘한 성격을 독보적으로 표현해준다.

미장센을 창조할 때 영화감독은 주인공들의 역동적인 심리 상태와 그를 둘러싼 상황에서 벗어나 이 모든 것을 직접 관찰하는 것 같은 유일무이한 행위의 진실로, 이 행위의 독보적 질감으로 되돌려놓아야 한다. 오직 그럴 때만 미장센은 진정한 진실의 구체성과 모호성을 통합시킬 수 있다.

우리가 배우들을 배치하는 데서 무슨 차이가 있느냐고 묻는 사람들이 종종 있다. 배우들이 벽 옆에 서서 이야기한다. 먼저 그를 클로즈업으로 찍고 나서 그녀를 클로즈업으로 찍는다. 그리고 배우들이 흩어진다. 하지만 여기에는 가장 중요한 생각이 빠져 있다. 이는 감독에게서만 나오는 것이 아니다. 시나리오 작가에게서도 아주 자주 나온다.

시나리오가 영화를 위해 예정된 것이라는 사실(그리고 이런 의미에서 시나리오는 '반제품' 그 이상도 이하도 아니다!)을 무시한다면, 좋은 영화를 만들 수 없다. 뭔가 다른 것, 새로운 것을 만들 수 있고 심지어는 잘 만들 수도 있지만, 그러면 시나리오 작가가 영화감독에게 불만을 품을 것이다. 그러나 영화감독이 시나리오 작가의 '좋은 구상을 망쳐버렸다'는 비난이 항상 정당한 것은 아니다. 왜냐하면 이 구상이 너무 문학적이어서, 그리고 바로 이런 이유로만 흥미로울 뿐이어서, 영화감독은 영화를 만들기 위해 이 구상을 변형하고 파기하지 않을 수 없기 때문이다. 시나리오의 문학적 측면은 (순수한 대사를 제외하고) 기껏해야 한 에피소드와 쇼트, 심지어 영화 전체의 내면적·감정적 내용을 암시하고자 할 때만 감독에게 유용하다. (예를 들어, 내가 받은 시나리오 가운데 하나는 '방에서 먼지와 시든 꽃, 마른 잉크 냄새가 났다'라고 쓰여 있다. 나는 이게 정말 마음에 들었다. 그래서 방 내부의 면모와 '영혼'을 상상해보기 시작했다. 미술가가 방 내부를 스케치한 것을 가져와 보여주었다면 무엇이 '좋고' 무엇이 '좋지 않은지' 곧바로 결정할 수 있었을 것이다. 하지만 이런 말이 영화의 핵심 이미지를 뒷받침하는 근거가 될 수는 없었다. 이는 보통 분위기를 찾는 데만 도움이 되었을 뿐이다.) 어쨌든, 내가 볼 때는 그 자체로 독자에게 완결되고 결정적인 영향을 끼치려고 계획한 시나리오가 아니라, 영화로 전환될 것으로 계산된 시나리오가 진정한 시나리오다. 시나리오는 영화로 전환될 때만 완성된 형태를 띤다.

그러나 진정한 작가적 재능이 필요한 매우 중대한 과제가 시나리오 작가 앞에 놓여 있다. 내가 말하는 과제는 바로 심리적 과제다. 그리고 문학이 영화에 미치는 정말 유용하고 필요한 영향도 바로 여기에서 나타나는데, 이때 문학의 영향은 영화의 특수성을 침해하지도 왜곡하지도 않는다. 오늘날 영화에서 심리만큼 더 경시되고 피상적인 것은 아무것도 없다. 중요한 것은 인물들의 정신 상태를 둘러싼 심오한 진리를 이해하고 밝혀주는 것이다. 이 진리는 무시되고 있다. 하지만 바로 이런 이유로 한 사람이 걸어가다가 매우 불편한 자세로 마비되거나 5층 건물에서 뛰어내리는 것이다.

영화는 감독과 시나리오 작가 모두에게 어떤 경우에도 지식이 많아야 한다고 요구한다. 이런 의미에서 영화 작가는 심리학자로서의 시나리오 작가와 뭔가 공통점이 있어야 할 뿐만 아니라 정신과 의사로서의 시나리오 작가와도 공통점이 있어야 한다. 영화의 조형성은 구체적 상황에서 특정 인물의 성격을 둘러싼 구체적 상태에 많은 부분이 자주 결정적으로 좌우되기 때문이다. 그리고 시나리오 작가가 이런 내면 상태에 관해 완전한 진실을 알고 있다면 감독에게 영향을 미칠 수 있고 미쳐야만 하고, 감독이 어떤 미장센을 구성하기 바로 전까지도 그에게 많은 것을 제공할 수 있고 제공해야만 한다. "주인공들이 벽 옆에 멈춰 섰다"라고 쓰고 대화가 이어지도록 할 수도 있을 것이다. 그러나 대사에서 특별한 것은 무엇이고, 벽 옆에 멈춰선 상황은 대화에 어울릴까? 인물들의 말에 장면의 의미를 집중할 수는 없다. '그냥 말, 말, 말일 뿐이다.' 실생활에서 말은 물과 같다. 말과 몸짓, 말과 장소, 말과 행동, 말과 의미가 완벽하게 일치하는 경우는 드물게만, 그것도 잠시 잠깐 볼 수 있다. 보통 인간의 말과 내면 상태, 물리적 행위는 각기 다른 차원에서 펼쳐진다. 이들은 서로 협력하고 종종 서로 반영한다. 또 아주 빈번하게 서로 갈등하는가 하면 때때로 격렬히 충돌하고, 서로 폭로한다. 무엇이 왜 각 차원에서 동시에 일어나는지 정확하게 알아야만, 이것을 완전하게 알아야만 내가 이미 말한 사실의 진정하고 독보적인 힘을 달성할 수 있다. 미장센에 관해 말하자면, 미장센과 발화된 말 사이의 정확한 상호 관계, 상호 작용으로부터, 이들의 다방향성으로부터 다름 아닌 이미지가 탄생한다. 이것은 관찰-이미지이다. 다시 말해 완전히 구체적인 이미지이다. 시나리오 작가가 진정한 작가가 되어야 하는 이유가 바로 여기에 있다.

영화감독이 시나리오를 받아 작업을 개시하면 언제나 시나리오는 구상이 제아무리 심오하고 계획이 제아무리 철저하더라도 불가피하게 바뀔 수밖에 없다. 시나리오는 절대 축자적으로, 글자 그대로, 거울에 비친 듯이 스크린에 구체화될 수 없다. 일정한 변형이 항상 일어나기 마련이다. 따라서 시나리오 작가와 영화감독의 협업은 대개 갈등과 투쟁으로 번지곤 한다. 그들의 본래 구상이 협업 과정에서 붕괴하고 파괴되고, 그 뒤 남은 자리에 새로운 개념과 새로운 유기적 조직체가 형성될 때 비로소 완성된 영화가 나온다.

일반적으로 말하자면, 영화감독의 작업은 시나리오 작가의 작업과 분리하기가 점점 더 어려워진다. 현대 영화 예술에서 감독은 '작가 성향'을 점점 더 많이 보인다. 이것은 자연스럽다. 한편 시나리오 작가에게는 연출에 대한 이해가 점점 더 많이 요구된다. 이것도 자연스럽다. 따라서 애초의 구상이 붕괴하지도 변형되지도 않고 유기적으로 발전하는 경우, 달리 말하면 영화감독이 직접 시나리오를 쓰거나 반대로 시나리오 작가가 직접 영화를 만들 때 어쩌면 가장 효과적인 영화 작업이 될 수 있을 것이다.

작가의 작업은 핵심 사상의 구상에서, 뭔가 중요한 것에 관해 이야기해야 할 필요성에서 시작된다는 것을 특별히 지적할 필요가 있다. 이것은 자명하다. 다른 방식은 있을 수 없다. 물론, 작가가 자신의 새로운 시각을 발견하고 어쩌면 순수하게 형식적인 과제를 해결하다가 자신에게 어떤 심각한 문제를 드러내는 경우(다양한 예술에서 비슷한 사례를 적지 않게 찾아볼 수 있다)도 있다. 그러나 이런 일은 어떤 사상 형식이 작가의 영혼과 주제 안에서, 그가 의식적으로나 무의식적으로나 평생 오랫동안 품어왔던 핵심 사상 안에서 불현듯이 '떠오를' 때만 일어난다.

확실히 가장 힘든 것은 자기 자신만의 개념을 수립하여 따라가며, 이 개념이 가하는 제한들이 제아무리 고통스러워도 두려워하지 않는 것이다. 반면 절충을 시도하고 우리들의 작업장 주변에 널려 있는 판에 박힌 표본들을 따라가는 것만큼 손쉬운 일도 없을 것이다. 이런 일은 감독에게도 손쉽고, 관객에게도 편하다. 그러나 여기에는 뒤죽박죽되는 가장 끔찍한 위험성이 도사리고 있다.

나는 예술가가 자신의 개념과 사상, 원칙을 매우 일관되게 추구하면서, 심지어는 자신의 작업을 즐기려고 할 때조차 자신이 따르는 개념과 진실에 대한 통제력을 잃지 않는 모습에서 천재성이 가장 분명하게 드러난다고 본다.

천재적인 사람들은 영화사에 드물다. 로베르 브레송 Robert Bresson(1901~99), 미조구치 겐지, 도브젠코, 세르게이 파라자노프 Sergei Parajanov(1924~90), 부뉴엘 정도가 있다. 이들 중 누구도 다른 사람과 헷갈릴 수 없다. 이런 예술가는 손해를 보고 약점이 있더라도, 심지어 억지로 가야 하더라도, 유일한 목표, 유일한 개념을 향해 직진한다.

삶과 사실적 진실에 다가간다는 보편 사상에 따라 영화의 새로운 개념을 창조하고자 한 시도가 세계 영화계에 적지 않았다. 존 카사베티스 John Cassavetes(1929~89)의 〈그림자들 Shadows〉(1959), 셜리 클라크 Shirley Clarke(1919~97)의 〈커넥션 The Connection〉(1961), 장 루슈 Jean Rouch(1917~2004)의 〈어느 여름의 연대기 Chronique d'un été 〉(1961) 같은 영화들이 그런 시도를 보여주었다. 그러나 나는 이런 주목할 만한 영화들도 무엇보다도 완전하고 절대적인 사실적 진리를 추구하는 데서 원칙성과 일관성이 부족했다고 생각한다.

소련에서 한때 미하일 칼라토조프 Mikhail Kalatozov(1903~73)와 세르게이 우루솁스키 Sergei Urusevskii(1908~74)의 영화 〈부치지 못한 편지 Neotpravlennoe pismo〉(1960)를 두고 말이 많았다. 이들은 주로 인물의 도식성과 미완결성, 진부한 삼각관계, 불완전한 플롯 구성에 대해 비난을 받았다. 그러나 내가 볼 때 영화의 불행은 여기에 있지 않다. 불행은 작가들이 영화의 보편적·예술적 해결책을 모색하고 인물 성격을 해결하는 과정에서 그들 자신이 발견해 수립한 길을 따라가지 못한 데 있다. 시나리오에 주어진 스토리 라인을 따라가는 데 연연하지 말고 타이가에서 인물들에게 닥친 운명을 카메라로 끈질기게 추적했어야 했다. 그들은 주어진 플롯에 반기를 드는가 싶더니 갑자기 굴복해버렸다. 인물들은 창조되기는커녕 와해됐다. 또는 완전히 파괴되지도 않았다. 작가들은 전통적인 플롯의 잔재를 고수한 나머지 주인공들의 이미지를 완전히 새롭게 발견하고 창조할 수 있었을 자신만의 길에서 끝내 자유롭지 못했다. 불행은 자신의 원칙에 충실하지 못한 데 있다.

예술가는 침착해야 한다. 자신의 흥분과 열정을 드러내 보이고 이 모든 것을 관객에게 쏟아부을 권리가 예술가에게는 없다. 대상에 느끼는 어떤 흥분감도 올림피아 여신처럼 평정平靜한 형식으로 승화되어야 한다. 오직 그럴 때만 예술가는 자신을 흥분케 하는 대상들에 관해 이야기할 수 있다.

나의 영화 〈안드레이 루블료프〉를 작업할 때가 생각난다.

영화의 사건은 15세기에 일어난다. '그때는 모든 것이 어땠는지' 상상하기가 고통스러울 정도로 어려웠다. 건축 양식과 문서 자료, 성상화 등 가능한 모든 자료에 의지해야 했다.

우리가 당대 회화 전통과 회화 세계를 재현하는 길을 갔다면, 잘해봐야 그 시대를 축소한 책이나 성상화를 떠올려주는 양식화되고 상투적인 중세 러시아의 현실만을 보여주었을 것이다. 그러나 이런 길은 영화에 바람직하지 않다. 예를 들면, 어떤 회화 작품들을 토대로 미장센을 구성하는 것을 나는 절대 이해할 수 없었다. 이것은 회화를 되살려 놓고 '와, 시대가 느껴진다! 정말 똑똑한 사람들이다!' 같은 피상적인 칭찬을 받는 것을 의미했다. 이것은 영화를 일부러 죽이는 것을 의미하기도 했다.

따라서 우리의 작업 목표 가운데 하나는 현대 관객에게 15세기의 실제 세계를 재현해 보이는 것이었다. 다시 말해 관객이 복식과 화법에서도, 일상생활과 건축 양식에서도 이 세계가 '유적'이나 박물관 같다고 느끼지 않게 보여주는 것이었다. 직접 관찰의 진실, 이렇게 말하는 것이 가능하다면, 생리학적 진실을 달성하기 위해서는 고고학적이고 민족지학적인 진실에서 벗어나는 길을 가야 했다. 인위적 요소가 불가피하게 있었지만, 이것은 인위적인 회화의 재현과는 정반대되는 것이었다.

만약 누군가가 15세기에서 갑자기 나타나 촬영 내용을 봤다면, 굉장히 이상한 광경이라고 생각했을 것이다. 하지만 그것은 우리 자신과 우리 현실보다 더 이상하지는 않았을 것이다. 우리는 20세기에 살고 있어서 600년 된 자료를 직접 이용해 영화를 만들 기회가 없다. 그러나 나는 우리가 정확히 선택한 그 길을 끝까지 가게 된다면, 그 과정에서 햇빛도 못 보고 작업해야 한다고 해도, 심지어 그렇게 복잡한 조건에서도 우리의 목표를 달성할 수 있다고 확신했고 지금도 확신한다. 모스크바 거리로 나가서 숨겨진 카메라를 돌리는 것은 그보다 훨씬 손쉬웠을 것이다.

우리는 15세기의 자료를 아무리 철저하게 연구해도 15세기를 글자 그대로 정확하게 재구성할 수 없다. 우리는 당시 살았던 사람들과는 완전히 다르게 15세기를 느낀다. 우리는 루블료프의 〈성 삼위일체〉를 그의 동시대인들과는 다르게 인식한다. 그러나 〈성 삼위일체〉는 수 세기에 걸쳐 계속 살아 있다. 그때도 살아 있었고 지금

"아나톨리 솔로니친은 타고난 영화배우였다.
 그는 신경이 예민했고 영감에 쉽게 빠져드는 배우였다."
〈안드레이 루블료프〉의 주연 아나톨리 솔로니친.

도 살아 있다. 그리고 이 성상화는 20세기 사람들을 15세기 사람들과 이어준다. 〈성 삼위일체〉는 단순히 성상화로 인식할 수 있다. 훌륭한 박물관 소장품으로, 말하자면 특정 시대 회화 양식의 본보기로 인식할 수도 있다. 그러나 이 기념비석인 작품에 대한 인식에는 또 다른 측면이 존재한다. 우리는 20세기 후반에 사는 우리에게도 생생하고 이해할 만한 〈성 삼위일체〉의 인간적·정신적 의미에 주목해볼 수 있다. 이것이 바로 우리가 〈성 삼위일체〉를 낳은 현실에 접근하는 방식이다.

이런 식으로 접근하면서 우리는 이국적인 느낌과 박물관을 복원한 듯한 느낌을 불식시켜줄 무언가를 특정 장면에 도입해야만 했다.

시나리오에는 다음과 같은 에피소드가 쓰여 있었다. 농부가 날개를 만들어 교회 위로 올라가서 뛰어내리다 땅에 떨어져 박살이 난다. 우리는 이 에피소드를 '재구성하고' 에피소드의 심리적 본질을 검토해보았다. 어떻게 하면 하늘을 날 수 있을지 평생 생각해온 사람이 분명히 있었을 것이다. 그렇다면 이것은 실제로 어떻게 일어났을까? 사람들이 그를 쫓아오고 그는 서둘렀다. 이윽고 그가 뛰어내렸다. 최초로 날았던 사람은 무엇을 보고 느꼈을까? 그는 뭔가 볼 새도 없이 곧장 떨어져 박살이 났다. 그는 기대하지 않은 끔찍한 자신의 추락만 느꼈을 뿐이다. 비행의 열정, 비행의 상징은 사라졌다. 여기서 의미는 우리에게 이미 익숙한 연상들과 비교하여 매우 직접적이고 기초적이기 때문이다. 스크린에는 흙 묻은 순박한 농부가 나와서 곧장 땅으로 떨어져 박살 나 죽어야만 했다. 이것은 구체적인 사건이며, 누군가가 달려오는 자동차에 뛰어들었다가 만신창이가 되어 아스팔트 위에 쓰러져 있는 것을 지금 우리가 보는 것처럼, 그렇게 주변 사람들에게 관찰되는 인간 참사이다.

우리는 이 에피소드를 구축하고 있는 조형적 상징을 무너뜨릴

기회를 오랫동안 찾다가 악의 근원이 바로 날개에 있다는 생각에
이르렀다. 그리고 에피소드의 '이카로스' 콤플렉스를 무너뜨리고자
열기구가 고안됐다. 가죽과 밧줄, 넝마로 만든 볼품없는 열기구였
다. 우리가 볼 때 열기구는 에피소드에서 그릇된 열정을 제거하고
사건을 특별하게 만들어주었다.

　　가장 먼저 묘사해야 하는 것은 사건이지, 사건에 대한 자신의
태도가 아니다. 사건에 대한 태도는 영화 전체에 의해 규명되어야
하고 영화의 총체성 안에서 나와야 한다. 이것은 하나의 모자이크
안에서 모든 조각이 각자 나름대로 동등한 색깔을 띠고 있는 것과
같다. 푸른색이나 하얀색, 아니면 빨간색으로 각기 다르다. 그러나
나중에 완성된 그림을 보면 작가가 무엇을 고려하고 있었는지 알
수 있다.

　　나는 영화를 매우 사랑한다. 나 자신 여전히 많은 것을 모른
다. 예를 들면, 내 작업이 내가 고수하는 개념에, 내가 지금 내세우
는 작업 가설의 체계에 정확히 부합하는지 알지 못한다. 주변에 유
혹이 지나치게 많다. 진부한 표현과 낯선 예술 사상의 유혹이 있다.
장면을 아름답게, 효과적으로, 박수를 받기 위해 찍는 것은 사실 정
말 간단하다. 그러나 이 길로 들어서는 것은 곧 파멸이다.

　　수 세기 동안 문학과 음악, 회화의 대상이 된 문제들의 차원에
서 현대의 가장 복잡한 문제들을 영화를 통해 탐구해야만 한다. 그
러기 위해서는 영화 예술이 가야 하는 길을 매번 새롭게 찾아야 한
다. 나는 우리가 영화 예술의 내적 특성이 무엇인지 정확하고 분명
하게 이해하지 못한다면, 그 특성을 푸는 열쇠를 우리 자신의 내면
에서 발견하지 못한다면, 영화에서 실천 작업이 우리 모두에게 무
익하고 절망적일 수 있다고 확신한다.

제4장
예정과 운명

여느 예술처럼 영화도 자신만의 특별한 시적 형상화와 고유한 역할, 운명이 있다. 영화는 삶의 특별한 부분을 표현하기 위해, 다른 예술 장르들이 그때까지 의미를 부여하지도 표현하지도 못한 우주의 일부를 표현하기 위해 등장했다.

예술은 항상 정신적 필요 속에 탄생하여 당대에 제기되는 심오한 문제들을 설명하는 데서 특별한 역할을 수행한다.

파벨 플로렌스키 Pavel Florenskii(1882~1937)가 역원근법 Reverse Perspective에 관해 쓴 자신의 저술 《성화벽 Iconostasis》(1922)에서 보여준 흥미로운 관찰을 떠올려보자. 그는 고대 러시아 회화에서 역원근법의 존재가 러시아 성상화가들이 이탈리아 르네상스가 터득했고 레온 바티스타 알베르티 Leon Battista Alberti(1404~72)가 발전시킨 광학 법칙을 몰랐다는 사실과 전혀 관련이 없었다고 생각했다. 플로렌스키는 자연을 관찰하다 보면 원근법을 그냥 지나치지 못해 발견하지 않을 수 없었다고 확신 있게 주장했다. 사실, 원근법이 당장 필요하지 않을 수도 있었다. 다시 말해 원근법이 경시될 수도 있었다. 따라서 르네상스 회화의 원근법과 대조적으로 고대 러시아 회화에서 역원근법은 고대 러시아 화가들이 이탈리아 15세기 콰트로첸토 Quattrocento 화가들과 달리 스스로 제기한 특별한 정신적 문제들을 각별히 밝혀야만 했던 저간의 사정을 표현한다. (안드레이 루블료프가 베네치아를 방문했고 따라서 이탈리아 화가들이 어떻게 원근법 문제를 발전시켰는지를 알았을 것이라고 주장하는 설도 있다.)

　　탄생 날짜를 되돌려본다면, 영화는 20세기와 함께 시작했다. 이는 우연이 아니며, 약 100년 전에 새로운 뮤즈가 탄생할 수밖에 없던 배경이 아주 충분했음을 의미한다.

　　어떤 중대한 욕구가 낳은 기술적 발명의 결과로 탄생한 예술은 영화 등장 이전에 아무것도 없었다. 영화는 인류가 현실을 계속 개척하는 데 필요한 기술 시대의 수단이었다. 모든 예술은 우리의 정신적·감각적 인식에서 오직 한 측면만 지배할 뿐이다.

　　영화의 미학적 범위와 영향권을 알아보려면 멀리에서부터 시작해야 한다. 영화가 세기의 전환기에 탄생했다고 한다면, 분명히 우리 기억 속에 발생한 인간 영혼의 어떤 욕구가 영화를 필요로 했을 것이다. 영화의 영향권을 둘러싼 상황은 어땠을까? 영화의 탄생 시기는 정말 적절했을까?

　　진화하는 인간을 대자연의 위력으로부터 보호하는 과정에서 인류는, 로베르트 오펜하이머Robert Oppenheimer(1904~67)의 표현에 따르면, 면역력을 길러왔다. 면역력은 우리에게 노동과 창작을 위한 에너지를 최대한 발산하게 하고, 자연조건으로부터 더 독립적으로 활동할 기회를 제공했다. 이러한 과정은 필연적으로 사회적 인간을 낳았다. 그리고 20세기에 들어와서는 사회 활동에서 인간의 고용이 헤아릴 수조차 없이 증가했다. 산업, 과학, 경제, 다른 많은 생활 분야에서 끊임없는 노력과 지칠 줄 모르는 주의가 요구되었다. 무엇보다도 시간이 요구되었다.

　　그래서 20세기 초에는 심지어 자신의 시간에서 3분의 1 이상을 사회에 희생하곤 하는 집단이 많이 등장했다. 전문화가 증가하기 시작했다. 전문가들의 시간은 그들의 업무에 점점 좌우되었다. 삶과 운명은 직업과 관련해서, 다시 말해 직업과의 상호 관계 속에서 형성되었다. 인간은 더 폐쇄적으로 살기 시작했다. 더 빈번하게는 넓은 의미의 경험, 서로 교류하거나 직접적이고 생생한 인상을 주고받는다는 의미에서의 경험을 급격하게 제한하는 시간표에 따라 살기 시작했다. 그 뒤로는 이른바 협소하고 특별한 경험이 증가했는데, 개별 전문가 집단은 결국 이 경험을 거의 교환하지 않게 되었다.

직업의 폐쇄적 시스템으로 인해 정보가 단조롭고 획일화할 위험성이 대두되었다. 경험을 교환할 기회도 적어졌고, 사람들 사이의 상호 교류도 약해졌다. 요컨대, 개인의 정신적 완성은 산업적 필요성의 틀에 갇힌 채 실현될 수 없는 위험 상태에 놓였다. 인간의 운명은 인격의 개인적 특성에 상관없이 표준화되었다. 그리고 인간이 자신의 사회적 운명에 직접적으로 종속되고 개인의 표준화가 완전히 실제적인 위협으로 바뀌던 그때 영화가 탄생했다.

영화는 국가 경제에서 최대의 이윤을 창출하면서 굉장히 빠르고 역동적으로 대중을 사로잡았다. 수백만 명의 관객이 영화관을 가득 메웠고, 상영관 조명이 꺼지고 스크린 위에 영화 첫 장면들이 빛나기 시작할 때 설레는 마음으로 마법 같은 순간들을 경험했다는 사실을 어떻게 설명할 수 있을까?

영화표를 사는 관객은 마치 자기 경험의 공백을 메우려는 것처럼 보이고 '잃어버린 시간'을 추적하려는 것처럼 보인다. 다시 말해 고용, 접촉 제한, 현대 교육의 일방성과 정신적 결핍으로 둘러싸인 자기 현재 존재의 특수성에서 기인하는 정신적 경험의 공허함을 채우려는 듯하다.

물론, 자신의 정신적 경험에서 불충분한 부분은 다른 예술들과 문학의 도움을 받아서 채운다고 말할 수 있다. '잃어버린 시간'의 탐색과 관련해서는 프루스트와 그의 장편소설 《잃어버린 시간을 찾아서À la recherche du temps perdu》(1906~22)가 당연히 곧장 떠오른다. 그러나 오래전부터 존중받아온 예술 중에서 영화만큼 대중 관객이 있는 예술은 없다. 작가가 공유하고자 하는 응축된 경험을 영화가 관객에게 전달할 때 구사하는 방식과 리듬이 어쩌면 시간의 결핍을 앓고 있는 현대 생활의 리듬과 가장 잘 어울리는 것은 아닐까? 영화는 역동적인 방식으로 관객을 사로잡는 게 아니라 자체의 역동성으로 관객을 사로잡는다고 말하는 것이 어쩌면 더 정확하지 않을까? 하지만 이 거대한 관객이 항상 양면성을 띠고 있음을 우리는 잘 알고 있다.

왜냐하면 역동성과 오락성에 쉽게 감화되는 것은 바로 가장 무덤덤한 관객층이기 때문이다.

상영관에 걸린 특정 영화에 대한 현대 관객의 반응은 1920~30년대 영화들이 불러일으킨 인상과 기본적으로 다르다. 예를 들면, 러시아에서 수천 명이 〈차파예프Chapaev〉(1934)을 보러 갔을 때 이 영화가 일깨운 인상 또는 더 정확히 말하면 영감은 당시 영화의 품질과 완전하고도 자연스럽게 일치했던 것처럼 보인다. 관객들에게 진정한 예술 작품이 제공된 것 같았지만, 사실 이 영화가 관객들을 끌어들인 요인은 그것이 새로운 미개척 장르라는 데 있었다.

지금은 관객들이 잉마르 베리만 Ingmar Bergman(1918~2007)의 〈페르소나 Persona〉(1966)나 브레송의 〈돈 L'Argent〉(1983)보다는 쓰레기 같은 상업 영화를 훨씬 더 선호하는 상황이 빚어졌다. 이럴 때 전문가들은 당혹스럽다는 듯이 어깨를 으쓱해 보이면서 진지하고 중대한 작품들은 대중 관객에게서 성공을 얻지 못할 것이라고 자주 예견하곤 한다.

무엇이 문제일까? 도덕의 쇠퇴가 문제일까? 아니면 연출 수준이 낮아진 것일까?

둘 다 아니다.

오늘날 영화는 기억이 지금까지도 우리를 제멋대로 떠밀어 넣고 있는 조건과는 굉장히 다른 조건에서 존재하며 발전하고 있다. 1930년대 관객들을 사로잡았던 압도적인 인상은 그 무렵에 사운드까지 장착하며 새롭게 탄생한 예술의 열광적인 목격자들이 보여준 전반적인 환희로 설명할 수 있다. 새로운 총체성, 새로운 이미지를 보여주고 현실의 알려지지 않은 양상들을 드러내주는 새로운 예술의 출현 자체에 관객은 놀랐고, 그들은 열성적인 팬으로 바뀌지 않을 수 없었다.

21세기가 다가오기까지 앞으로 15년도 채 남지 않았다. 영화는 존재하는 기간 내내 부침을 겪으면서 힘들고 혼란한 길을 지나왔다. 진정으로 예술적인 영화들과 상업적인 생산물 사이에 복잡한 상호 관계가 발생했다. 이들 사이에 가로놓인 심연은 나날이 커져가고 있다. 하지만 그럼에도 영화사에서 의심의 여지 없이 한 획을 긋는 작품들이 끊임없이 탄생하고 있다.

이는 관객들이 영화를 변별적으로 대하기 시작했다는 사실과 관련돼 있다. 이런 상황의 주된 원인은 영화 자체가 이미 오래전부터 새롭고 독창적인 현상으로 관객에게 감동을 선사하지 못했고, 사람들의 다양한 정신적 욕구가 증가하는 데서 찾을 수 있다. 관객에게 호불호가 생겨났다. 이는 영화 예술가 사이에 자신만의 청중, 자신만의 관객층이 생겼음을 의미한다. 관객 취향의 분화도 종종 극명하게 드러났다. 그렇다고 여기에 유감이나 위험이 있는 것은 아니다. 미적 성향의 존재는 곧 자의식의 증가를 입증한다.

한편, 영화감독들은 자신에게 흥미로운 현실의 양상들을 더 깊이 있게 다룬다. 충성스러운 관객들과 선호하는 감독들이 등장한다. 따라서 영화가 상업적 볼거리로 발전하는 것보다는 예술로 발전하는 데 관심을 더 기울인다면, 영화의 모든 성공을 관객에게서 기대할 필요는 없다. 더욱이, 오늘날 영화의 대중적 성공은 영화가 예술에 속하지 않고 이른바 대중문화에 속하는 것은 아닌지 의심케 한다.

오늘날 소련의 영화 지도부는, 서구에서는 대중문화가 존재하고 발전하고 있지만, 소련 예술가들의 소명은 인민을 위한 진정한 예술을 창조하는 것이라고 주장한다. 하지만 이들은 소련 영화에서 '진정한 사실주의 전통'의 발전에 관해 웅변을 토하면서도 실제로는 대중적 수요를 위한 영화 창작에 관심을 보이며, 인민의 삶이 실제로 당면한 문제 및 현실로부터 아주 멀리 떨어진 영화 제작을 장려한다.

그러나 다행히 과거는 되돌려놓을 수 없다. 개인의 자의식과 자기 견해에 대한 존엄성이 증대하고 있다. 덕분에 영화도 발전하고 있고 영화 형식도 점점 심각한 문제들을 포함하면서, 가지각색의 사람을 다양한 운명, 대립적 성격, 서로 다른 기질들과 통합하면서 복잡해지고 있다. 심오하고 생생하고 재능 있고 이론의 여지가 없는 예술 현상에 대해서도 이제는 만장일치의 반응을 기대할 수 없다. 새로운 사회주의 이념이 전파한 집단적 의식은 복잡한 현실 생활의 압박 속에서 개인의 자의식에 밀려나고 있다. 예술가와 관객의 접촉 조건은 이제 그들 사이의 건설적인 대화 가능성, 다시 말해 양측에 적절하고 바람직하고 필요한 대화 가능성에 따라 규정된다. 예술가를 관객과 통합하는 것은 공통의 관심사와 성향, 대상에 대한 유사한 시각, 그리고 비슷한 정신적 수준이다. 이런 점이 없다면 개인적으로 가장 흥미로운 대화 상대자들조차도 서로 따분해하면서 불쾌하고 언짢은 반응을 낳을 수 있다. 이는 정상적인 과정이며, 심지어 고전들조차도 각 개인의 주관적 경험에서 동등한 반응을 끌어내지 못한다는 것은 아주 분명한 사실이다.

예술을 만끽할 수 있는 사람은 자신의 성향 때문에 자신이 선호하는 작품의 범위를 스스로 제한한다. 또 마구잡이로 감상하는 사람은 스스로 판단을 내릴 수 없는 그저 그런 사람이다. 심미적·정신적으로 수준 높은 사람에겐 틀에 박힌 객관적 평가란 존재하지 않는다. 객관적 판단과 평가를 위해 일반 의견에 군림하는 심판관들은 누구일까? 그러나 예술가와 관객의 상호 관계를 둘러싼 객관적인 상황은 예술에서 주관적인 관심을 보이는 사람들이 바로 가장 폭넓은 관객층이라는 것을 증명해준다.

영화 예술 작품들은 예술가가 자신의 영화에서 구체화하는 경험의 집합체를 조직해내려고 한다. 영화감독의 개성은 그와 세계를 둘러싼 상호 관계의 형태를 규정한다. 개성은 세계와의 관계를 규정하고 제한하며 이러한 관계의 선택은 예술가에 의해 표현되는 세계의 주관성을 심화시킨다.

영화 이미지의 진실은 오직 말로만, 꿈의 호명으로만, 그리고 구체화될 때마다 감독이 특별하게 선택한 것과 그의 개인적 태도를 보여주는 열망의 진술로만 달성된다. 자신의 진실('공통' 진실은 있을 수 없다)을 열망한다는 것은 곧 자신의 언어에 대한 탐색이자 자신만의 사상을 형성해줄 자신의 표현 체계에 대한 탐색을 의미한다. 각기 다른 감독의 영화들은 한데 모였을 때만 현대 세계와 이 세계의 근심, 흥분, 여러 문제를 다소나마 실제적이고 완전하게 설명해줄 수 있고 궁극적으로는 현대인에게 가장 부족한 일반적 경험을 구체화할 수 있다. 영화 예술은 바로 그런 경험의 구체화를 위해 존재한다. 하지만 다른 예술 장르도 마찬가지다.

나의 첫 영화 〈이반의 어린 시절〉이 나오기 전까지 나는 스스로 영화감독이라고 생각해본 적이 한 번도 없었고 영화가 내 존재에 대해 뭔가를 시사한다고도 생각해보지 않았음을 고백한다.

유감스럽게도, 창작 욕구를 의식하기 직전까지(심지어 〈이반의 어린 시절〉이 이미 나오고 나서도) 영화는 내게 물자체物自體로 남아 있어서 나는 스승인 미하일 일리치 롬 Mikhail Ilich Romm (1901~71) 감독이 내게 기대했던 역할이 무엇인지 거의 알 수 없었다. 이것은 접촉하지도 않고 서로 영향을 미치지도 않은 채 달리는 평행 운동과 같았다. 미래는 현재와 만나지 못했다. 나는 앞으로 내가 수행해야 할 정신적 기능이 무엇인지 알 수 없었다. 자신과의 투쟁에서만 달성되는 목표, 최종적으로 확실하게 표현되는 문제에 대한 시각을 의미하는 그 목표가 도대체 무엇인지 여전히 알지 못했다. 전술만 바뀔 수 있을 뿐 목표는 절대 바뀌지 않는다. 목표는 곧 윤리적 기능을 의미하기 때문이다.

이 시기는 한편으로는 전문가로서 표현 기회를 쌓던 시기였고, 다른 한편으로는 선배들을 찾고 나의 무지와 몽매 탓에 단절하지 못한 단일한 전통 노선을 찾던 시기였다. 나는 내가 앞으로 작업할 영화 분야를 알게 되었을 뿐이었다. 내친김에 말하자면, 나의 경험은 대학에서 배운다고 해서 예술가가 될 수 있는 것은 아니라는 점을 다시 한번(벌써 몇 번째인가!) 보여주었다. 예술가가 되려면 무언가를 배우고 전문 기술과 기법을 습득하는 것으로는 부족하다. 게다가, 누군가가 말했듯이, 글을 잘 쓰려면 문법은 잊어야 한다. 그러나 뭔가를 잊기 전에는 먼저 그것을 알아야 한다.

영화감독이 되려고 시도한 사람은 자신의 모든 삶을 건다. 그리고 이에 대한 책임은 오직 그에게만 있다. 이러한 모험은 성숙한 인간의 의식적 행동이 되어야 한다. 예술가를 양성하는 거대한 교육자 집단은 학교 벤치에서 쏟아져나오는 실패자의 희생과 잃어버린 세월을 책임질 수 없다. 이른바 창작 전문 고등교육기관에서 이루어지는 학생 모집을 순수하게 실용적인 관점에서 바라볼 수는 없다. 여기에는 윤리적인 문제가 있기 때문이다. '연출'이나 '연기' 전공 학생의 80퍼센트는 전문성이 부족하여 평생 영화계 주변을 떠돌게 된다. 이들의 대부분은 영화를 집어치우고 다른 직업을 찾을 수 있는 능력이 부족하다. 영화 공부에 6년을 바친 사람들이 자신들의 환상에서 깨어나기는 정말 어렵다.

이런 의미에서 소련 영화인 1세대의 출현은 매우 유기적인 현상으로 보인다. 그들의 등장은 가슴과 영혼의 호소에 대한 응답이었다. 이것은 당시로서 놀라운 행위였을 뿐 아니라 자연스러운 행위이기도 했다. 지금은 많은 사람이 이런 행위의 진정한 의미를 알고 싶어 하지 않는다. 중요한 점은 소련 고전 영화가 청년들에 의해, 다시 말해 자신의 행동에 담긴 의미를 분별 있게 평가하고 그 행동에 책임을 지는 능력을 언제나 보여준 것만은 아니었던 소년티를 벗지 못한 사람들에 의해 만들어졌다는 것이다.

그럼에도 우리가 배운 경험에 대해 지금 내가 평가할 수 있게 해준 국립영화학교의 방침은 상당히 유익했다. 자신의 소설《유리알 유희 Das Glasperlenspiel》(1944)에서 헤르만 헤세는 이렇게 말했다. "진실은 경험되는 것이지, 가르쳐지는 것이 아니다. 전투 준비!"

전통의 운명이, 전통의 발전과 변화 경향이 사회 발전의 객관적 논리와 일치할 때만(심지어는 그 논리를 뒤쫓아 앞지를 때만) 운동은 진실하다. 다시 말해 오직 그럴 때만 운동은 전통을 사회적 에너지로 변화시킬 수 있다.

이런 점에서 나는 헤세의 소설에서 방금 인용한 대목이 적절한 제사로 쓰일 수 있는 〈안드레이 루블료프〉에 관해 다시 한번 언급하고자 한다.

안드레이 루블료프의 성격은 사실 근원 회귀 도식에 따라 구상됐다. 영화에서 이 개념이 나타날 때는 스크린 위에 다소 자연스럽고 유기적으로 재창조되는 삶의 '자유로운' 흐름에서 부지불식간에 나타나기를 바란다. 우리에게 루블료프의 인생 이야기는 사실 가르쳐진, 부과된 개념의 이야기다. 이 개념은 살아 있는 현실의 분위기 속에 불타버리고 남은 잿더미에서 이제 막 발견된 완전히 새로운 진리로서 부활한다.

안드레이는 성 세르기 삼위일체 대수도원 Sviato-Troitskaia Sergieva Lavra에서 세르기 라도네지스키 Sergii Ladonezhskii(1314~92) 대수도원장의 후견 아래 세속을 멀리한 채 자라면서 사랑, 자비, 박애를 기본 원칙으로 몸에 익혔다. 내분의 혼란과 골육상잔의 충돌이 빚어

지고 몽골·타타르의 말발굽에 짓밟히던 시대에 주변 현실과 세르
기 대수도원장의 정치적 통찰력에서 영감을 얻은 안드레이의 신조
는 몽골·타타르의 압제로부터 벗어나 민족적·종교적 존엄성에 따
라 독립을 쟁취하여 살아남을 유일한 방법인 통합과 중앙집중화의
필요성을 표현하고 있었다.

어린 안드레이는 이 사상을 머리로 받아들였다. 흔히 말하듯이
그는 이것을 '주입 받으며' 자랐다.

삼위일체 수도원의 장벽 밖으로 나가면서 안드레이는 그때까
지 몰랐던 끔찍한 현실과 급작스레 조우했다. 이 시대의 비극은 오
직 무르익은 변화의 필요성으로만 설명될 수 있었다.

수도원 밖에 펼쳐진 현실을 왜곡하는 장벽 안에서 보호를 받
던 안드레이가 바깥 세계의 삶과 부딪혔을 때 얼마나 속수무책이
었을지는 쉽게 상상할 수 있을 것이다. 고통의 길을 거치며 민중의
운명과 하나가 되고 나서야 비로소 안드레이는 현실과는 괴리된
선善에 대한 믿음을 버리고 출발점으로 다시 돌아간다. 다시 말해
사랑과 자비, 박애 사상으로 회귀한다. 하지만 그는 이미 고통받는
민중의 열망을 표현한 데서 이 사상의 위대하고 고매한 진리를 감
지했다.

전통적인 진리는 오직 자기 자신의 경험으로 뒷받침될 때만 진
리로 남는다. 학창 시절, 평생 몸담아야 할 운명으로 보였던 직업에
들어서던 시절은 지금 돌아보면 참 이상하게 보인다.

우리는 '현장에서' 열심히 했다. 교실에서 연출과 연기 실습을
했고, 우리 자신을 위한 습작 시나리오를 준비하면서 글도 많이 썼
다. 하지만 영화는 많이 보지 못했다. 내가 알기에 영화학교 학생
들은 영화를 많이 보지 못한다. 학교 당국과 선생님들은 젊은 학생
들이 무비판적으로 수용할 수 있는 서구 영화의 악영향을 우려했
다. 터무니없었다. 현대의 세계 영화를 보는 경험을 빼놓고 어떻게

영화 관련 직업을 교육할 수 있다는 것인지 이해할 수 없었다. 이런 방침은 결국 학생들의 시간을 낭비하게 한다. 시간 낭비라도 한다면 말이다. 미술관이나 동료의 아틀리에를 찾지 않는 화가를 상상할 수 있을까? 책을 읽지 않는 작가를 상상할 수 있을까? 영화를 보지 않는 영화인이 있을까? 여기 그런 사람이 있다. 국립영화학교 학생은 학교라는 울타리 안에서 공부하면서 우물 안의 개구리처럼 세계 영화의 성과를 접할 기회가 거의 없다.

　　나는 국립영화학교 입학시험 전날 본 최초의 영화를 지금도 기억한다. 그것은 막심 고리키Maksim Gorkii(1868~1936)의 동명 희곡을 원작으로 삼아 만든 장 르누아르Jean Renoir(1894~1979) 감독의 영화 〈밑바닥에서Les Bas-fonds〉(1936)였다. 이 영화를 보고 나서 뭔가 이상하고 신비로운 인상과 뭔가 금지되고 은밀하고 부자연스러운 느낌이 남았다. 페펠 역할은 장 가뱅Jean Gabin(1904~76)이 맡았고, 남작은 루이 주베Louis Jouvet(1887~1951)가 연기했다.

　　나의 형이상학적·관조적인 상태는 4학년 때 갑자기 바뀌었다. 내면에서 힘이 용솟음쳤다. 우리의 모든 에너지를 습작 영화 제작으로, 그런 다음 내가 동기생과 공동 연출로 찍은 예비 졸업 작품에 쏟아부었다. 이것은 전쟁이 끝난 뒤에 남아 있던 독일군 탄약창에서 지뢰를 제거하는 공병들에 관한 다소 긴 영화로, 영화학교와 중앙TV방송국의 교육용 스튜디오 시설을 이용해 찍었다.

　　나는 내가 직접 썼지만 안타깝게도 아주 형편없던 시나리오로 작품을 만들면서, 영화를 조금씩 이해해나가고 있다고는 전혀 생각하지 않았다. 더 큰 불행은 우리가 이 작품을 찍으면서 줄곧 장편 영화를, 또는 당시 우리가 아주 잘못 생각한 것처럼 '진짜' 영화를 찍으려고 했다는 것이다. 사실 단편영화를 찍는 것이 장편영화를 찍는 것보다 조금 더 어렵다. 단편영화를 찍으려면 정확한 형식 감각이 필요하기 때문이다! 하지만 당시 우리는 무엇보다 영화 제작과 조직을 향한 야심에 사로잡혀 있어서 예술 작품으로서 영화의 개념은 손에 잡히지 않았다. 따라서 우리는 우리의 미학적 과제를 규명하는 기회로 단편영화 작업을 활용하지 못하고 말았다.

그러나 지금도 나는 언젠가 다시 단편영화를 찍을 수 있으리라는 희망을 버리지 않고 있다. 이를 위해 나는 노트에 몇 가지 초안을 적어 두기도 했다. 예를 들면, 나의 아버지인 시인 아르세니 알렉산드로비치 타르콥스키가 쓴 시 한 편을 들 수 있다.* 이 시는 아버지가 낭독하기로 했다. 낭독해주었으면 좋았을 텐데! 아버지를 언제 다시 만날 수 있을까?

이 시의 내용은 다음과 같다.

어릴 적 나는
굶주림과 두려움으로 앓아누웠다. 메마른 입술을
깨물고 핥았다. 차갑고 짠맛이 났던
기억이 난다
그리고 걷고 또 걷고, 걷다가
현관 계단에 앉아 몸을 녹이고
열병 속으로 마법의 피리 소리를 따라
강물 속으로 들어가듯 가서 계단에 앉아
몸을 녹인다. 그리고 온몸이 떨린다
어머니가 멀리 있지 않다는 듯이
서서 손짓하지만, 다가갈 수 없다:
조금 다가가면 일곱 걸음 떨어져 서서
손짓한다; 또 다가가면 일곱 걸음 떨어져
서서 손짓한다

* 아르세니 타르콥스키가 1966년에 쓴 시 〈어릴 적 나는 앓아 누웠다…Ia v detstve zabolel…〉를 말한다. 이 시는 나중에 영화 〈향수Nostalghia〉(1983)에서 낭독된다.

덥다

칼라 단추를 풀고 눕는다, 조금 낫다

나팔 소리가 들리고 눈꺼풀 위로 햇빛이

비치고 말들이 달리고 어머니가

길 위로 날며 손짓하고

날아가 버렸다…

그리고 나는 꿈을 꾼다.

사과나무 아래 하얀색 병원이 있고,

턱 밑으로 하얀색 시트가 있고,

하얀색 가운의 의사가 나를 쳐다본다,

하얀색 가운을 입은 간호원이 서서

날개를 움직인다. 그리고 남았다.

어머니가 다시 와서 손짓했다 —

그리고 날아가 버렸다…

이 시와 관련하여 내가 오래전부터 생각했던 장면은 다음과 같다.

장면 1.　멀리서 잡은 전면 묘사. 하늘 위에서 찍은 가을 또는 초겨울 도시 모습.
　　　　회반죽으로 칠한 수도원 벽 옆에 서 있는 나무 쪽으로 느린 줌인.

장면 2.　클로즈업. 로우 앵글 쇼트, 웅덩이, 물, 이끼의 동시 줌인. 풍경처럼 보이게 클로즈업으로 찍음.
　　　　첫 장면부터 도시의 소음이 거칠게, 끈질기게 들리고, 두 번째 장면이 끝날 때쯤 완전히 사라진다.

장면 3.　클로즈업. 모닥불. 누군가의 손이 낡고 구겨진 편지

봉투를 꺼져가는 불꽃 쪽으로 내민다. 모닥불이 타오른다. 로우 앵글 쇼트. 나무 옆에서 아버지(시의 저자)가 모닥불을 바라보며 서 있다. 그런 다음 불을 조절하려는 듯이 몸을 굽힌다.

전면 전환. **광활한 가을 경치. 흐리다. 멀리 들판 한가운데서 모닥불이 탄다.** 아버지가 불을 조절하고 나서 몸을 일으켜 돌아서서 카메라를 등지고 들판을 따라 걸어간다.

후방 미디엄 쇼트가 될 때까지 느린 줌인. 아버지가 계속해서 걸어간다.

걸어가는 사람이 계속 똑같은 크기로 보이게 하며 줌인. 그런 다음 아버지가 조금씩 방향을 틀어서 카메라 쪽으로 옆모습이 보인다. 아버지는 나무 뒤로 숨는다. 그리고 그의 아들이 나무 뒤에서 나타나 똑같은 방향으로 움직인다. 장면 끝에 가서 거의 카메라 쪽으로 향하는 아들의 얼굴로 서서히 줌인.

장면 4.   아들의 시점으로. 앙각 쇼트와 줌인. 길, 웅덩이, 시든 풀잎. 하얀 깃털이 웅덩이 위로 빙글빙글 돌며 떨어진다. (이 깃털은 내가 나중에 〈향수〉에서 사용했다.)

장면 5.   클로즈업. 아들은 떨어진 깃털을 바라보고 나서 하늘 위를 쳐다본다. 몸을 굽히고 화면에서 사라진다. 클로즈업 전환. 전면 쇼트에서 아들이 깃털을 집어 올린 후 다시 걸어간다. 아들이 나무 뒤로 사라지고, 나무 뒤에서 시인의 손자가 나타나 아들이 걷던 길을 계속해서 걸어간다. 그의 손에도 깃털이 들려 있다. 어두워진다. 손자가 들판을 따라 걸어간다.

갑자기 화면 뒤에서 뭔가 보고 멈춰 서는 손자의 옆모습으로 클로즈업 줌인.

손자의 시선 방향으로 파노라마. 어두운 숲 가장자리에 서 있는 천사의 롱 쇼트. 어두워진다. 동시에 초점이 흐려지면서 어둠이 깔린다.

시 낭독은 세 번째 장면이 시작할 때부터 네 번째 장면이 끝날 때까지 들려야 한다. 다시 말해 모닥불과 떨어진 깃털이 나온 장면 사이에서 들려야 한다. 프란츠 요세프 하이든 Franz Joseph Haydn(1732~1809)의 〈고별교향곡 Abschieds-Symphonie〉(1772) 피날레는 시가 끝나는 것과 거의 동시에, 어쩌면 그보다 조금 더 빨리 들리기 시작하여 어둠이 깔리면서 끝난다.

그러나 내가 실제로 이 영화를 찍어야 했다면, 노트에 적혀 있는 것처럼 화면에 나오지는 못했을 것이다. "내 영화는 이미 구상되었다. 이제 찍는 일만 남았다"라고 말한 르네 클레어 René Clair (1898~1981)의 입장에 나는 동의할 수 없다. 나는 집필된 시나리오를 화면에 다른 방식으로 실현한다. 하지만 나는 구상에서 완성으로 이르는 과정에서 영화의 원래 구상을 근본적으로 바꾸지는 않았다. 나에게 특정 영화의 탄생을 촉발한 최초의 동기는 변화하지 않고 작업 과정에서 완성되길 요구한다. 그러나 촬영과 편집, 사운드 삽입 과정을 거치면서도 원래 구상은 계속해서 더 정확한 형태로 구체화되고, 영화의 이미지 구조 전체는 내게 언제나 마지막 순간까지 최종 결정되지 않는다. 그리고 어떤 작품이든 창조 과정은 예술가가 핵심 사상(처음에 직접 느낀 대로 살아 있는)의 완전하고 완벽한 실현을 위해 정복하려고 노력하는 그 재료와의 싸움으로 이뤄진다.

영화 전체의 구상이 되었던 핵심을 작업 과정에서 놓치지만 않으면 된다! 이는 구상이 영화 수단을 통해 구체화될 때, 다시 말해 현실 자체의 이미지들이 사용될 때 특히 지켜져야 한다. 구상은 대상 세계의 현실과 직접 접촉을 통해서만 영화로 실현되어야 하기 때문이다.

내가 볼 때 영화의 미래에 가장 끔찍하고 치명적인 경향은 시나리오에 쓰어 있는 것을 정확히 따라가려 하고, 이전에 생각해놓은 작품 구성, 그것도 대부분 사변적일 뿐인 구성을 화면에 옮겨오려 하는 것이다. 이처럼 단순한 작업은 전문 수공업자라면 누구나 할 수 있다. 살아 있는 과정인 예술 창작의 본질은 부단하게 움직이고 변화하는 사물 세계를 직접적으로 관찰하는 자세를 요구한다. 미술가는 색채로, 문학가는 언어로, 작곡가는 소리로 자신의 작품 근저에 있는 재료를 지배하기 위해 힘겹고 괴로운 투쟁을 끈질기게 펼친다.

영화는 사실적, 구체적, 독보적 상태에 있는 현실의 운동 자체를 기록하는 수단으로 탄생했다. 영화는 다시 또다시 생성되는 순간을, 우리가 이 찰나를 필름에 각인해 넣으면서 지배할 수 있게 되는 가변적·유동적 상태의 순간순간을 기록한다. 이것이 바로 영화 매체를 결정해주는 것이다. 작가의 구상은 오로지 우리가 묘사하는 명백하고 구체적인 각 순간 속에서, 독보적이고 독창적인 질감과 감정 속에서 포착되는 현실의 급류 안으로 관객을 던져 넣을 수 있을 때만 그의 흥미와 흥분을 자아내는 살아 있는 인간적 증거물이 된다. 그렇지 않으면 영화는 실패하고 만다. 영화는 태어나기 전에 늙어 죽는다.

〈이반의 어린 시절〉을 마치고 나서 나는 영화에 근접했음을 처음으로 느꼈다. 아이들의 놀이 '뜨거워 – 차가워 Hot and Cold'*에서처럼, 마치 어두운 방에서 사람의 존재를, 심지어 그가 숨을 멈추고 있더라도 알아차릴 수 있듯이, 그렇게 영화가 내게 가까이 다가와

---

* 술래잡기 놀이의 일종으로 눈을 가린 술래가 목표물에 가까워지면 '뜨거워'라고, 멀어지면 '차가워'라고 주변에서 소리친다.

"영화는 다시 또다시 생성되는 순간을, 우리가 이 찰나를 필름에 각인해 넣으면서
지배할 수 있게 되는 가변적·유동적 상태의 순간순간을 기록한다."

있음을 느꼈다. 영화가 정말 가까이 다가와 있었다. 나는 사냥개가
사냥감의 냄새를 맡고 흥분하듯이, 나의 내적 흥분 상태로 이 느낌
을 알 수 있었다. 기적이 일어났다. 영화가 만들어진 것이다! 이제
나는 완전히 다른 요구에 직면했다. 영화란 무엇인가를 이해하지
않으면 안 되었다.

각인된 시간이라는 사상도 이때 나왔다. 이 사상 덕분에 나는
작품 개념 구성을 시작할 수 있었다. 이 개념틀 때문에 나의 상상력
은 형식과 이미지 처리 방식을 탐색하는 데 집중하게 되었다. 이 개
념은 내 손을 자유롭게 풀어주고 불필요하고 생소하고 부적절한 모
든 것을 잘라내버릴 기회를 주었다. 영화에 필요한 것은 무엇이고,
영화가 피해야 하는 것은 무엇인지를 둘러싼 문제도 저절로 해결될
수 있었다.

구상을 실현하는 데 필요한 진정한 형식을 창조할 수 있게 해
주는 엄격한 눈가리개를 스스로 만들어 쓴 채 작업했던 영화감독
두 사람을 나는 이미 알고 있다. 미조구치와 브레송이다. 브레송은
자신이 사전에 이론적으로 수립해놓은 개념과 실제 작업을 완벽하
게 융합한 감독으로, 어쩌면 영화사에서 유일할 것이다. 이런 점에
서 나는 브레송보다 더 일관된 모습을 보인 예술가는 없다고 본다.
브레송이 이미지와 실제 삶 사이의 경계를 허물고 싶어 했다는 점
에서, 또는 다른 말로 표현하자면, 실제 삶 자체를 이미지로 표현
되게 하고 싶어 했다는 점에서 그의 핵심 원칙은 이른바 '표현성'
의 파괴였다. 소재를 특별히 제공하지도, 그러려고 애써 노력하지
도 않았고, 눈에 띄는 고의적인 일반화도 시도하지 않았다. 폴 발레
리는 바로 브레송에 대해 생각하기라도 한 듯이 이렇게 썼다. "의
식적인 과장으로 이어지는 어떤 수단도 포기하는 사람만이 완전함
에 이를 수 있다." 이는 삶을 겸손하고 소박하게 관찰한다는 것과
같다. 이러한 원칙은 동양의 선禪 예술에 가깝다. 여기서 삶에 대한

관찰은 역설적이게도 우리의 인식 속에서 숭고한 예술 이미지로 융해된다. 형식과 내용이 마법처럼, 하늘에서 내려온 것처럼 유기적으로 결합되어 있는 것은 어쩌면 푸시킨의 작품들이 유일할지 모른다. 하지만 푸시킨은 이와 관련하여 어떤 원칙도 세우지 않고 숨 쉬듯이 자연스럽게 창작했다는 점에서 볼프강 아마데우스 모차르트 Wolfgang Amadeus Mozart(1756~91)와 비슷했다. 하지만 자신의 창작을 통해서 브레송은 단일한 목적을 갖고 누구보다도 일관되고 한결같이 이론과 실천을 영화라는 시에 통합했다.

과제의 조건을 보는 명확하고 냉철한 시각은 실험에 의지하지 않고 우리의 생각과 감정에 정확히 상응하는 형식을 찾을 수 있게 도와준다.

실험이라니! 또 말하지만, 탐색이라니! 실험 같은 개념이 다음과 같이 쓴 시인에게 어울릴 수 있을까?*

조지아 언덕에 밤 안개가 깔리고
내 앞으로 아라그바강이 술렁인다.
내 마음은 슬프고 가볍다; 내 슬픔은 찬란하다.
내 슬픔은 당신으로 가득하다.
당신으로, 오직 당신만으로… 나의 애수는
고통도 혼란도 건드리지 못한다.
내 가슴은 다시 불타오르며 사랑한다.
내 가슴은 사랑하지 않을 수 없기 때문이다.

예술 작품에 적용할 때 '탐색'이라는 말만큼 무의미한 말은 없다. 탐색은 무기력과 내적 공허, 진정한 창작 의식의 부재, 시시껄

* 1829년에 〈조지아 언덕에 밤 안개가 깔리고 Na kholmakh Gruzii lezhit nochnaia mgla〉라는 시를 쓴 푸시킨을 가리킨다.

렁한 허세를 덮어준다. '탐색하는 예술가'라는 말에는 천박함을 눈
감아주는 소시민적 태도가 깔려 있다! 예술은 실험을 진행하는 과
학이 아니다. 실험이 그저 실험으로만 남을 뿐이라면, 예술가가 작
품 완성에 이르는 길에서 극복하는 내밀한 단계가 아니라면, 예술
의 목적 자체는 달성될 수 없다. 이와 관련하여 폴 발레리는 에세이
《드가, 춤, 데생 Degas, Danse, Dessin》(1936)에서 이렇게 썼다. "그들(드
가의 동시대 화가 중 일부)은 습작을 창작으로 혼동했고, 단지 수단
이어야 할 뿐인 것을 목적으로 뒤바꿔버렸다. 이것이 바로 '모더니
즘'[저자 강조]이다. 작품을 '완결한다'는 것은 작품 제작 과정을 보
여주거나 밝힘으로써 보이는 모든 것을 보이지 않게 하는 것이다.
예술가는 (이 오래된 요구에 따라서) 오로지 자신의 스타일로만 자
신을 내세워야만 하고, 작업의 흔적 자체가 사라질 때까지 노력을
경주해야만 한다. 하지만 순간적이고 개인적인 관심사가 작품 자
체와 작품의 장구한 존재에 대한 생각을 서서히 압도하게 되면서
완결성의 요구는 쓸데없고 따분한 것으로 전락했을 뿐만 아니라
'진리'와 '감수성'에 배치되고 '천재성'의 발현과 상반되는 것으로
보이기도 했다. 개인적인 것이 가장 본질적인 것으로 보였다. 심지
어 대중에게도 그렇게 보였다! 스케치가 그림과 동등한 가치를 지
녔다."

　　사실 20세기 후반의 예술도 신비감을 상실했다. 오늘날 예술
가는 즉각적이고 전폭적으로 인정받기를 바란다. 정신 영역에서 이
루어지는 것에 대해 즉시 대가를 받기를 원한다. 이런 점에서 프란
츠 카프카 Franz Kafka(1883~1924)의 운명은 놀랍다. 그는 생전에 작
품을 하나도 출판하지 못했고, 사후 자신의 모든 원고를 불태워 없
애라는 유언을 남겼다. 카프카는 정신적 측면과 윤리적 의미에서
과거에 속했다. 따라서 그는 자신의 시대와 어울리지 못하고 많은
고통을 겪을 수밖에 없었다.

이른바 현대 예술은 무엇보다 자기 과시이다. 예술의 방법이 예술의 의미와 목적이 될 수 있다는 것은 그릇된 생각이다. 현대의 예술가 대다수는 노골적인 노출증에 빠진 나머지 바로 이 방법을 과시하는 데 골몰하고 있다.

아방가르드의 문제도 예술이 서서히 정신성을 상실한 20세기에 발생했다. 이런 점에서 최악의 사태는 정신성을 아예 내팽개쳐버리다시피 한 현대 조형예술에서 일어났다. 이런 상황이 정신이 결핍된 사회를 반영한다는 것이 통념이었다. 이런 비극적 상황을 단순하게 설명한다는 차원에서 말하자면, 나는 그런 생각에 동의한다. 그렇다. 분명히 반영한다. 그러나 정신의 결핍을 극복해야 하는 예술의 차원에서 말하자면, 예를 들어 도스토옙스키가 최초로 20세기의 질병을 천재적으로 예언하듯 표현한 것처럼, 그런 상황은 역시 정신적인 차원에서 설명해야 한다.

예술에서 아방가르드의 개념은 모든 의미를 상실했다. 나는 이 개념이 예를 들면 스포츠에 적용될 때 무엇을 의미하는지 이해할 수 있다. 그러나 이 개념을 예술에 적용하면 예술의 진보를 의미하게 된다. 나는 기술의 진보가 무엇을 의미하는지 이해한다. 그것은 더 완벽한 기계들이 기능을 더 훌륭하고 정확하게 수행할 능력이 있음을 의미한다. 그렇다면 예술에서는 어떻게 하면 더 진보적일 수 있을까? 토마스 만이 윌리엄 셰익스피어 William Shakespeare (1564~1616)보다 낫다고 할 수 있을까?

실험과 탐색은 대개 아방가르드와 결부해서 많이들 이야기한다. 그러나 예술에서 실험은 무엇을 의미할까? 무언가를 시도해보고 어떤 결과가 나올지 지켜보는 것일까? 하지만 결과가 나오지 않는다면 지켜볼 만한 것이 아무것도 없다. 이는 그저 실패자의 개인적인 문제로 치부될 뿐이다. 예술 작품은 그 안에 미학적·세계관적 전체성과 완결성을 내재하고 있다. 그것은 자체의 법칙에 따라 존재하고 발전하는 유기체 같은 것이다. 한 아기의 탄생을 두고 실험을 운운할 수 있을까? 이는 윤리도 의미도 없는 짓이다.

어쩌면 알곡과 껍질을 구분할 줄 모르는 사람들이 아방가르드와 실험에 대해 떠들어대기 시작한 것이 아닐까? 그리고 새로운 미학적 구조 앞에서 갈피를 잡지 못하고 자신들의 기준을 발견하지 못한 채 자신들에게 익숙하고 이해할 만한 것이 아니면 그저 오류를 범하지 않으려고 모든 것을 아방가르드와 실험이라는 말로 싸잡아 부른 것은 아닐까? 피카소의 우스운 일화가 있다. 피카소는 '탐색'에 관한 질문을 받고서 분명히 언짢은 기색을 보이며 "나는 탐색하지 않습니다. 발견합니다"라고 재치 있고 적절하게 대답했다.

사실 탐색의 개념은 예컨대 레프 톨스토이 같은 거인에게 적용될 수 있지 않을까 싶다. 이 노인이 얼마나 탐색했는지 보라! 우스꽝스럽다! 일부 소련 예술학자는 톨스토이가 신에 대한 탐색과 악에 대한 무저항으로 길을 잃고 말았다고 지적했다. 다시 말해 잘못된 곳에서 탐색했다는 것이다.

작품의 완결성을 높이는 과정인 탐색 — 이렇게밖에는 이해할 수 없다 — 은 숲속에서 진작 버섯을 발견하여 바구니에 담아 넣은 후 다시 바구니를 들고 버섯을 찾아 숲속을 돌아다니는 것과 같다. 오로지 버섯이 가득한 바구니만 예술 작품이다. 바구니의 내용물은 실제적이며 무조건적인 결과물이다. 반면 숲속을 돌아다니는 것은 신선한 공기를 맡으며 산책을 즐기는 사람의 개인적인 일에 불과하다. 이런 점에서 기만은 나쁜 의도일 뿐이다. 앞서 인용한 폴 발레리는 〈레오나르도 다 빈치 방법 입문Introduction à la méthode de Léonard de Vinci〉(1895)에서 다음과 같이 신랄하게 지적했다. "환유를 발견으로 혼동하고, 은유를 증명으로 받아들이고, 봇물 터지듯 쏟아내는 말을 근본 지식의 흐름으로 간주하고, 자신을 예언자로 생각하는 것은 우리가 태어날 때부터 갖고 있는 나쁜 습관이다."

영화에서 탐색과 실험은 훨씬 더 많은 어려움을 준다. 당신에게 필름과 장비가 주어지면, 영화로 만들어야 할 중요한 것을 필름에 담아내야 한다.

영화의 구상과 목표는 처음부터 영화감독이 알고 있어야 한다. 여기서 나는 모호한 탐색에 돈을 쓸 사람은 아무도 없다는 것을 말하고 싶지는 않다. 어쨌든 한 가지만은 변함이 없다. 예술가가 무엇을 어떻게 탐색하든 그것은 그의 사적이고 지극히 개인적인 일이다. 그러나 예술가가 자신의 탐색을 필름에 고정하는 순간부터(재촬영은 드물다. 이것은 제작 언어로 말하면 상품 결함을 의미한다), 다시 말해 그의 구상을 객관화하는 순간부터 그는 영화의 수단으로 관객에게 말하고 싶은 것을 이미 발견했고, 따라서 탐색의 암흑을 더는 헤매지 않는다고 봐야 한다.

작품 구상과 이를 영화에 구체화하는 형식들에 관해서는 다음 장에서 또 자세히 이야기할 것이다. 여기서는 영화가 빨리 낡아버리는 예술이며, 이는 영화의 본질적 속성 가운데 하나라는 널리 퍼진 견해를 잠깐 짚고 넘어가자. 이에 관해서는 영화의 윤리적 목적이라는 문제와 관련하여 이야기해야만 한다.

단테 알리기에리Dante Alighieri(1265~1321)의 《신곡La Divina Commedia》(1472)이 낡았다고 말하는 것은 터무니없다. 이와 대조적으로 몇 년 전만 해도 일대 사건으로 보였던 영화들이 불현듯 예기치 못한 채로 애처롭고 서툴고 미숙한 작품으로 판명되곤 한다. 무엇이 문제인 걸까? 내가 볼 때 주된 원인은 영화인이 대개 자신의 창작을 하나의 행동으로, 자신에게 절체절명의 중요한 기획으로, 진정한 창작의 존재 조건인 윤리적인 노력으로 파악하지 못한다는 데 있다. 현시적이고 현대적으로 보이려고만 애를 쓰는 표현은 얼마 가지 않아 낡아빠진다.

수십 세기에 걸쳐 존재해온 예술 장르들에서는 예술가가 자신을 단순히 서술자나 해석자로 여기지 않는다. 그는 스스로 사람들을 위해 세계의 진리를 최대한 진정성 있게 수립하겠다고 결심한 개인으로 느낀다. 이보다 더 자연스럽고 유기적인 것은 아무것도 없다. 한편, 영화인들은 자신들이 뒤떨어진 이류라고 느끼는데, 이것이 그들을 망치고 있다.

하지만 나는 심지어 여기에도 어떤 원인이 있다고 본다. 영화는 자체 언어의 특수성을 여전히 모색하고 있는데, 이 특수성은 이제야 겨우 파악되기 시작하고 있다. 영화가 자의식을 찾는 과정은 예술과 공장 사이에 낀 이중 상황으로 처음부터 방해를 받았다. 이는 시장에서 탄생한 영화의 원죄이기도 하다.

영화 언어의 문제는 심지어 전문가들 사이에서도 결코 간단치 않고 명확하지 않다. 예를 들면, 현대적인 영화 언어와 비현대적인 영화 언어에 관해 논하면서 우리는 요즘 유행하는 형식적 기법들, 그것도 인접 예술 장르에서 빌려온 기법들을 수집해놓는 것으로 이 문제의 본질을 바꿔치기한다. 여기서 우리는 순간적이고 우발적인 선입관에 순식간에 사로잡힌다. 그러면 예를 들어 오늘은 "회상이 최신 언어다"라고 말할 수 있고, 내일은 "시간의 모든 탈각脫却은 고전 플롯의 발전을 따르는 영화의 후진성이자 과거를 의미한다"라고 뻔뻔스럽게 선언할 수 있다. 정말 어떤 방법이 그 자체로 낡아빠질 수 있거나 그 자체로 시대 정신에 부합할 수 있을까? 아마도 여전히 작가의 구상을 가장 먼저 이해해야 하고 그런 다음에 비로소 작가가 왜 이런저런 기법을 사용했는지를 밝혀야만 할 것이다. 물론, 연출 기법들을 모방자처럼 무비판적으로 빌려올 수도 있다. 하지만 그럴 때 우리의 논의는 예술 문제의 영역을 넘어서 수공업 분야에까지 확대된다.

물론, 여느 예술처럼 영화의 기법들도 변화한다. 앞서 언급했듯이, 최초의 영화 관객들은 화면에서 그들을 향해 다가오는 기관차를 보고 공포에 질려 영화관 밖으로 뛰쳐나갔다. 그리고 클로즈업을 잘려나간 머리라고 생각한 나머지 두려움에 떨며 비명을 질렀다. 오늘날 이런 기법들은 누구에게도 특별한 감정을 일으키지 않는다. 옛날에 깜짝 놀랄 만한 발견으로 보였던 기법이 지금은 아주 흔한 것으로 통용된다. 그러나 클로즈업이 낡아빠진 기법이라고 생각하는 사람은 아무도 없을 것이다.

　하지만 수단과 기법 분야에서 일어난 발견은 일반적으로 통용되기 전에 예술가가 자신의 언어로 자신만의 세계관을 전달하는 데 최대한 근접할 수 있게 해주는 자연스럽고 유일무이한 기회가 되어야 한다. 예술가는 심미적 감수성을 만족시키기 위해 기법을 탐색하는 것이 아니다. 그는 현실을 보는 자신의 태도를 충실하게 전달해주는 수단을 고통스럽게 고안해내지 않으면 안 된다.

　엔지니어는 인간의 일상적 욕구에 부응하는 기계를 고안해낸다. 그는 사람들의 노동, 더 나아가 삶을 수월하게 해주고자 한다. 하지만 흔히 말하듯이 빵만으론 살 수 없다. 예술가는 사람들의 소통을 용이하게 해주기 위해서, 다시 말해 새로운 정신적 차원에서 서로 이해할 기회를 주기 위해서 자신의 무기고를 확장한다.

　예술가는 자기 자신을 설명하거나 삶을 반추할 때 항상 간단명료하지만은 않다. 자기 자신에 관해 말하는 그의 이야기나 삶에 대한 자신의 생각을 전하는 그의 이야기를 접할 때 어려움을 겪거나 쉽게 이해되지 않곤 하는 까닭이 바로 여기에 있다.

　이럴 때 기법 분야에서의 발견은 말하는 재능을 가진 사람의 발견이 된다. 그리고 여기서 우리는 이미지의 탄생에 관해, 다시 말해 계시에 관해 말해볼 수 있다. 그런데 힘들고 고통스럽게 얻은 진리를 들려주기 위해 어제 발명한 수단이 내일이면 상투적인 수법이 될 수 있다. 그리고 실제로 그렇게 되고 있다.

　영화감독이 숙련된 수공업자처럼 자신에게 낯선 어떤 대상에 관해 이야기하려고 가장 현대적인 기술을 사용한다면, 또 그가 우둔하지 않고 특정한 취향을 소유한 사람이라면, 그는 한동안 관객을 현혹할 수 있을 것이다. 하지만 그가 만든 하루살이 같은 영화의 일시적인 의미는 이내 분명하게 드러난다. 시간이 조금만 지나도 그의 영화가 독보적인 인물의 독창적인 견해를 표현하지 않는다는 사실이 만천하에 드러난다. 왜냐하면 창작은 단순히 몇 가지 전문 기술을 가지고 객관적으로 존재하는 정보를 구성하는 방법에 그치는 것이 아니기 때문이다. 창작은 결국 인간 존재의 형식 자체이며, 인간에게 독특하고 유일한 표현 수단이다. 무언Muteness을 이겨내는 일은 초인적인 노력을 영원히 요구하는데, 어찌 이런 일에 탐색처럼 매가리 없는 말을 적용할 수 있단 말인가!

제5장
영화 속 이미지

이렇게 말해보자. 정신적인 것, 다시 말해 중요한 현상은 바로 자신의 한계를 뛰어넘기 때문에 '중요하고', 더 광범위한 정신 및 감정과 생각의 보편적인 세계 전체를 표현하고 상징하기 때문에 중요하다. 이 감정과 생각들은 정신적인 것에서 다소 완성되어 구체화된다. 그리고 이것으로 정신적인 것의 중요도가 결정된다.
— 토마스 만,《마의 산》

예술적 이미지라는 개념을 명확한 테제로 쉽고 이해할 만하게 정립해 표현할 수 있다고 상상하기는 어렵다. 이것은 표현할 수도 없고 표현하길 바라서도 안 된다. 나는 이미지가 무한 속으로 뻗어나가고 절대에 이른다고만 말할 수 있을 뿐이다. 심지어 다차원적·다의적 성격을 띠는 이미지의 관념으로 명명할 수 있는 것조차도 원칙적으로는 말로 표현할 수 없다. 그러나 이미지는 예술적 실천을 통해서 표현될 수 있다. 생각을 예술적 이미지로 표현한다는 것은 세계와 이상을 향한 열망을 구체화한 작가의 사상을 최대한 적절하게 표현하는 이미지의 유일한 형식을 발견한다는 것을 의미한다.

사람은 조금만 예민해도 행동에서 허구와 진실, 가식과 진심, 허세와 성실을 항상 구분할 수 있다. 삶의 경험을 토대로 얻은 어떤 인식의 여과장치가 있어 관계 구조가 망가진 현상들을 신뢰하지 못하도록 막아준다. 이런 현상은 의도적이든 비의도적이든, 무능력에서 기인한다.

거짓말을 하지 못하는 사람들이 있다. 반면 영감과 확신에 가득 차 거짓말을 하는 사람들이 있다. 또 거짓말을 하지 못하지만, 거짓말을 할 수밖에 없어 옹색하고 가망 없이 거짓말을 하는 사람들도 있다. 삶의 논리를 아주 철저하게 지킨다는 측면에서 볼 때 오직 두 번째 부류민이 진실의 맥박을 감지할 수 있고 변화무쌍하게 굽이치는 삶의 진실을 거의 기하학적으로 정확하게 따라갈 수 있다.

이미지는 분리할 수도 없고 포착할 수도 없으며, 우리의 의식과 실제 세계에 좌우된다. 이때 실제 세계는 바로 이미지가 구체화하려고 하는 세계이다. 세계가 수수께끼처럼 신비롭다고 한다면, 이미지도 그와 마찬가지다. 이미지는 유클리드 기하학 공간에 의해 제한된 우리 의식과 진리의 상호 관계를 나타내는 일종의 방정식이다. 우리는 우주를 총체적으로 파악할 수 없지만, 이미지는 이러한 총체성을 표현해줄 수 있다.

이미지는 우리가 육안에 의지하지 않고 힐끗 볼 수 있는 진리에서 나오는 인상이다. 구체화된 이미지는 진리를 표현해주고, 심지어 가장 단순하게 나타나 있더라도 삶 자체처럼 이미지를 독창적이고 독보적이게 해주는 관계들이 그 안에서 포착된다면 진실할 것이다.

뱌체슬라프 이바노프는 상징에 대한 자신의 논평에서 다음과 같이 말했다. (그가 상징이라고 부르는 것을 나는 이미지로 간주한다.) "상징은 그 의미가 무진장하고 무제한적일 때만, 진술될 수 없고 외적인 말로는 표현할 수 없는 무엇인가를 암시와 시사의 내밀한(신비적, 마법적) 언어로 말할 때만 비로소 진정한 상징이 된다. 상징은 다면적이고 다의적이며 항상 깊디깊은 곳에 어둡게 숨어 있다. 상징은 수정체처럼 유기적으로 형성된다. 상징은 심지어 모나드 같기도 하다. 그래서 우의와 우화, 직유의 복잡한 분할 구조와 다르다. … 상징들은 진술되거나 설명될 수 없다. 우리는 그 총체적 의미 앞에 속수무책일 수밖에 없다."

이미지는 관찰과도 같다. … 여기서 일본의 하이쿠가 어떻게 다시 떠오르지 않을 수 있을까?!

나를 사로잡는 것은 제스처 게임처럼 서서히 해독될 수 있는 이미지의 궁극적 의미를 넌지시 가리키는 암시조차도 단호히 포기하는 것이다. 하이쿠는 이미지들이 아무것도 의미하지 않도록 발전시켜, 그 궁극적 의미를 파악할 수 없게 한다. 다시 말해 이미지가 그 기능에 부합하면 할수록, 이미지를 분명하고 사변적인 형식으로 압축하는 것은 그만큼 더 불가능해진다. 하이쿠를 낭송하는 사람은 마치 자연 속으로 흡수되듯 하이쿠 속으로 흡수되고, 빠져들고, 위 아래도 없는 우주 속으로 잠기듯이 하이쿠 속으로 잠긴다.

예를 들면 바쇼의 하이쿠가 있다.

오래된 연못가
개구리 한 마리 물 속으로 뛴다
적막 속의 첨벙

또 이런 시도 있다.

지붕을 얹으려고 갈대를 베었다
잊어버린 짚 다발 위로
고운 눈발이 흩날린다

하나 더 있다.

갑자기 왜 이리 나른할까?
오늘은 겨우 일어났다
봄비 소리 소란하다

얼마나 간결하고 정확한 관찰인가! 얼마나 절제된 정신이고 얼마나 고매한 상상력인가! 이 시행들은 영원으로 빠져드는 순간, 포착돼 정지된 순간의 독보적인 아름다움을 담았다.

일본 시인들은 현실을 관찰하는 자신들의 태도를 삼행시로 표현하는 법을 알았다. 그들은 현실을 그저 관찰하는 데서 그치지 않고, 현실의 영원한 의미를 유유자적 차분하게 모색했다. 관찰은 정확하면 정확할수록 그만큼 더 독보적이다. 그리고 독보적이면 독보적일수록 이미지에 그만큼 더 가깝다. 언젠가 도스토옙스키는 삶이 어떤 허구보다 환상적이라고 정곡을 찌르는 말을 남겼다.

관찰은 처음에 사진 촬영과 관련된 영화 이미지의 근간을 형성한다. 영화 이미지는 눈으로 볼 수 있는 4차원 속에 구체화된다. 그럼에도 모든 영화 쇼트가 세계의 이미지를 제공한다고 주장할 수 있는 것은 아니다. 영화 쇼트는 이미지의 구체성을 특히 자주 묘사한다. 사실을 자연주의적으로 기록하는 것은 영화 이미지를 창조하기에 턱없이 부족하다. 영화에서 이미지는 대상에 대한 지각을 관찰로 제시하는 능력으로 구성된다.

이제 산문을 살펴보자. 톨스토이의 소설 《이반 일리치의 죽음 Smert Ivana Ilicha》(1886) 마지막 장면이다. 추잡한 아내와 염치없는 딸을 둔 성미 고약하고 어리석은 인간이 암에 걸려 죽어가면서 죽기 전에 그들에게 용서를 구하고 싶어 한다. 이 순간 매우 뜻밖에도 그는 오직 옷과 무도회에만 관심을 기울일 뿐 감정도 생각도 없던 가까운 사람들이 심히 불행하고 오로지 동정과 용서만 바랄 뿐인 사람들로 보이게 될 정도로 선량한 감정이 솟아오른다. 죽어가는 마지막 순간에 그는 자신이 창자를 닮은 길고 부드러운 관 속을 기어가는 듯이 느낀다. 멀리서 희미한 빛이 반짝이는 듯이 보이고 그는 이 빛을 향해 기어가지만, 삶과 죽음을 나누는 마지막 경계를 절대 극복하지 못한다. 침대 가에 아내와 딸이 서 있다. 그는 이들에게 "용서해줘"라고 말하고 싶어 하지만, 그 대신 마지막 순간에 "지나가게 해줘"라고 말한다.

우리 마음을 깊이 뒤흔드는 이 이미지를 단일한 의미로 해석할 수 있을까? 이 이미지는 설명할 수 없을 만큼 심오한 우리의 감정과 연결되어 있으며, 우리 자신의 경험과 불명료한 회상을 떠올려주고, 하나의 계시로서 우리에게 충격을 주고, 우리 영혼을 휘젓는다. 나의 진부한 표현을 용서하시라. 이 모든 것은 삶과 너무나 닮아 있다. 우리가 이미 겪었거나 비밀리에 상상했던 다른 상황들과 경쟁할 수 있다고 추측했던 진리와 너무나 닮아 있다. 아리스토텔레스의 개념에 따르면, 이것은 우리에게 친숙한 것, 한 천재가 우리를 위해 표현해준 것을 인식하는 것이다. 이 인식은 수용자의 정신적 수준에 따라 다양한 깊이와 차원을 획득한다.

영화 〈거울〉에서는 아버지가 전장에서 돌아와 자식들을 만나는 짧은 재회 장면에 레오나르도 다 빈치 Leonardo Da Vinci(1452~1519)의 〈노간주나무 앞의 젊은 여인 Ginevra de' Benci〉(1474~78)을 사용했다.

레오나르도가 창조하는 이미지들은 두 가지 측면에서 항상 놀랍다. 먼저, 대상을 바깥에서 바라보는 놀라운 능력으로, 바흐 또는 톨스토이 같은 예술가들 특유의 도도한 시선이다. 또 다른 측면은 이미지들이 서로 대립하는 두 가지 의미에서 동시에 인식된다는 사실이다. 따라서 이 초상화가 우리에게 주는 최종적인 인상을 표현할 수가 없다. 여인이 우리 마음에 드는지 아닌지, 그녀가 호감을 주는지 불쾌감을 주는지 명확하게 말하는 것조차도 불가능하다. 여인은 매력을 발산하기도 하고 혐오감을 자아내기도 한다. 여인에게는 뭔가 표현할 수 없는 아름다움이 있는 동시에 혐오스럽고 명백히 악마적인 것도 있다. 그러나 매혹적·낭만적 의미에서 악마적인 것은 전혀 아니다. 단순히 선악의 저편에 놓여 있을 뿐이다. 이것은

부정적인 느낌을 띠는 매력이다. 여기에는 거의 퇴화에 가까운 것
과 함께 아름다운 것이 존재한다. 〈거울〉에서 이 초상화는 한편으
로 우리 앞에 흘러가는 순간들에 영원의 요소를 부여하는 데 필요
했고, 다른 한편으로 이 초상화와 여주인공을 병치하는 데 필요했
다. 초상화의 여인처럼 여배우 마르가리타 테레호바Margarita Terekhova
(1942~)도 매력과 혐오감을 동시에 줄 수 있음을 강조하는 데 필요
했다.

　레오나르도의 초상화를 구성 요소들로 분해해본다면, 어떤 결
실도 보지 못할 것이다. 아니면, 어쨌든 아무것도 설명해주지 못할
것이다. 여인의 이미지가 우리에게 미치는 감정적 영향력은 바로
그 안에서 우리가 선호하는 무언가 적절하고 명확한 것을 발견할
수 없다는 데 있다. 전체적인 맥락 안에서 하나의 세부적인 항목을
끄집어낼 수 없고, 어떤 순간의 인상을 다른 것보다 더 선호하고 마
침내 우리 자신의 것으로 굳힐 수도 없다. 우리에게 제시된 이미지
에 균형을 맞출 수가 없다. 이미지는 무한과 상호 작용할 가능성을
우리에게 열어주는데, 무한은 고매한 목적의 진정한 예술적 이미지
로 포착된다. 우리의 이성과 감정들이 기쁨과 흥분 속에서 무한으
로 서둘러 달려간다.

　이런 느낌은 이미지의 전체성에 의해 깨어난다. 이처럼 이미지
는 분해되지 않는 힘으로 우리에게 영향을 미친다. 각 성분은 분해
되면 이미 생명력을 잃거나, 어쩌면 그 반대로 아무리 작게 분해되
더라도 그 안에서 완성된 전체 작품과 똑같은 특징들을 드러낼지
도 모른다. 그리고 이런 특징은 대립적 원리들의 상호 작용 속에서
나오는데, 이런 원리들의 의미는 마치 연통관連通管에 들어 있는 물
처럼 한쪽에서 다른 한쪽으로, 또 반대로 서로 흐른다. 레오나르도
가 그린 여인의 얼굴은 고매한 생각을 품고 있을지 모른다. 이와 동
시에 불순하고 저속한 열정에 사로잡혀 있을지도 모른다. 초상화는

"마르가리타 테레호바는 〈거울〉을 찍으면서 그녀에게 필요한 것을
마침내 이해했고, 감독의 구상을 한없이 신뢰하며 편안하고 자유롭게 연기했다."
〈거울〉에서 화자의 어머니와 아내 역으로 나온 마르가리타 테레호바.

우리가 그 안에서 무궁무진하게 많은 것을 볼 가능성을 제공한다. 당신은 초상화의 본질을 파악하려 하면서 끝없는 미로를 헤매다 출구를 찾지 못할 것이다. 초상화를 속속들이 파헤치지 못하고 끝까지 파악할 수 없다고 깨달을 때 당신은 진정한 쾌락을 느낄 것이다. 진정한 예술적 이미지는 아주 복잡하고 대립적이고 심지어는 종종 서로 배타적인 감정들의 동시 경험을 감상자에게서 불러일으킨다.

이미지 속에서 긍정적인 것이 부정적인 것으로, 부정적인 것이 긍정적인 것으로 뒤바뀌는 순간을 포착하기는 불가능하다. 무한성은 이미지 구조 자체에 내재하는 본질적 특성이다. 하지만 실생활에서 인간은 어느 하나와 비교하여 다른 하나를 더 선호하고 선별하며, 예술 작품을 자신의 개인적 경험의 맥락 안에서 파악한다. 누구나 자신의 활동에서 불가피하게 일정한 경향을 띠기 때문에, 다시 말해 크든 작든 자기 자신만의 진리를 고수하기 때문에 인간은 예술을 일상적 필요에 맞추고, 자신의 '이익'에 따라 예술 이미지를 해석하기 시작한다. 그는 작품을 자신에게 고유한 삶의 맥락 안에서 파악하고 일정한 의미와 연결시킨다. 위대한 작품은 양가적 의미를 띠면서 아주 다양한 해석을 위한 토대를 제공한다.

나는 예술가가 이미지 체계에 도입하는 의도적인 경향과 이념성에 신물이 난다. 어쨌든 나는 예술가가 사용하는 기법들이 눈에 띄지 않아야 한다는 생각을 지지한다. 그리고 나도 내 영화에 남겨 놓은 일부 장면이 이따금 매우 유감스러울 때가 있다. 지금 보니 그것은 일관되지 못해 발생한 타협의 산물이었던 것 같다. 영화 〈거울〉에서 수탉의 목을 치는 장면이 많은 관객에게 깊은 인상을 심어 주었을지라도, 지금이라도 가능하다면 이 장면을 기꺼이 고치고 싶다. 그런 반응이 나왔던 것은 내가 여기서 관객들과 러시아식 '체커 게임'*을 벌였기 때문이다.

비탄에 잠긴 여주인공이 반쯤 정신이 나간 상태에서 수탉의 목

을 치느냐 마느냐 결정해야 하는 에피소드에서 우리는 그녀의 얼굴
을 클로즈업하면서 끝나는 이 장면을 일부러 부자연스러운 조명 속
에서 90개 프레임으로 고속 촬영했다. 이 장면은 스크린에 느리게
나타나기 때문에 시간이 늘어지는 효과를 낸다. 이런 식으로 우리
는 관객을 여주인공의 상태 속으로 빠져들게 하고, 이 상태에서 한
순간을 정지시켜 부각했다. 이 방법은 아주 좋지 않았다. 이 장면이
순수하게 문학적인 의미를 띠기 시작했기 때문이다. 우리는 여주인
공의 의지와 상관없이 마치 그녀를 대신해 연기하듯이 그녀의 얼굴
을 일그러뜨렸다. 우리는 우리가 원하는 감정을 찾아서 연출 기법
을 통해 그것을 쥐어짜냈다. 그녀의 상태는 아주 뚜렷하여 쉽게 읽
혔다. 배우가 표현하는 인물의 상태 속에는 밝힐 수 없는 어떤 비밀
이 항상 남아 있어야 하는데 말이다.

　나는 〈거울〉에서 그와 똑같은 기법을 성공적으로 사용한 것을
비교 사례로 들 수 있다. 인쇄소 장면에서도 일부 쇼트를 슬로모션
으로 촬영했지만, 이번에는 거의 눈에 띄지 않았다. 우리는 관객이
이 기법을 알아차리지 못하도록 섬세하고 조심스럽게 촬영하려고
애썼다. 다만 관객이 뭔가 이상하다고 어렴풋이 느끼게만 했을 따
름이다. 우리는 슬로모션으로 촬영하면서 어떤 생각을 강조하려고
는 하지 않았다. 연기라는 수단에 기대지 않고 정신 상태를 표현하
고 싶었다.

　이와 관련하여 셰익스피어의 희곡 《맥베스 Macbeth》(1623)를
재해석한 구로사와 아키라 감독의 영화 〈거미의 성 蜘蛛巣城〉(1957)
에 나오는 에피소드 하나가 떠오른다. 구로사와는 맥베스가 안개
속에서 배회하는 장면을 어떻게 처리했을까? 이류 감독이라면 당
연히 배우로 하여금 방향을 찾으려고 안개 속에서 나무를 더듬으며

　◦ 상대방의 말을 많이 잡아야 이기는 게임이 아니라 자신의 말을 많이 잃어야 이기
　　는 게임 방식을 말한다.

헤매고 다니게 했을 것이다. 그렇다면 구로사와는 어떻게 했을까? 그는 이 장면을 위해서 확실히 기억될 수 있는 특별한 나무 한 그루를 준비했다. 말을 탄 기사들은 세 번에 걸쳐 나무 주위를 돌며 지나간다. 그러면 관객들도 이 나무를 세 번 보고 기사들이 똑같은 장소를 지나갔음을 마침내 깨닫고서 그들이 길을 잃었다는 것도 알게 된다. 기사들은 이미 오래전에 길을 잃어버렸다는 것을 여전히 모른다. 공간 개념의 해결에서 볼 때 구로사와는 여기서 어떤 허세도 떨지 않고 최고 경지의 시적 사유를 보여주었다. 카메라를 설치해놓고 인물들이 세 번 빙빙 돌아가는 길을 따라가는 것보다 더 간단한 방법이 또 있을까?

한마디로, 이미지는 영화감독에 의해 표현되는 이런저런 의미가 아니라, 물방울 속에 반사되는 온 세상 같은 것이라고 할 수 있다. 단 하나의 물방울 속에 말이다!

당신이 무엇을 말해야 할지 정확하게 알고 있다면, 당신이 자신의 영화 내부에서 모든 세포를 발견하고 정확하게 감지할 수 있다면, 영화에는 표현의 기술적 문제가 존재할 수 없다. 예를 들면, 〈거울〉에서 여주인공이 아나톨리 솔로니친Anatolii Solonitsyn(1934~81)이 연기한 낯선 남자를 우연히 만나는 장면에서 우리에게 중요했던 것은 겉으로 우연히 마주친 듯한 사람들을 이어주는 실타래를 그가 떠난 뒤에 쭉 펼쳐 보는 것이었다. 만약 그가 떠나면서 여주인공을 의미심장하게 돌아봤다면 모든 것은 너무 노골적이고 인위적으로 보였을 것이다. 이때 들판에 갑자기 바람이 불어닥친다는 생각이 떠올랐다. 낯선 남자는 예기치 않은 바람 때문에 뒤를 돌아보지 않을 수 없었다. 이런 경우에는 감독의 확실한 의중을 지적하면서, 말하자면, '그의 의도를 간파할 수 없다.'

감독이 이런저런 기법을 사용하는 이유를 관객이 알지 못할 때, 관객은 스크린 위에서 일어나고 있는 상황의 현실을 믿는 경향

"아나톨리 솔로니친은 내 모든 영화에 출연했다. 나는 그에게
거의 미신적인 태도를 갖고 있었다."
〈스토커〉에서 작가를 연기한 아나톨리 솔로니친.

이 있다. 관객은 예술가가 '관찰하고' 있는 그 삶을 믿는 경향이 있
다. 하지만 감독이 왜 무엇을 위해 '표현' 기법을 썼는지를 관객이
정확히 이해하고, 흔히 말하듯이 감독의 뜻을 간파한다면, 그는 스
크린 위에서 일어나고 있는 상황에 더는 공감과 동정을 느끼지 않
고 감독의 구상과 그 실현에 대해 심판하기 시작한다. 다시 말해 고
장 난 용수철이 매트리스에서 다시 튕겨 나오기 시작한다.

　　니콜라이 고골이 말했듯이, 이미지는 삶의 개념이나 고찰이 아
니라 삶 자체를 표현해야 한다. 이미지는 삶을 의미하지 않는다. 이
미지는 삶을 상징하지 않는다. 이미지는 삶의 독보성을 표현하면서
삶을 구체화한다. 그렇다면 전형적인 것이란 무엇일까? 예술에서
독보성과 유일무이성은 전형적인 것과 어떤 관계일까? 만약 이미
지의 탄생이 독보적인 것의 탄생과 같은 것이라고 한다면, 전형적
인 것을 위한 자리는 어디에 있을까?

　　여기서 역설은 이미지에 구현된 가장 독보적이고 유일무이한
것이 이상하게도 전형적인 것이 된다는 데 있다. 아무리 이상하게
들릴지라도 전형적인 것은 아무것도 닮지 않은 것, 단일하고 개성
적인 것과 직접적으로 관련돼 있다. 전형적인 것은 흔히 생각하는
것과 다르게 현상들의 일반성과 유사성이 기록되는 데서 발생하는
것이 아니라, 현상들의 특별성이 드러나는 데서 발생한다. 나는 심
지어 이렇게도 규정해보고 싶다. 개성적인 것을 고수하면 일반적인
것은 누락되어 시각적 재현의 범위 밖에 놓인다. 일반적인 것은 완
전히 독특한 현상의 존재 이유로 암시되어 있을 뿐이다.

　　언뜻 이상하게 비칠 수 있지만, 예술적 이미지는 진실을 상기
하는 것 외에 어떤 연상도 일으켜서는 안 된다는 것을 결코 잊지 말
아야 한다. 이런 맥락에서 중요한 것은 이미지를 인식하는 수용자
가 아니라 바로 이미지를 창조하는 예술가이다. 예술가는 작업에
착수하면서 바로 자신이 최초로 어떤 현상을 구체화한다는 것을 믿

어야만 한다. 자신이 그 현상을 최초이자 유일하게 느끼고 이해한 다는 것을 믿어야만 한다.

이미 말했듯이, 예술적 이미지는 완전히 독보적이고 유일무이한 현상인 반면 삶의 현상은 완전히 진부할 수 있다. 이는 다음과 같은 하이쿠 시행과 비슷하다. "아니야, 나에게 온 것이 아니야. 저 살랑거리는 우산은 이웃집에 온 거야." 우리가 삶에서 보는 우산 쓴 행인 자체는 확실히 새로운 것을 아무것도 보여주지 않으며, 비를 피해 어딘가로 서둘러 가는 사람 가운데 한 명일 뿐이다. 그러나 우리가 지적한 예술적 이미지의 맥락에서 본다면, 이 시에는 작가에게 유일하고 반복 불가능한 삶의 순간이 포착되어 완벽하고 간결하게 표현되어 있다. 이 이행시에서 우리는 시인의 기분과 고독, 창밖에 비를 뿌리는 흐린 날씨와 그의 쓸쓸한 외딴집을 누군가가 기적처럼 들여다봐주리라는 헛된 기대감을 쉽게 상상해볼 수 있다. 놀라울 정도로 넓고 깊은 예술적 표현은 상황과 기분의 정확한 포착을 통해 달성된다.

이 고찰을 시작할 때 우리는 인물 이미지라고 불리는 것을 논점에서 일부러 배제했다. 그러나 현재 맥락에서 그에 관해 논의하면 유익할 것 같다. 예를 들면, 바시마치킨*이나 오네긴**같은 인물이 있다. 한편으로, 예술적 전형Type으로서 이들은 자신들의 등장을 특징짓는 사회적 법칙들을 내면에 축적하고 있다. 다른 한편으로, 이들은 보편적인 인간적 동기들도 내포하고 있다. 이 모든 것은 이렇게 설명할 수 있다. 문학적 인물은 일반 법칙의 결과로 나왔고, 그와 관련된 현상들의 전체 집단을 반영할 때 전형적 인물이 될 수 있다. 따라서 전형으로서 바시마치킨과 오네긴은 실제 삶 속에서 유사한 점이 많다. 전형으로서 그렇다! 이것은 확실하다! 그러

* 고골의 단편소설 《외투Shinel》(1841)의 주인공.
** 푸시킨의 운문소설 《에브게니 오네긴》의 주인공.

나 예술적 이미지로서 이들은 완전히 독보적이고 유일무이하다. 이
들은 너무나 구체적이고, 작가들에 의해 너무나 큼지막하게 보여지
고, 우리가 "맞아, 오네긴은 내 이웃 같아!"라고 말힐 수 있을 정도
로 너무나 완벽하게 작가의 견해를 전달하고 있다. 또는 역사적·사
회학적 측면에서 볼 때 라스콜리니코프*의 니힐리즘도 물론 전형
적이지만, 개인적·개성적 이미지에서 보면 그의 니힐리즘은 완전
히 독보적이다. 햄릿도 의심의 여지 없이 하나의 전형이다. 하지만
간단히 말하면 "당신은 어디서 햄릿을 본 적 있나요?"

　우리는 다음과 같은 역설적 상황에 부딪힌다. 이미지는 전형
적인 것의 가장 완전한 표현형이다. 이미지는 전형적인 것을 더 완
전하게 표현하면 할수록 더 개성적이고 독보적이게 된다. 이미지란
정말 환상적인 것이다! 어떤 의미에서 이미지는 삶 자체보다 훨씬
더 풍요롭다. 어쩌면 바로 절대 진리의 사상을 표현한다는 의미에
서 그럴지 모른다.

　예를 들면 레오나르도 다 빈치나 바흐의 이미지들은 기능적인
측면에서 무엇을 의미할까? 이들은 그 자체의 의미 외에는 어떤 것
도 의미하지 않는다. 이들은 그만큼 독자적으로 존재하기 때문이
다. 이들은 마치 중력을 전혀 경험해보지 않은 듯이, 세계를 처음으
로 보는 것처럼 바라본다. 이들의 독자적 시선은 지구에 막 도착한
외계인의 시선과 비슷하다.

　모든 창작은 간결성, 다시 말해 최대한 간결한 표현 방식을 추
구한다. 간결성을 추구한다는 것은 곧 삶의 재창조에서 깊이를 추
구하는 것을 의미한다. 그러나 이것은 당신이 말하거나 표현하고자
하는 것에서 완전한 이미지 속에 최종적으로 재창조하는 데까지 가
는 가장 짧은 길을 찾는 것으로, 창작에서 가장 고통스럽다. 간결성

---

　*　도스토옙스키의 장편소설 《죄와 벌 Prestuplenie i nakazanie》(1865~66)의 주인공.

의 추구는 당신이 포착한 진실을 적절하게 표현해주는 형식을 고통스럽게 모색하는 것을 의미한다. 수단을 최대한 아끼면서 많은 것을 얻을 수 있다면 얼마나 좋을까!

완벽성의 추구는 예술가가 정신적 발견을 이룰 수 있게, 윤리적 노력을 최대한 많이 실현할 수 있게 자극한다. 절대의 추구 속에는 인류 발전을 이끄는 경향이 존재한다. 내가 볼 때 이 주요 경향과 결부되어 있는 것은 바로 예술에서 사실주의 개념이다. 예술은 윤리적 이상을 표현하고자 노력한다는 점에서 사실주의적이다. 사실주의는 진실의 추구이며, 진리는 항상 아름답다. 여기서 미학적 범주는 윤리적 범주와 일치한다.

시간, 리듬, 몽타주

이제 영화 이미지의 특성에 관한 논의를 시작하면서 나는 영화 이론에서 영화의 종합적 속성이라고 널리 퍼진 개념을 곧바로 지적하고자 한다. 나는 이 개념이 잘못된 것이라고 생각한다. 왜냐하면 이 개념은 영화가 인접 예술들의 특성을 기반으로 하고 있고, 자체의 특성은 갖고 있지 않다는 데서 비롯됐기 때문이다. 영화가 예술이 아니라니 이게 무슨 말인가. 영화도 예술이다.

영화 이미지의 절대 지배소는 바로 리듬이다. 리듬은 프레임 안에서 시간의 흐름을 표현해준다. 시간의 흐름 자체는 인물들의 행동에서도, 조형적 해석에서도, 사운드에서도 분명하게 나타난다. 그러나 이 모든 것은 부수적 요소들에 불과하다. 이론적으로 말하면 이들은 없어도 되는데, 이들이 없어도 영화 작품은 존재할 수 있다. 예를 들면, 배우도, 음악도, 장식도, 심지어는 편집도 없는 영화를 쉽게 상상해볼 수 있다. 하지만 프레임 속에 흐르는 시간이 느

꺼지지 않는 영화 작품은 상상할 수 없다. 앞서 말한 뤼미에르 형제의 〈기차의 도착〉이 바로 그런 영화다. 미국 '아방가르드'의 일부 영화도 그와 같다. 예를 들면, 그런 영화 중에서 잠자는 사람을 보여주는 영화가 떠오른다. 잠자는 사람이 곧 깨어나는데, 영화가 마법처럼 일으키는 뜻밖의 놀라운 효과가 바로 이 순간에 숨어 있다. 이와 관련하여 단 하나의 쇼트로 이뤄진 파스칼 오비어 Pascal Aubier (1943~)의 10분짜리 영화도 떠올려 볼 수 있다. 처음에는 인간 욕망과 허세에 초연하고, 장엄하고 유유하게 흐르는 대자연의 삶이 포착되어 있다. 훌륭한 솜씨로 카메라가 움직이기 시작하자 비탈진 언덕의 풀밭에 거의 눈에 띄지 않게 누워 잠든 사람의 모습이 좁은 시야에 들어온다. 극적 발단이 빠르게 이어진다. 시간의 흐름이 우리의 호기심에 떠밀리듯 속도를 내는 것처럼 보인다. 우리는 카메라와 함께 잠자는 남자에게 조심스럽게 다가가고, 마침내 그 옆에 갔을 때 누워 있는 사람이 죽어 있음을 알게 된다. 그리고 다음 순간 우리는 더 많은 정보를 얻는다. 누워 있는 사람은 단순히 사망한 것이 아니라 살해된 것이다. 부상을 입고 죽은 폭도가 초연하고 아름다운 대자연의 품에 안겨 있다. 이 장면은 우리가 오늘날 세계를 뒤흔들고 있는 사건들을 기억하도록 강하게 자극한다.

다시 한번 떠올리자면, 이 영화에는 편집도 하나 없고 연기도 장식도 없다. 그러나 꽤 복잡한 극적 전개를 조직해주는 시간의 리듬이 프레임 안에 존재한다.

한 영화에서 어떤 성분도 독자적인 의미를 띨 수는 없다. 영화는 하나의 예술 작품이다. 영화의 성분에 관해서는 매우 제한적으로만 이야기할 수 있다. 예를 들면, 이론적 논의를 위해 영화를 여러 부분으로 나누는 경우에만 이야기할 수 있다.

나는 몽타주(편집)가 영화 형식의 핵심 요소라는 생각에도, 1920년대에 레프 쿨레쇼프 Lev Kuleshov(1899~1970)와 에이젠시테인의 이른바 '몽타주 영화'를 옹호한 사람들이 말한 것처럼 영화는 몽타주 테이블에서 탄생한다는 주장에도 동의하기 어렵다.

모든 예술은 몽타주, 다시 말해 부분과 조각의 선별, 조립, 조절이 필요하다고 이미 수없이 많이 아주 정당하게 지적되었다. 영화 이미지는 촬영 중에 탄생하며 프레임 내부에 존재한다. 따라서 촬영 과정에서 나는 프레임 내부의 시간 흐름을 따라가면서 그것을 정확하게 포착하여 재생하려고 한다. 한편 몽타주는 이미 시간으로 가득한 프레임들을 결합하고 영화에 고유한 전체적이고 유기적인 구조를 조직한다. 이런 유기적 구조의 혈관 속에서 시간이 영화의 생명력을 보장해주는 각기 다른 리듬의 압력을 받으면서 고동친다.

몽타주가 두 개의 개념을 결합해 제3의 의미를 새롭게 창조한다고 말하는 '몽타주 영화' 옹호자들의 주장도 영화의 본질에 완전히 대립하는 것처럼 보인다. 결국, 개념 놀이는 어떤 예술의 목표도 될 수 없으며, 예술의 본질은 개념들을 임의대로 결합하는 데 있지 않다. 어쩌면 푸시킨은 이미지와 결합하는 물질의 구체성을 염두에 두고 있었을 것이다. 이미지는 자신의 비밀스러운 길을 따라 정신적인 것 너머에 이른다. 어쩌면 바로 이것이 "시는 약간 어리석어야 한다"라고 말했을 때 푸시킨이 생각했던 것은 아니었을까?

우리가 매시간 씨름하는 가장 기본적인 물질적 실체로 빚은 영화의 시학은 상징주의에 저항한다. 예술가가 재료를 어떻게 선별하고 기록하는지를 보면 — 프레임마다 재료가 있다 — 그가 재능이 있는지 없는지, 영화적 비전을 갖추고 있는지 아닌지 확실하게 말할 수 있다.

편집은 결국 쇼트 결합의 이상적 방식일 뿐인데, 이는 필름에 찍힌 재료 안에 이미 필연적으로 내재한다. 영화를 올바르게, 능숙하게 편집한다는 것은 개별 장면과 프레임의 유기적 결합을 방해하지 않는다는 것을 의미한다. 왜냐하면 이들은 이미 스스로 편집

되어 있고, 이들이 결합되는 법칙도 그 안에 존재하기 때문이다. 그리고 이 법칙은 그냥 이해하고 느끼기만 하면 되고, 그에 따라 이런저런 프레임을 접합하거나 절단하기만 하면 된다. 프레임의 상호관계와 연결 법칙을 감지하는 것이 이따금 전혀 간단치 않을 때가 있다. 장면이 부정확하게 찍혔을 때 특히 그렇다. 그럴 때는 단순히 몽타주 테이블 위에서 조각들을 결합하는 논리적이고 자연스러운 일만 벌어지는 것이 아니라 프레임 결합 원칙을 모색하는 괴로운 과정도 발생한다. 이때 재료에 내재한 본질적 통일성이 서서히 조금씩, 그러나 더 분명하게 나타나게 된다.

여기에는 흥미로운 소급 과정이 존재한다. 이미 촬영 당시 재료에 내재된 특성 덕분에 자가 조직 구조가 편집 과정에서 생성된다. 촬영된 재료의 본질은 접합의 성격을 통해 드러난다.

내 경험을 토대로 예를 들면, 영화 〈거울〉이 얼마나 힘들게 편집되었는지 말해보고 싶다. 영화 편집 방안은 20여 개가 있었다. 내가 여기서 말하는 것은 일부 쇼트를 개별적으로 접합할 때 발생한 변화와 관련된 편집 방안들이 아니다. 그것은 실제 구조와 에피소드 시퀀스에서 일어난 근본적 변화들이다. 영화는 이미 결코 편집될 수 없을 것만 같았다. 이는 촬영 당시 용납할 수 없는 실수가 발생했음을 의미하는 것일 수도 있었다. 영화는 하나로 합쳐지지 못하고 속절 없이 눈앞에서 무너졌다. 영화는 어떤 통일성도, 어떤 내적 책임도, 연결도, 논리도 없었다.

그리고 어느 아름다운 날 내가 자포자기 상태에서 다시 한번 편집을 시도하다가 한 가지 가능성을 힘겹게 고안해냈을 때 갑자기 영화가 나타났다. 재료가 되살아났다. 영화의 부분들이 단일한 혈류 시스템으로 정확하게 결합된 것처럼 상호 작용하며 기능하기 시작했다. 내가 상영실에 앉아 이 필사적인 편집안을 보고 있을 때 눈앞에서 영화가 탄생했다. 그 뒤로도 오랫동안 나는 이 기적을 믿을 수가 없었다. 영화가 하나로 합쳐졌다는 것을 믿을 수가 없었다.

이것은 촬영장에서 우리가 했던 작업이 옳았는지 진지하게 확인해본 것이었다. 부분들의 결합은 재료의 내적 상태에 좌우된다는 것이 분명해 보였다. 그리고 이 상태가 촬영 당시 재료 안에서 일어났다면, 그런 상태가 실제로 일어났다고 우리 스스로 기만하지 않았다면, 영화는 하나로 결합되지 않을 수 없었다. 그랬다면 자연스럽지 못했을 것이다. 결합이 유기적이고 정당하게 일어나려면 촬영된 조각들의 내적 원리와 의미가 느껴져야만 한다. 다행히 이것이 일어났을 때 우리가 얼마나 안도했는지 모른다.

〈거울〉에서 시간 자체는 쇼트 사이를 관류하며 만나면서 결합한다. 이 영화는 약 200개의 쇼트로 이루어져 있다. 이 정도 규모의 영화는 보통 500개에서 1,000개의 쇼트로 이루어진다는 사실을 고려하면 매우 적은 편이다. 〈거울〉에서 쇼트 분량이 적은 것은 쇼트 길이가 길기 때문이다. 쇼트의 접합이 영화의 구조를 조직하지만, 흔히 생각하듯이, 영화의 리듬을 창조하지는 않는다.

영화의 리듬은 쇼트 내부를 관류하는 시간의 성격에 따라 생성된다. 한마디로 영화의 리듬은 편집 조각들의 길이에 따라 결정되지 않고 이 조각들을 관류하는 시간의 압력 정도에 따라 결정된다.

편집이 리듬을 결정할 수는 없다. 이런 점에서 편집은 스타일의 특징에 불과하다. 더욱이 시간은 영화 속에서 편집의 힘으로 흘러가는 것이 아니라, 편집에도 불구하고 흘러간다. 이것이 바로 프레임에 기록된 시간의 흐름이며 감독은 이것을 몽타주 테이블 위에 놓인 조각들 속에서 포착해내야만 한다.

바로 프레임에 각인된 시간이 감독에게 특정 편집 원칙을 지시해주며, 시간의 극히 다른 존재 형식이 기록된 조각들은 흔히 말하듯이 '편집되는' 것이 아니라 부적절하게 결합된다. 직경이 서로 다른 수도관을 연결할 수 없듯이, 실제 시간을 가상의 시간과 연결할 수 없다. 우리는 짙든 '옅든', 프레임을 관류하는 시간의 농도를 프레임 속 시간의 압력이라고 부를 것이다. 그렇다면 편집은 조각 속 시간의 압력을 고려하며 조각들을 결합하는 방식이다.

서로 다른 쇼트들에서 지각의 통일성은 영화의 리듬을 결정해 주는 압력의 통일성으로 얻어질 수 있다.

하나의 쇼트 안에서 시간은 어떻게 지각될까? 시간은 일어나고 있는 상황 이면에서 매우 중요한 진실이 느껴질 때 뚜렷하게 나타난다. 이때 당신은 쇼트 안에서 보이는 것이 시각적 묘사에 제한되지 않고 프레임 너머로 무한하게 뻗어나가는 무엇인가, 바로 삶에 대해 시사하는 것임을 아주 명확하게 인식한다. 이는 우리가 앞서 말한 이미지의 무한성 같은 것이다. 영화는 현실적으로 존재하는 것 그 이상이다. (물론 이것이 진정한 영화라고 한다면 말이다.) 한 편의 영화에서 생각과 사상은 감독이 의식적으로 투입한 것보다 항상 더 많아진다. 부단하게 움직이고 변화하는 삶이 모든 사람에게 개개의 순간을 각자 나름대로 해석하고 느낄 수 있게 기회를 제공해주듯이, 프레임 너머로 흐르는 시간을 필름에 정확하게 기록하는 진정한 영화는, 시간이 영화 속에 존재할 경우, 시간 속에 존재한다. 영화의 특수성은 바로 이러한 쌍방향 과정의 특징 속에 있다.

그렇다면 영화는 촬영되고 편집된 필름으로 존재하는 것보다 더 큰 무언가가 된다. 하나의 이야기와 플롯보다 더 큰 존재가 된다. 영화는 작가로부터 분리되어 독립된 삶을 살기 시작하며, 개인들과 접촉하는 과정에서 그 형식과 의미도 변화한다.

나는 이른바 '몽타주 영화'와 그 원리를 부정한다. 이들은 영화가 스크린 너머로 뻗어나가도록 허용하지 않기 때문이다. 다시 말해 관객이 필름에서 자신 앞으로 펼쳐지는 것과 자기 자신의 경험을 결부시키지 못하게 하기 때문이다. 몽타주 영화는 관객에게 수

수께끼들을 제시하면서 그가 상징들을 해독하지 않을 수 없게 하고, 관객의 지적 경험에 호소하면서 알레고리를 앞에 두고 놀라지 않을 수 없게 한다. 그러나 이 모든 수수께끼에는 글자 그대로 정확히 들어맞는 정답이 있다. 예를 들어 에이젠시테인은, 내가 볼 때 관객이 스크린에서 본 것과 관련해 자신의 입장을 지각할 수 있는 기회를 앗아가버린다. 에이젠시테인이 영화 〈시월Oktiabr〉(1928)에서 발랄라이카 악기와 케렌스키를 나란히 놓을 때 그의 방법 자체는, 우리가 앞서 폴 발레리의 말을 인용했던 것과 같은 의미에서 보면, 목적과 똑같아진다. 이때 이미지 구성 자체도 그대로 목적이 되어버리며, 작가는 관객을 향해 총공격을 개시하면서 스크린 위에서 일어나고 있는 것을 바라보는 자신의 태도를 관객이 받아들이도록 강요한다.

　영화를 발레나 음악 같은 시간 예술들과 비교해보면, 영화의 변별적 특징은 영화가 기록하는 시간이 실제적인 것을 눈에 보이게 해주는 형식을 취한다는 데서 드러난다. 현상은 일단 필름에 기록되면 절대 바꿀 수 없게 주어진 것으로 인식된다. 심지어는 시간이 극히 주관적일 때도 그렇다.

　예술가들은 자기 자신의 세계를 창조하는 사람들과 현실을 재창조하는 사람들로 구분된다. 나는 의심의 여지 없이 첫 번째 부류에 속한다. 그러나 이런 사실은 아무것도 바꿔놓지 못한다. 내가 창조한 세계는 어떤 사람들에게 흥미로울 수 있지만, 또 다른 사람들은 그것을 냉담하게 받아들이거나 심지어는 화를 낼 수도 있다. 그럼에도 영화 수단으로 재생되는 세계는 언제나 기록된 순간의 직접성 속에 객관적으로 복원된 듯한 현실의 형태로 인식되어야 한다.

　음악 작품은 다양한 방식으로 연주될 수 있으며 연주 시간도 다양하게 늘어날 수 있다. 이 경우 시간은 주어진 어떤 질서에 따라

배열된 원인과 결과의 조건이 될 뿐이다. 여기서 시간은 추상적·철학적 성격을 띤다. 한편 영화는 시간을 감정적으로 인식될 수 있는 외적 특징 속에 기록할 수 있다. 그래서 영화에서 시간은 음악에서 소리, 회화에서 색깔, 드라마에서 인물이 그런 것처럼 기본 중의 기본이 된다.

따라서 리듬은 조각들을 운율적으로 배열하는 것을 의미하지 않는다. 리듬은 프레임 속 시간의 압력으로 구성된다. 영화에서 형식을 빚어내는 핵심 요소는 일반적으로 생각하는 것처럼 쇼트 편집, 다시 말해 몽타주가 아니라 바로 리듬이라고 나는 굳게 확신한다.

편집은 예술가에게 필요한 선별과 결합의 결과로서 모든 예술에 존재한다. 그런 과정 없이는 어떤 예술도 존재할 수 없다. 다만 영화 편집의 특징은 촬영된 조각들에 각인된 시간을 결합한다는 데 있다. 편집은 서로 다른 시간을 내포하고 있는 크고 작은 조각들을 접합한다. 그리고 이러한 조각들의 결합만이 접합 과정에서 잘리거나 축소되는 결과로 탄생한 시간의 존재를 새롭게 지각할 수 있게 해준다. 그러나 앞서 말했듯이 몽타주 접합의 특징들은 편집 조각들 속에 이미 들어 있다. 몽타주는 그 자체로 새로운 특질을 전혀 제시하지도 않고, 그러한 특질을 새롭게 재창조하지도 않으며, 오로지 결합된 조각들 속에 이미 존재한 것을 드러내 보일 뿐이다. 몽타주는 촬영 중에 이미 예견되어 있고 촬영되는 것의 성격 속에 전제되어 있다. 다시 말해 그 성격 속에 처음부터 계획되어 있다. 몽타주와 관련되는 것은 시간의 길이와 카메라에 포착되는 이 길이의 존재 강도이다. 추상적 상징들과 그림같이 아름다운 물리적 실재들, 장면 속에 섬세하게 펼쳐지고 조직된 구도는 몽타주와 관련이 없다. 몽타주는 두 개의 확실한 개념이 서로 결합하여 영화 이론에 널리 알려진 '제3의 의미'를 만들어낸다는 사실을 보여주는 것이 아니라, 쇼트에 포착되어 인식되는 삶의 다양성을 보여준다.

나의 판단이 옳다는 것은 에이젠시테인 자신의 경험이 확증해준다. 에이젠시테인이 편집에 직접 좌우되어야 한다고 주장한 리듬은 직관이 그의 기대를 저버리고 그가 접합에 필요한 시간적 압력을 편집 조각들에 채워 넣지 않는다면, 그의 이론적 전제가 불충분하다는 것을 드러내 보인다. 영화 〈알렉산드르 넵스키 Aleksandr Nevskii〉(1938)에 나오는 페이푸스 호수 전투 장면을 예로 들어보자.

그는 프레임들에 적절한 시간 압력을 가할 생각은 하지 않고 짧은 쇼트들, 이따금 지나치게 짧은 쇼트들을 편집한 시퀀스로 전투의 내적 역동성을 전달해내려고 했다. 그러나 프레임들이 섬광처럼 빠르게 바뀌고 있는데도 스크린에서 일어나는 사건들이 활기도 없고 부자연스럽다는 인상은 관객들의 뇌리에서 떠나지 않는다. 관객들은 〈알렉산드르 넵스키〉가 국립영화학교에서 가르치는 몽타주의 '고전 작품'이자 '고전 사례'라는 것을 여전히 주입 받지 않아서 편견이 없었다. 이 모든 것은 에이젠시테인의 개별 쇼트들에 시간적 진실성이 존재하지 않는다는 데서 연유한다. 쇼트들은 그 자체로 완전히 정적이고 무미건조하다. 따라서 어떤 시간적 과정도 담고 있지 않은 프레임의 내적 내용과 완전히 인위적이고 외적이며, 프레임 안을 관류하는 시간과 관련도 없는 편집의 민첩성 사이에서 모순이 자연스럽게 발생할 수밖에 없다. 예술가가 기대했던 느낌은 관객들에게 전달되지 못했다. 왜냐하면 그는 전설적인 전투의 시간에서 나오는 진실한 느낌을 프레임에 불어넣는 데 관심을 쏟지 않았기 때문이다. 이 전투 장면에서 사건은 재창조되지 못하고 정교하게 재연되기만 했을 뿐이다.

영화에서 리듬은 프레임 속에서 포착되어 보이는 대상의 삶을 통해서 전달된다. 예를 들면 갈대가 떨리는 모습을 통해서 강의 흐름의 특성과 압력을 파악할 수 있다. 삶의 과정 자체, 다시 말해 프

레임 속에 재생된 그 과정의 흐름이 시간의 운동을 정확하게 전달
한다.

　무엇보다도 시간의 느낌을 통해서, 리듬을 통해서 감독은 자신
의 개성을 드러낸다 리듬은 스타일상 특징들로 작품을 장식한다.
리듬은 곰곰이 생각해서 만들어지는 것도 아니고, 임의적이고 순전
히 이론적인 수단을 통해서 구성되는 것도 아니다. 영화에서 리듬
은 감독에게 고유한 삶의 느낌에 따라서, 감독의 '시간 모색'에 따
라서 유기적으로 생성된다. 나는 프레임 속에서 시간이 독자적으로
품격 있게 흘러가야 한다고 본다. 그래야만 작가의 착상이 조용하
고 차분하게 서두름 없이 프레임 안에 자리 잡는다. 프레임 속의 리
듬 감각은 어떻게 설명할 수 있을까? 그것은 문학 속의 진실한 말
에 대한 느낌과 비슷하다. 문학에서 말의 부정확성과 영화에서 리
듬의 부정확성은 작품의 진실성을 파괴한다. (리듬의 개념은 산문
에도 적용할 수 있다. 그러나 완전히 다른 의미에서 적용된다.)

　그러나 여기서 완전히 자연스러운 어려움이 생긴다. 나는 관
객들이 지각에 어떤 압박도 받지 않고, 영화 재료를 자기 자신의 것
으로 느끼기 시작하고, 그것을 자신의 새로운 경험으로 습득하여
동화하면서 예술가의 자발적인 포로가 되도록 하기 위해 프레임에
서 시간이 품격 있고 독자적으로 흘러가기를 바란다. 하지만 일종
의 모순이 발생한다. 왜냐하면 감독의 시간 감각은 어쨌거나 항상
관객에 대한 강요의 형식으로 나타나기 때문이다. 또한, 감독은 자
신의 내적 세계도 관객에게 강요한다. 관객이 감독의 리듬(감독의
세계) 속으로 빠져든다면, 관객은 감독의 옹호자다. 또는 그 안으로
빠져들지 않는다면 접촉이 성사되지 않았다는 뜻이다. 감독의 편
인 관객과 감독에게 완전히 낯선 관객도 바로 여기에서 나온다. 내
가 볼 때 이것은 자연스럽기도 하고, 유감스럽지만, 불가피하기도
하다.

따라서 나는 자신의 개인적 시간 흐름을 창조하고, 나른하고 졸린 듯한 운동에서 격렬하고 신속한 운동까지 시간의 운동을 둘러싼 자신의 느낌을 전달하는 데 직업적 사명이 있다고 본다. 누군가에게는 그렇게만 보일 뿐이고 누군가에게는 실제로 그렇다. 또 누군가에게는 그렇게 상상된다.

　　분할 방식의 편집은 시간의 흐름을 교란하고 가로막는 동시에 시간의 새로운 특성을 창조한다. 시간 왜곡은 시간의 리듬을 표현하는 방식이다.

시간의 각인!

그러나 시간 압력이 서로 다른 쇼트들을 의도적으로 결합하는 것은 즉흥적인 생각이 아니라 내적 필요성에 따라서 이루어져야 하고, 재료 전체에 걸쳐 유기적으로 이루어져야 한다. 이런 전환의 유기성이 파괴된다면, 감독이 감추고 싶어 했던 편집의 방점이 곧바로 튀어나와 노출되어 눈에 띈다. 시간이 내적으로 무르익지 않은 채 인위적으로 늦춰지거나 빨라진다면, 내적 리듬의 변화가 부정확하다면, 그 결과는 삐걱거리기만 할 뿐인 그릇된 편집이 될 것이다.

　　시간적으로 균등하지 않은 조각들을 합쳐 놓으면 불가피하게 리듬이 깨지고 만다. 그러나 이런 파열은 결합된 조각들의 내부에서 작동하는 생명력으로 뒷받침된다면 바람직한 리듬 패턴을 적출해내는 데 필요할 수도 있다. 각기 다른 시간 압력을 예를 들어보자. 비유적으로 말하면, 시냇물 흐름, 강, 폭포, 대양이 있다고 하자. 이들을 합쳐 놓으면, 독보적인 리듬 패턴이 생성되는데, 이것이 바로 유기적으로 새롭게 형성된 작가의 시간 감각이다.

　　시간 감각이 감독에게 고유한 삶의 인식이기 때문에, 편집 조

"어떤 감독의 깊이를 결정하는 결정적 기준은 그가
무엇을 위해 영화를 찍느냐는 데 있다."
타르콥스키(앞)와 〈거울〉의 카메라맨 게오르기 레르베르크(뒤).

각에서 리듬 압력이 적절한 편집을 좌우하기 때문에, 편집은 감독 고유의 필적과도 같다. 자신의 구상을 둘러싼 감독의 입장은 편집을 통해서 표현된다. 예술가의 세계관도 편집을 통해서 최종적으로 실현된다. 당신은 베리만, 브레송, 구로사와, 미켈란젤로 안토니오니 Michelangelo Antonioni(1912~2007)의 편집을 언제나 알아볼 것이다. 절대 이들을 누구와도 혼동하지 않을 것이다. 왜냐하면 리듬으로 표현된 이들의 시간 인식은 언제나 똑같기 때문이다. 할리우드 영화 몇 편을 골라보자. 이들은 한 사람이 편집해놓은 것처럼 보인다. 편집의 의미에서 볼 때 이들은 서로 구별되지 않는다.

물론, 자신의 직업 법칙들을 전반적으로 알아야 하듯이, 편집 법칙들도 알아야 할 필요가 있다. 그러나 창작은 이런 법칙들을 파괴하고 변형하는 순간부터 시작된다. 레프 톨스토이가 이반 부닌 Ivan Bunin(1870~1953) 같은 흠잡을 데 없는 문장가가 아니었다고 해서, 그의 장편소설들이 부닌의 단편소설들처럼 그렇게 우아함과 완벽함으로 절대 두드러지지 않았다고 해서, 부닌이 톨스토이보다 '훌륭하다'고 주장할 만한 근거는 전혀 없다. 독자들은 묵직하면서도 종종 불필요한 설교와 서툰 구절들을 마주해도 톨스토이를 관대히 대해주는 데 그치지 않고, 더 나아가 그런 설교와 구절을 톨스토이의 개성을 이루는 특징이자 요소로서 사랑하게 된다. 우리는 눈앞에 정말 큰 인물이 있을 때, 그가 가진 모든 약점까지 포함하여 그를 바라본다. 이런 약점조차도 그의 미학을 이루는 고유한 특성이 된다.

도스토옙스키 작품의 문맥에서 그의 주인공 묘사만 끄집어내서 살펴보면, '아름답다', '입술이 선명하다', '얼굴이 창백하다' 같은 표현들을 접하게 된다. 하지만 이것은 어떤 의미도 없다. 여기서 우리가 논의하는 사람들은 전문가나 명인이 아니라 바로 예술가와 철학자이기 때문이다. 부닌은 톨스토이를 무한히 존경한다면서도 《안나 카레니나 Anna Karenina》(1877)가 형편없다고 생각하고, 잘 알려졌듯이, 그것을 다시 쓰려고 시도했다. 그러나 그런 시도는 헛될 뿐이었다.

편집에 대해서도 똑같이 말할 수 있다. 중요한 것은 명인처럼 편집 기술을 통딜하는 것이 아니라 자기 자신만의 특별한 표현 방법이 필수불가결하다는 욕구를 느끼는 것이다. 무엇보다 먼저 당신이 다름 아닌 영화를 왜 시작하게 되었는지 알아야 한다. 당신이 바로 영화의 시학을 통해서 무엇을 왜 말하고자 하는지 알아야 한다. 덧붙여 말하자면, 최근 들어 영화학교에 들어와 소련에서 '필요한' 영화와 서방에서 더 후하게 쳐주는 영화를 일찌감치 만들 준비를 하는 젊은 사람들을 더 자주 보게 된다. 참으로 비극이 아닐 수 없다. 한편 수공업적 기술의 문제는 그다지 중요치 않다. 누구나 배울 수는 있다. 그러나 독자적으로 품격 있게 사고하는 것은 배운다고 할 수 있는 것이 아니다. 인격자도 배운다고 될 수 있는 것이 아니다. 무거워서 종종 끌고 갈 수조차 없는 짐을 누군가에게 지고 가게 강요할 수는 없다. 하지만 다른 길은 없다. '모 아니면 도'다. 누군가가 한때 자신의 원칙을 저버렸다고 한다면, 나중에 그는 삶의 태도에서 순수성을 더는 간직하지 못한다. 따라서 어떤 감독이 자신의 꿈을 위해 힘과 기회를 모으고자 돈벌이용 영화를 만들겠다고 말한다면, 이는 기만에 불과할 뿐이다. 더 나쁘게는 자기기만이다. 그는 이제 자신의 영화를 절대 만들지 못할 것이다.

영화 구상과 시나리오

감독은 영화 작업 시작부터 끝까지 수많은 사람과 온갖 난관, 해결하기 어려운 문제들과 부딪힌다. 그러다 보면 자신이 도대체 무엇 때문에 영화 작업을 시작했는지 깡그리 잊게 하려고 마치 누군가가 이 모든 상황을 일부러 만들어 놓은 것은 아닌지 생각할 때가 있다.

　나에게 영화 구상과 관련된 문제는 이 구상의 발생과 관련돼 있다기보다는 오히려 이 구상을 최초 상태 그대로 보존하는 것과 관련돼 있음을 밝히지 않을 수 없다. 다시 말해 작업을 위한 촉매로서, 완성될 작품의 상징으로서 순수한 상태로 보존하는 것과 관련돼 있다. 작품의 구상은 언제나 제작 과정의 소란 속에서 퇴행할 위험성, 실현 과정에서 변형되고 파괴될 위험성에 직면해 있다.

　구상의 탄생부터 필름 복사와 함께 모든 것이 끝날 때까지, 영화 제작 과정은 온갖 난관으로 가득하다. 그리고 문제는 영화 제작 기술의 어려움에만 있는 것이 아니다. 영화의 구상을 실현할 때는 창작 과정에 참여하는 수많은 사람에게서 영향을 받는다는 것도 문제다.

　배우와 함께하는 과정에서 감독이 인물의 이해와 연기 방식을 두고 자신의 해석을 고수하지 못한다면, 그의 구상은 곧바로 균형을 잃게 된다. 또 카메라맨이 자신의 임무를 제대로 이해하지 못했다면, 영화는 시각적·형식적 측면에서 아무리 잘 찍었다고 해도 본궤도에서 벗어나게 된다. 다시 말해 영화는 결국 응집력을 상실한다.

　미술감독이 자부심을 느낄 만큼 훌륭한 세트도 제작할 수 있다. 그러나 이런 세트가 감독의 최초 구상에 따라 결정된 것이 아니라면, 영화에 방해만 될 뿐 결국 실패로 이어진다. 만약 작곡가가 감독의 통제에서 벗어나 자기 자신의 악상에 심취한 나머지 아무리 뛰어나더라도 영화에 필요한 것과는 거리가 먼 음악을 작곡한다면, 이 경우에도 구상은 실현되지 못할 위험성이 있다.

　영화 제작 과정에서 언제나 감독은 시나리오 작가가 글을 쓰고, 미술감독이 세트를 제작하고, 배우가 연기하고, 카메라맨이 촬영하고, 편집인이 편집하는 과정을 단순히 관찰하는 목격자의 역할만 수행할 위험성에 직면한다고 과장 없이 말할 수 있다. 솔직히 말하면, 고도로 상업화한 영화 제작에서 바로 이런 일이 벌어지고 있는데, 여기서 감독에게는 촬영진의 전문적인 노력을 단순히 조율만 해주는 임무가 주어지는 것 같다.

요컨대, 계획이 수포로 돌아가지 않게 하려는 모든 노력이 일반적인 영화 제작 조건과 충돌한다면, 자신의 작가 영화Auteur Film를 고수하기가 매우 어렵다. 감독의 구상에 담긴 참신성과 선명성을 보존한다는 것은 곧 성공 가능성에 대한 희망이 보인다는 것을 의미한다.

나는 시나리오를 문학 장르로 절대 생각하지 않았음을 즉각 밝히지 않을 수 없다. 그리고 시나리오가 더 영화적이면 영화적일수록, 희곡에서 흔히 그러는 것과 다르게, 자체의 문학적 운명을 그만큼 덜 주장할 수 있을 것 같다. 우리는 실제로 어떤 영화 시나리오도 진정한 문학의 반열에 오르지 않았음을 분명히 알고 있다.

나는 문학적 재능이 뛰어난 사람이 왜 갑자기 시나리오 작가가 되고자 하는지 정말 이해할 수 없다. 물론, 순수하게 금전적인 문제를 제외한다면 말이다. 작가는 글을 써야만 하고, 영화 이미지로 사유하는 사람은 연출의 길을 가야만 한다. 왜냐하면 영화의 구상과 목적, 구상의 실현은 결국 감독에게 속하기 때문이다. 그렇지 않다면 감독은 영화 촬영을 진짜로 지휘하지 못할 것이다.

물론, 감독은 정신적으로 그에게 가까운 문학가의 도움에 의지할 수 있으며, 실제로 자주 의존한다. 그리고 문학가가 감독의 구상을 공감하고 있고, 끝까지 감독의 뜻을 따를 준비가 되어 있고, 구상을 창조적으로 발전시키고 계획된 방향에서 질적으로 향상시킬 수 있다면, 그는 공동 작가로서, 다시 말해 시나리오 작가로서 문학적 토대를 발전시켜나가는 작업에 이미 참여하고 있는 셈이다.

만약 시나리오가 탁월한 문학 언어로 쓰였다고 한다면, 이 시나리오는 산문으로 남아야 하고 그렇게 남는 것이 더 낫다. 만일 감독이 여전히 이 시나리오로부터 영화를 만들어내고자 한다면, 가장 시급한 일은 그것을 자신의 작업을 위한 타당한 토대가 될 수 있는 시나리오로 전환하는 것이다. 그러나 이것은 이미 새롭게 작업한 시나리오로, 이 안에서 문학적 이미지는 그에 상응하는 영화적 이미지로 대체된다.

만약 시나리오가 처음부터 확실한 영화 프로젝트라면, 다시 말해 그 안에 앞으로 무엇이 어떻게 촬영될 것인지만 쓰여 있다면, 이는 장차 제작할 영화의 전망이 담긴 독특한 기록으로, 여기에는 문학과 어떤 공통점도 없다.

영화 시나리오의 원안이 내 영화에서 거의 항상 그런 것처럼 촬영 과정에서 수정된다고 한다면, 이는 본질적으로 자신의 형태를 상실하면서 특정 영화의 역사를 연구하는 전문가들에게만 관심 대상이 될 뿐이다. 계속해서 변화하는 시나리오 안들은 영화 창작의 본질을 탐구하는 사람들의 관심을 살 수도 있지만, 어떤 식으로도 완전한 문학 장르라고 주장하지는 못한다. 완성된 문학 형태의 시나리오는 앞으로 만들 영화의 수익성에 대해 영화 제작을 좌우하는 사람들을 설득할 때만 필요하다. 물론, 솔직히 말하면, 어떤 시나리오도 앞으로 나올 영화의 품질을 미리 보장해줄 수는 없다. 우리는 좋은 시나리오로 나쁜 영화를 만든 사례를 정반대 사례만큼 수십 가지나 알고 있다. 시나리오가 채택되어 구매되고 나서야 비로소 진정한 시나리오 수정 작업이 시작된다는 것은 누구나 아는 사실이다. 감독이 시나리오 수정 작업을 진행하려면 직접 글을 쓸 줄 알아야 한다. 또는 공동 집필자로서 자신의 문학 파트너들과 긴밀하게 협력하면서 그들의 문학적 재능을 자신의 뜻에 따라 필요한 방향으로 능숙하게 유도할 줄 알아야 한다. 물론, 내가 말하는 영화는 이른바 '작가 영화'를 가리킨다.

이전에 나는 연출용 시나리오를 발전시켜나가는 과정에서, 앞으로 완성될 영화의 모델을 미장센에 이르기까지 꽤 정확하게 머릿속에 그려보려고 했다. 그러나 지금 나는 앞으로 나올 영화의 장면과 쇼트를 진체직인 득성 속에 그려보면서 장면과 쇼트들이 촬영 과정에서 스스로 나올 수 있게 한다. 왜냐하면 행위 장소의 생생한 상황, 촬영장의 분위기, 배우들의 기분에 따라 완전히 새로운 해결책, 깜짝 놀랄 만큼 예기치 못한 해결책을 찾을 수 있기 때문이다. 삶은 상상력보다 풍부하다. 따라서 요즘 나는 당연히 만반의 준비를 하고 촬영에 임해야겠지만, 현장의 분위기에 따르고 미장센 구성에서 더 자유로워지려면 생각이나 기분을 미리 결정해놓을 필요는 없다고 점점 더 자주 생각한다. 과거에 나는 에피소드를 미리 고안해놓지 않고는 촬영장에 갈 수 없었지만, 지금은 이 개념이란 것이 언제나 이론적일 뿐이며 상상력을 제약한다고 자주 말한다. 어쩌면 당분간 개념에 대해 생각해보지 않는 것이 의미 있지 않을까?

프루스트의 《읽어버린 시간을 찾아서》의 한 대목을 보자.

"교회 첨탑들이 아주 멀리 보였다. 몇 분 뒤 마르틴빌 교회 앞에 멈췄을 때 나는 깜짝 놀랄 만큼 우리가 아주 천천히 교회로 다가오고 있었다는 인상을 받았다. 나는 지평선 위로 교회 첨탑을 바라보면서 기쁨에 가득 찼던 이유를 알 수 없었다. 그 이유를 찾기가 매우 어렵다고 생각하고 나는 그저 햇빛 속에 움직이는 윤곽을 기억 속에 보관해두었을 뿐 더는 생각하고 싶지 않았다. 마르틴빌 교회 첨탑들을 둘러싼 비밀스러운 내용을 반드시 아름다운 문장으로 담아내야 한다고는 미처 의식하지 못한 채 나는 그런 비밀스러운 내용이 나를 기쁘게 해준 말의 형태로 나타났기 때문에 의사에게 연필과 종이를 요청했고 마차가 흔들리는데도 양심을 가볍게 하고 나를 가득 채운 열정에서 벗어나기 위해서 쪽지를 썼다. 그 뒤로 나는 이 쪽지에 대해 한 번도 생각하지 않았다. 하지만 나는 의사의 마부가 마르틴빌 시장에서 산 닭이 든 바구니를 평소 놓아두곤 하던 마부 자리 구석에 앉아 이 기록을 끝마쳤을 때 온통 행복감에 젖었다. 이 쪽지는 마르틴빌 교회 첨탑들과 그 안에 숨어 있던 비밀에 대한 강박관념에서 나를 완전히 해방시켜주었다[저자 강조]. 그래서 나는 마치 내가 막 알을 낳은 암탉이라도 되는 듯이 목청껏 노래하기 시작했다.

많은 세월 나의 뇌리에서 떠나지 않고 평안을 방해했던 어린 시절의 기억들 속에 이와 똑같은 경험들이 있었다. 하지만 이 경험들은 마치 증발해버린 것처럼 어딘가로 갑자기 사라졌고, 내가 아주 오래전에 살았고 오랜 세월 내 꿈에 꼬박꼬박 나왔던 고향 집도 더는 보이지 않았다. 이 이야기를 하면서 나는 영화 〈거울〉을 마치고 난 뒤 일어난 일에 관해 미리 말해보고자 한다.

촬영을 시작하기까지 아직 몇 년이 더 남아 있던 그때 나는 나를 괴롭히던 기억들을 종이에 써보기로 하고 영화에 대해서는 심지어 생각조차 하지 않았다. 한편으로 전시 소개 작전에 관한 이야기를 써보고 싶었다. 여기서 모든 행위는 학교에서 군사 훈련을 담당하는 선생님에 관한 이야기에 집중되었다. 그러나 이 플롯은 이야기의 구심점이 되기에는 그렇게 중요하지 않았다. 이렇게 해서 그 이야기는 쓰지 못했다. 하지만 어린 시절에 나를 깜짝 놀라게 한 이야기가 계속해서 괴롭혔고, 내 기억 속에 남아 있다가 마침내 영화의 작은 에피소드로 탈바꿈했다.

'하얗고 하얗던 어느 날'이라는 제목이었던 〈거울〉의 시나리오 초안이 완성되었을 때, 초안의 구상은 영화적 의미에서 내게 매우 불명확하다는 것이 분명해졌다. 나는 이처럼 어린 시절을 둘러싼 애수 어린 비가와 구슬픈 동경으로 가득 찬 단순한 회상 영화를 만들고 싶지는 않았다.

나는 시나리오 초안에 영화에 매우 본질적인 무언가가 빠져 있다고 분명하게 느꼈다. 이 초안이 처음으로 토론 대상에 올랐을 때, 앞으로 탄생할 영화의 영혼은 사실 몸속으로 여전히 들어오지 못한 채 별나라 어딘가를 떠돌고 있었다. 그래서 이 영화가 단순하고 서정적인 회상의 수준을 뛰어넘을 수 있게 해줄 핵심 사상을 찾아야 한다는 날카로운 의식이 뇌리에서 떠나지 않았다.

그때 새로운 시나리오 안이 나왔다. 나는 어린 시절 에피소드들에 나의 어머니와 직접 진행한 인터뷰 단편들을 군데군데 끼워 넣고 어머니와 화자의 과거를 둘러싼 두 가지 대조적인 느낌을 보여주고자 했다. 이 느낌은 서로 가깝지만 세대가 다른 두 사람의 기억 속에 각기 다르게 투영된 과거가 상호 작용하면서 관객 앞에 나타난다. 지금도 나는 그런 방식이 우리에게 흥미롭고도 예기치 않은 결과를 가져올 수도 있었으리라고 생각한다.

그후 나는 여전히 지나치게 직선적이고 거칠기만 한 이 구성에서 벗어나 시나리오에 담긴 어머니의 인터뷰 장면을 모두 연기 장면으로 교체할 수밖에 없었지만, 후회하지는 않는다.

나는 연기 요소와 다큐멘터리 요소가 여전히 유기적으로 통합되지 못했다고 느꼈다. 이들은 서로 충돌하고 대립했으며, 편집에서 이들의 통합은 내게 순전히 형식적인 통합, 지적 훈련을 위한 통합으로 보였다. 매우 의심스러운 통합이었다. 두 개의 요소는 집중도가 각기 다른 재료로 채워졌고, 각기 다른 시간, 다시 말해 압력이 각기 다른 시간을 내포하고 있었다. 그리하여 다큐멘터리처럼 정확한 인터뷰의 실제 시간과 작가의 시간이 연기 수단으로 재창조된 회상 에피소드들에 도입되었다. 그 뒤로 이 모든 것은 장 루슈

감독의 시네마 베리테Cinema verité를 다소 떠올리게 해주었는데, 이는 내가 바라던 바가 전혀 아니었다. 변형된 주관적 시간에서 다큐멘터리처럼 신빙성 있는 시간으로 전환하는 것이 갑자기 매우 의심스럽고 관습적이며 단조롭게 여겨졌다. 이 모든 것은 이리 왔다가 저리 갔다가 해서 마치 탁구 게임을 보는 듯했다.

두 개의 다른 시간 차원에서 찍은 영화를 편집하지 않기로 한 나의 결정은 연기와 다큐멘터리의 재료가 원칙적으로 절대 합쳐지지 않는다는 것을 의미하지는 않았다. 이와 반대로, 마침내 〈거울〉에서 영화 연대기가 연기 에피소드들과 함께 완전히 자연스럽게 배치되었다. 어찌나 자연스러웠던지 나는 〈거울〉에 삽입한 뉴스릴이 실제로는 정교하게 연출되어 '진짜 뉴스릴처럼' 보이게 찍은 것이 아니냐는 말을 여러 차례 들을 정도였다. 다큐멘터리 재료의 유기성은 내가 매우 특별한 뉴스릴을 찾아내는 데 성공하면서 나올 수 있었다.

그야말로 나를 압도해버린 소련군의 시바시 호수 도하 다큐멘터리 쇼트들을 발견하기 전까지 나는 수천 미터의 필름을 뒤적여보지 않을 수 없었다. 이런 것은 한 번도 보지 못한 것들이다. 보통 품질이 아주 떨어지는 연출 장면이나 군대 '일상'이 시시콜콜 기록되어 있는 필름 토막들, 꾸민 것은 지나치게 많지만 진실은 지나치게 적다고 느껴진 행군 촬영 필름들과 매번 부딪힐 수밖에 없었다. 그리고 이처럼 뒤범벅된 필름들을 단일한 시간 감각으로 통일시킬 가능성은 전혀 보이지 않았다. 그런데 갑자기 기록영화로는 전례 없는 사례가 내 앞에 나타났다! 1943년 진격전의 극적인 사건 가운데 하나를 찍은 에피소드가 나타난 것이다. 완전히 독보적인 자료였다! 단일 대상을 오랫동안 관찰할 목적으로 촬영하는 데 그토록 많은 양의 필름이 투입됐다는 사실을 믿을 수가 없었다. 이 필름은 상당히 재능 있는 사람이 찍었음이 분명했다. 참을 수 없는 비인간적인 노역과 끔찍하고 비극적인 운명으로 만신창이가 된 사람들이 마치 비존재에서 나오기라도 한 듯이 내 앞의 스크린 위로 나타났을 때 이 에피소드가 단순히 사적이고 서정적인 회상으로 시작된 내 영화에서 핵심이자 본질, 중추신경이자 심장이 되지 않을 수 없다는 생각이 아주 분명해졌다.

놀라운 힘과 극적인 성격의 이미지가 스크린 위에 펼쳐졌다. 그리고 이 모든 것은 바로 내가, 다름 아닌 내가 개인적으로, 인내하며 고통스럽게 만들어낸 것이다. [말이 나온 김에 하자면, 필리프 에르마시Fillip Ermash(1923~2002) 고스키노 의장은 바로 이 에피소드를 영화에서 삭제할 것을 요구했다.] 이 쇼트들은 이른바 역사 과정의 완성을 위한 대가로 치른 고통에 관해서, 태곳적부터 역사 과정이 요구한 무수한 희생에 관해서 이야기해주었다. 이런 고통이 무의미했다는 것을 단 한순간도 믿을 수가 없었다. 이 자료는 불멸에 관해서 이야기하기 시작했고, 아르세니 타르콥스키의 시는 이 에피소드에 의미를 부여하며 에피소드를 완성해주었다. 우리는 이 자료에 놀라울 만큼 강력한 감정을 부여해준 미학적 가치에 매료되었다. 단순하고 정확하게 포착되어 필름에 기록된 진실은 단순히 진실과 닮아 보이는 것에만 그치지 않았다. 이 진실은 갑자기 영웅적 희생과 그 대가의 이미지가 되었고, 믿을 수 없는 희생을 치른 역사적 전환점의 이미지가 되었다.

이 자료는 의심의 여지 없이 재능 있는 사람이 찍었다!

이 이미지는 특히 통렬하고 쓰라리게 느껴졌다. 왜냐하면 쇼트 안에 오직 사람들만 있었기 때문이다. 사람들은 하얗고 평평한 하늘 아래 지평선까지 무한히 펼쳐진 늪지에서 무릎까지 푹푹 빠지는 질퍽한 흙탕물 속을 걸어가고 있었다. 아무도 살아 돌아가지 못했을 것이다. 필름에 새겨진 시간의 다차원적 깊이는 충격과 카타르시스에 가까운 감정을 낳았다. 얼마 후 나는 이 자료를 찍은 군대 카메라맨이 그의 주변에서 일어난 사건들의 본질을 꿰뚫고 엄청난 힘으로 기록한 바로 그날 사망한 사실을 알았다.

〈거울〉의 촬영을 마치기까지 상영 시간 30분 분량에 해당하는 총 400미터의 필름이 남아 있을 때도 영화는 여전히 존재하지 않았다. 화자의 어린 시절 꿈을 결정해 촬영했다. 하지만 이 꿈도 재료가 완전체로 바뀌게 도와주지는 못했다. 영화는 구상 속에도 시나리오 속에도 존재하지 않던 화자를 서사 구조 안에 끌어들여야 한다는 생각이 머릿속에 떠오르고 나서야 비로소 현재의 형태로 만들어졌다.

화자의 어머니 역을 맡은 마르가리타 테레호바의 연기가 마음에 쏙 들었지만, 애초 구상에서 그녀에게 배정된 역할이 그녀의 막대한 잠재력을 발휘하고 이용하기에는 여전히 미흡해 보였다. 그때 우리는 새로운 에피소드들을 쓰기로 했고 테레호바는 화자의 아내라는 역할을 하나 더 받았다. 그런 다음 편집에서 화자의 과거와 현재 에피소드들을 뒤섞어 배치한다는 생각이 떠올랐다.

먼저, 나의 재능 있는 공동 작가인 알렉산드르 미샤린Aleksandr Misharin(1939~2008)과 함께 우리는 미학적·윤리적 창작 원칙에 대한 견해를 새로운 에피소드들의 대화에 도입할까 했지만, 다행히도 이것은 피할 수 있었다. 이 견해가 영화 전반에 걸쳐 눈에 딱히 띄지 않고 스며들길 바랐다.

〈거울〉의 제작 과정을 이야기하면서 나는 시나리오란 나에게 깨지기 쉽고 살아 움직이며 계속해서 변화하는 구조라는 것 그리고 영화는 작업이 완전히 끝나는 순간에 비로소 탄생한다는 것을 말하고자 한다. 시나리오는 생각을 위한 동기만 부여해줄 뿐이다. 그리고 여기서 갑자기 아무것도 나오지 않으면 어떻게 하지라는 불안감이 영화가 나오는 마지막 순간까지 언제나 나의 뇌리에서 떠나지 않았다.

하지만 바로 〈거울〉을 작업하면서 시나리오를 향한 나의 창작 성향이 극단적으로 표출됐음을 언급하지 않을 수 없다. 다른 영화들은 구조적으로 상당히 명확한 시나리오를 바탕으로 만들어졌는데, 이 영화들을 작업할 때는 아주 많은 부분을 촬영 과정에서 최종적으로 생각하고 결정해서 보강할 수 있었다.

〈거울〉 촬영을 시작할 때, 우리는 의식적으로나 원칙적으로 촬영 전에 미리 그림을 머릿속에 그리고 배열하려 하지 않았다. 나는 영화가 어떻게, 어떤 조건에서 마치 '저절로' 그러는 것처럼 생성될 수 있는지 알아보는 것이 중요하다고 생각했다. 그래서 영화가 촬영 자체, 배우와의 접촉, 세트 제작 과정, 야외 촬영지 적응을 거치면서 어떻게 생성되는지 알아보고 싶었다.

어떤 장면이나 에피소드를 시각적으로 완전하게 만들어진 실체로서 미리 규정해놓은 구상은 우리에게 없었다. 그러나 촬영장에서 이미지상 정확하게 부합해야 하는 분위기 상태, 정신 상태에 관한 감각은 분명히 있었다. 만일 내가 촬영 전까지 뭔가를 '보고 있다면', 상상하고 있다면, 이는 곧 내적 상태이고, 촬영할 장면들의 내적 긴장의 성격이며, 인물들의 심리 상태이다. 그러나 나는 이 모든 것이 어떤 형식으로 흘러나오는지 정확히 알지 못한다. 나는 이 상태가 필름에 어떻게 표현될 수 있을지 확실하게 알아보기 위해서 촬영장에 나간다.

그리고 일단 알고 나면 촬영을 시작했다. 〈거울〉은 어떤 마을에 관한 이야기를 들려준다. 화자가 태어나 어린 시절을 보낸 마을은 그의 아버지와 어머니가 살았던 곳이다. 우리는 세월의 풍파에 무너진 집을 남아 있던 집터의 옛 사진을 보고 정확히 재구성해 '부활시켜놓았다'. 40년 전 이곳에 집이 있었다. 그런 다음 바로 이곳에서, 이 집에서 젊은 시절을 보낸 나의 어머니를 모시고 왔을 때 어머니가 집을 본 순간 보인 반응은 나의 대담한 예상을 모두 뛰어넘었다. 어머니는 마치 자신의 과거로 돌아온 듯했다. 그때 나는 우리가 올바른 길로 가고 있다는 것을 알았다. 집은 우리가 영화에서 표현하고자 한 바로 그 감정들을 어머니에게서 일깨워 주었다.

… 집 앞으로 들판이 펼쳐져 있었다. 이 집과 이웃 마을로 이어지는 길 사이에 메밀밭이 있던 기억이 났다. 메밀밭은 꽃이 피면 정말 아름다웠다. 메밀밭을 설원처럼 만들어주던 새하얀 메밀꽃이 내어린 시절의 특징적이고 본질적인 모습으로 기억 속에 남아 있었다. 하지만 우리가 촬영지를 물색하다 바로 이곳으로 왔을 때는 메밀밭이 전혀 보이지 않았다. 집단농장 주민들이 벌써 오랫동안 이땅에서 클로버와 귀리를 재배하고 있었다. 그들에게 우리를 위해 메밀을 파종해달라고 요청하자 그들은 토질이 메밀에 전혀 맞지 않아서 메밀이 절대 자라지 않을 것이라고 우기듯이 주장했다. 그래도 우리가 이 들판을 빌려서 메밀을 파종하자 그들은 놀라움을 감추지 못하고 메밀이 멋지게 자라나는 것을 지켜보았다. 우리는 이성공을 좋은 예감으로 받아들였다. 이는 마치 우리 기억의 감각적특성, 다시 말해 시간이 드리우는 장막을 꿰뚫어볼 수 있는 능력을 예시해주는 것 같았다. 우리의 영화는 바로 이 점에 대해 이야기할 것이었다. 영화의 구상도 이와 같은 것이었다.

메밀꽃이 피지 않았다면 영화가 어떻게 됐을지 몰랐다! 메밀꽃이 피는 것은 당시 내게 이루 말할 수 없이 중요했다. 결국 메밀꽃이 피었다!

나는 〈거울〉의 작업을 시작하면서, 만약 누군가가 자신의 일에 진지하게 임한다면 영화는 단순히 그의 경력에서 이어지는 하나의 작업이 아니라, 그의 운명에 영향을 끼치는 행동이 될 것임을 점점 더 자주 생각하기 시작했다. 나는 이 영화에서 처음으로 나 자신에게 가장 중요한 것에 대해, 가장 내밀한 것에 대해 어떤 계략도 부리지 않고 영화 수단을 통해 직접적으로 말해보기로 마음먹었다.

〈거울〉을 개봉하고 난 이후, 내게 가장 힘들었던 일은 진실을
말하고 싶다는 소망 말고 영화 속에 감춰지고 암호화된 다른 의미
는 전혀 없음을 관객들에게 설명해주는 것이었다. 나의 설명은 불
신이나 심지어 실망감마저 불러일으키곤 했다. 일부 관객에게는 이
런 설명만으로는 정말 미흡했다. 그들은 감춰진 상징과 암호화된
의미, 비밀들을 찾아내려고 했다. 나도 관객들의 이런 모습이 실망
스러웠다. 이들은 반대파 관객들이었다. 동료들은 내가 뻔뻔하게
도 나 자신에 관한 영화를 만들려 했다고 비난하면서 나를 거세게
몰아붙였다. 결국, 우리를 구해준 것은 오직 한 가지 믿음밖에 없었
다. 그것은 우리 작업이 우리 자신에게 그토록 중요하다면 관객에
게도 그만큼 중요하지 않을 수 없으리라는 믿음이었다. 이 영화는
내가 한없이 사랑하는 사람들, 내가 잘 아는 사람들의 삶을 재구성
해주어야 했다. 나는 가까운 사람들이 자신에게 보여준 사랑에 대
해, 그들이 자신에게 베풀어준 모든 것에 무엇으로도 보답해줄 수
없을 것만 같다고 생각하는 한 인간의 고통에 대해 이야기하고 싶
었다. 그는 자신이 그들을 충분히 사랑하지 못한 것 같다고 생각한
다. 이는 그에게 진짜 고통스럽고 피할 수 없는 생각이다.

　　우리는 소중한 것에 관해 말하기 시작할 때면 사람들이 우리
가 말한 것에 어떻게 반응할지 몹시 걱정하기 시작하고, 우리가 말
한 것을 보호하고자 하고 오해를 막으려고 한다. 우리는 장차 관객
들이 우리 영화를 보고 어떻게 생각할지 매우 걱정했지만, 관객들
이 우리 말을 들어주리라고 미친 듯이 고집스럽게 믿고 있었다. 이
후 벌어진 사건들은 우리가 의도한 바가 정당했음을 입증해주었
다. 이 책의 서문에서 인용한 관객들의 편지는 이런 의미에서 많은
것을 설명해주었다. 나는 더 높은 수준의 이해를 기대하지 못했다.
관객의 그런 반응은 이후 이어지는 나의 작업에 굉장히 중요했다.

　　〈거울〉에서 나는 결단코 나 자신에 관한 이야기를 하려고 하

지 않았다. 그보다는 오히려 가까운 사람들과 관련된 나 자신의 감정들, 나와 그들의 상호 관계, 그들에 대한 끝없는 연민과 나의 부족함, 갚지 못한 부채 의식에 관해 이야기하고자 했다. 영화의 주인공이 심각한 위기 속에 회상하는 사건들은 마지막 순간까지 그에게 고통을 야기하고 향수와 불안을 불러일으킨다.

한 편의 희곡을 읽을 때면 그 의미를 이해할 수 있다. 희곡의 의미는 각기 다른 공연에서 다양하게 해석될 수 있지만, 희곡은 처음부터 자신만의 면모를 갖고 있다. 그러나 시나리오에서 앞으로 영화가 어떻게 펼쳐질지 볼 수는 없다! 시나리오는 영화 속에서 사멸한다. 그리고 영화는 문학에서 대화를 빌려오면서도 본질적으로 문학과 어떤 관계도 없다. 희곡은 문학 장르다. 대화 속에 표현된 사상-성격들이 희곡의 본질이기 때문이다. 대화는 항상 문학적이다. 반면 영화에서 대화는 영화의 물적 질감을 이루는 성분 가운데 하나일 뿐이다. 시나리오에서 문학으로, 산문으로 불리길 바라는 것은 모두 영화 제작 과정에서 원칙상 일관성 있게 동화되고 각색되어야 한다. 문학은 영화 속에 용해된다. 영화가 만들어지고 나면, 문학은 더는 존재하지 않는다. 작업이 완료되고 나면 영화의 문학적 기록을 가질 가능성만, 다시 말해 무엇으로도 문학이라고 할 수 없는 편집 목록만 남을 뿐이다. 이는 무언가를 보고 나서 장님에게 설명해주는 것과 같다.

영화의 조형적 해결

미술감독이나 카메라맨과의 관계에서 가장 중요하고 복잡한 것은 이들을 영화 작업에 참여하는 다른 모든 사람과 마찬가지로 영화 구상의 공동 참여자이자 협력자로 만드는 데 있다. 감독은 이들이 어떤 경우도 피동적이고 방관자적인 기능 수행자로 머물지 않고 감독 자신의 모든 감정과 생각을 공유하는 명실상부한 참여자이자 창작자가 되게 하는 것이 근본적으로 중요하다. 그러나 카메라맨을 자신과 같은 생각을 하는 동지로 만들려면 종종 외교술이 필요하다. 감독은 자신의 최종 목표가 카메라맨의 결정에서 영화 구상에 최적화된 상태로 실현될 수 있도록, 자신의 구상과 최종 목표를 끝까지 함구할 필요가 있다. 나는 카메라맨이 필요한 결정에 이를 수 있도록 하기 위해 구상을 전혀 밝히지 않을 때도 종종 있었다. 이런 의미에서 〈솔라리스 Solaris〉(1971)를 포함하여 그때까지 나의 모든 영화를 촬영한 카메라맨 바딤 유소프에 얽힌 이야기는 상당히 유익한 실례를 보여준다.

　〈거울〉의 시나리오를 다 읽고 나서 유소프는 영화 촬영을 거절했다. 영화에 뻔뻔하게 반영된 자전적 성격이 윤리적 관점에서 당혹스러웠고, 모든 서술에 스며 있는 지나치게 노골적인 서정적 어조와 오직 자기 자신에 관해서만 말하고자 하는 감독의 욕망(내 동료들이 〈거울〉에 보인 반응과 똑같다)에 화가 났다는 것이 이유였다. 물론, 유소프는 나름대로 솔직하고 진솔하게 행동했다. 그는 실제로 나의 태도가 겸손하지 못하다고 생각했던 것 같다. 그러나 나중에 다른 카메라맨인 게오르기 레르베르크 Georgii Rerberg(1937~99)가 영화를 찍자 그는 "안드레이, 이렇게 말하기 정말 싫지만, 이 영화는 자네의 최고 작품이네!"라고 내게 인정했다. 나는 유소프가 이 말도 솔직하게 한 것이기를 바란다.

　바딤 유소프를 아주 오래전부터 알고 있었기 때문에 어쩌면 나는 더 교묘했어야 하지 않나 싶다. 나의 모든 구상을 처음부터 끝까지 낱낱이 드러내 보이는 대신 시나리오를 그에게 조금씩 나눠서 보여주어야 했던 것이다. 모르겠다…. 나는 그런 연기에 서툴다. 친구들을 상대로 외교관 같은 술수를 부리지 못한다.

"모든 영화에서 나는 언제나 카메라맨을 공동 작가로 간주한다.
단순히 긴밀한 접촉만으로는 부족하다."
타르콥스키(왼쪽)와 카메라맨 바딤 유소프(오른쪽).

어쨌든, 내가 그때까지 만들 수 있었던 모든 영화에서 나는 언제나 카메라맨을 공동 작가로 간주했다. 영화 작업을 하다 보면 동료들과 단순히 긴밀한 접촉만 하는 것으로는 부족하다. 사실 내가 방금 이야기한 외교술이 필요한 것 같다. 하지만 나 자신은 솔직히 말하면 언제나 '사후 약방문' 하는 격이었다. 그것도 순전히 이론적으로 그랬다고 말할 수 있다. 실제로는 동료들에게 감추는 비밀이 하나도 없었다. 그와 반대로 우리 촬영진은 언제나 하나의 유기체처럼 분리할 수 없는 어떤 것이었다. 우리가 혈관과 신경을 통해 유기적으로 서로 연결되어 있지 않으면, 우리의 피가 순환계 전체로 퍼져 돌지 않으면, 진정한 영화는 나올 수 없기 때문이다!

〈거울〉을 찍으면서 우리는 함께 지내다시피 했다. 우리가 알고 사랑하는 모든 것에 대해, 우리에게 소중한 것과 불쾌한 것에 대해 모두 서로 이야기했다. 앞으로 탄생할 영화에 대해서도 모두가 똑같은 환상에 젖곤 했다. 그러나 제작진 중 누군가의 작업이 영화에서 어떤 위치를 차지했는지는 전혀 중요하지 않았다. 예를 들면, 작곡가 예두아르트 아르테미예프Eduard Artemyev(1937~)는 영화를 위해 몇 개의 소곡밖에 작곡하지 않았지만, 다른 모든 사람과 마찬가지로 당당하게 참여한 중요한 사람이다. 아르테미예프가 없었다면 영화는 현재와 같은 모습으로 나오지 못했을 것이다.

세월의 풍파에 무너진 집이 있던 자리에 세트를 설치했을 때, 하루 중 여러 시간에 걸쳐 이곳을 살펴보며 이곳의 특징도 느껴보고 날씨 상태도 시시각각 관찰해보려고 촬영진 전체가 아침 일찍 이곳에 와서 동이 트기를 기다렸다. 우리는 언젠가 이 집에 살았던 바로 그 사람들의 느낌 속으로 파고 들어가고 싶은 마음으로 40여 년 전 그때처럼 일출과 일몰, 비와 안개를 바라보았다. 우리는 회상의 분위기와 신성한 일체감에 얼마나 깊이 빠져들었던지 작업이 끝나자 그만 기분이 울적하고 슬프기까지 했다. 이 무렵 우리는 서로 속속들이 알고 있어서 그때부터 영화 작업을 시작하면 더없이 좋을 것만 같았다.

제작진 사이의 정신적 접촉은 굉장히 중요했다. 나와 카메라맨이 서로 이해하지 못하게 된 위기의 순간(몇 번 있었다)에 나는 완전히 난감한 상황에 빠졌다. 모든 것이 손에 잡히지 않았고, 때때로 며칠씩 촬영이 완전히 중단되곤 했다. 우리가 서로 이해할 방법을 발견하고 균형이 회복되고 나서야 비로소 작업이 속개되었다. 다시 말해 우리의 창작 과정이 조정을 거쳐 재개될 수 있었던 것은 엄격한 규율과 작업 계획 덕분이 아니라 제작진 내부에 감도는 특별한 분위기 덕분이었다. 우리는 심지어 정해진 기간보다 더 일찍 촬영 계획을 완료하기까지 했다.

영화 작업은 (다른 모든 창작 작업과 마찬가지로) 규율과 제작상의 요구보다는 내적 요구를 먼저 따라야 한다. 사실, 규율과 제작상의 요구에만 모든 걸 바친다면 작업 리듬만 깨질 뿐이다. 성격과 기질뿐 아니라 살아온 삶도 다르고 나이도 다양한 사람들이 단일한 구상을 실현하기 위해 일하면서 하나의 열정으로 뭉치고 가족처럼 단결한다면, 산이라도 옮겨놓을 수 있다. 여기서 진정한 창작 분위기가 조성된다면, 누가 어떤 발상이나 착상을 내놓았는지는 중요하지 않게 된다. 누가 이 클로즈업 방안을 고안했고, 누가 저렇게 성공적인 파노라마 장면을 제안했고, 누가 촬영 대상에 이런 식으로 조명을 비추자고, 아니면 아주 훌륭한 촬영 앵글로 대상을 찍자고 처음으로 생각해냈는지는 중요하지 않다.

이 경우 영화에서 카메라맨과 감독 중 누구의 역할이 지배적이라고 규정하는 것은 사실상 불가능하다. 촬영된 장면이 그저 유기적 구조가 될 뿐이다. 다시 말해 여기서는 어떤 억지 주장도 자화자찬도 볼 수 없다.

〈거울〉에 관해 구체적으로 말하자면, 본질적으로 낯설고 완전

히 사적인 구상을, 솔직히 말해 동료들과 공유하기가 매우 어려운
구상을 자기 것으로 받아들이려면 촬영진 전체가 얼마나 많은 융통
성을 발휘해야 할지 여러분 스스로 판단해보기 바란다. 그리고 이
런 구상은 어쩌면 관객과 공유하는 것보다도 훨씬 더 어려울지 모
른다. 왜냐하면 첫 상영 전까지 관객은 여전히 알 수 없는 추상적
존재처럼 보이기 때문이다!

　　동료들이 나의 구상을 정말로 자신의 것으로 받아들이도록
하려면 많은 난관을 극복해야 한다. 그러나 〈거울〉이 완성되었을
때 이 영화를 내 가족의 이야기로만 받아들이기는 이미 어려웠다.
그 무렵에는 서로 다른 많은 사람으로 이루어진 제작진 전체가 이
이야기에 참여했기 때문이다. 마치 나의 가족이 크게 확대된 것 같
았다.

　　이런 상황에서, 진정한 창작 공동체 속에서, 순전히 기술적인
문제들은 마치 저절로 사라진 것처럼 보였다. 카메라맨도, 미술감
독도 단순히 그들이 할 수 있는 것만 하지는 않았고, 요구 사항만
이행한 것도 아니었다. 그들은 자신의 전문적 능력의 수준을 매번
조금씩 더 끌어올렸고, '할 수 있는' 것(다시 말해 어떻게 하는지 알
려진 것)이 아니라, 필요하다고 생각되는 것을 했다. 이것은 카메라
맨이 감독의 제안 중에서 오직 자신이 기술적으로 실현할 수 있는
것만 선택할 때 특히 잘 보이는 직업적 접근법 그 이상의 무엇이었
다. 오로지 이런 상태에서만 세트 벽에 인간 영혼이 깃들어 있다는
관객의 생각에 한 점 의심도 남기지 않는 진정성과 진실성을 달성
할 수 있다.

　　영화의 조형적 해결과 관련해 가장 중요한 문제 가운데 하나는
당연히 색깔의 문제이다. 영화에서 색깔은 역설적이게도 스크린 위
에서 진실을 제대로 인식할 수 있는 감각을 창조하는 데 큰 걸림돌
이 된다는 점을 진지하게 생각해볼 필요가 있다. 영화에서 색깔은

이제 미학적 범주가 아니라, 상업적 요구이다. 따라서 흑백 영화들이 점점 더 자주 등장하기 시작한 것도 우연이 아니다.

색깔을 인식하는 것은 생리학적·심리학적으로 아주 특별한 현상이지만, 대개 인간은 색깔에 특별한 주의를 기울이지 않는다. 영화 쇼트의 그림처럼 생생한 느낌(이는 대부분 단순히 복사 필름의 품질에 따라 결정되는 기계적인 효과이다)은 삶의 신빙성이 우리에게 중요하다면 극복해야 하는 또 하나의 인위적 요소를 이미지에 부과한다. 색깔을 중립화하여 색깔이 관객에게 적극적으로 영향을 미치는 것을 피해야 한다. 만약 색깔이 저절로 쇼트의 지배소가 된다면, 이는 감독과 카메라맨이 관객에게 영향을 미치는 수단을 회화에서 빌려왔다는 것을 의미한다. 오늘날 평균 수준으로 잘 만든 영화를 수용하는 태도가 삽화로 '화려하게' 장식된 잡지를 수용하는 태도와 비슷한 이유도 바로 여기에 있다. 이미지의 표현력을 두고 컬러사진과 갈등이 빚어지고 있다.

어쩌면, 전체 스펙트럼에서 나오는 색깔이 주는 인상을 완화하려면 컬러 화면과 흑백 장면들을 번갈아 제시하면서 색깔의 적극적인 영향을 중립화시켜야 할지도 모른다. 카메라는 실제 현실을 필름에 정확하게 기록하기만 하는 것 같다. 왜 컬러 화면은 거의 늘 그렇게 믿기 어렵고 끔찍할 정도로 허위적인 느낌을 풍길까? 기계적으로 정확하게 재생되는 색깔은 예술가의 관점을 결여하고 있다는 데 문제가 있는 것 같다. 이런 상황에서 예술가는 작품을 직조하는 기능을 잃어버리고 자신이 원하는 것을 선별하는 기회도 상실한다. 고유한 발전 논리를 갖고 있는 영화의 색채 도표는 기술적 과정을 거치며 감독에게서 제거되어 없어지게 된다. 따라서 감독은 자신의 주변 세계에서 색채 요소들을 개인적으로 선택하여 재검토하지 못하게 된다. 이상하게 들릴지 모르겠지만, 우리 주변 세계가 천연색일지라도 흑백 필름은 우리 시각(과 청각)의 특성에 의존하는

예술의 심리적, 자연적, 시적 진실에 더 가깝게 이미지를 재현해준
다. 사실, 진정한 컬러 영화는 컬러 영화 기술과 색깔 전반에서 벌
어진 투쟁이 낳은 결과이다.

영화배우

결국, 영화를 찍으면서 나는 모든 것을 스스로 책임진다. 연기에 대
해서도 마찬가지다. 연극에서는 결실을 거두든 거두지 못하든 그에
대해 배우가 지는 책임은 가늠할 수 없을 정도로 크다.

    촬영을 시작하는 영화배우가 감독의 구상을 너무 잘 알고 있으
면 아주 해로울 때가 종종 있다. 감독은 역할을 직접 구성하면서도
개별 장면들에서는 배우에게 완전한 자유를 부여한다. 이는 연극에
서는 누릴 수 없는 자유다. 만약 배우가 자신의 역할을 직접 구성한
다면, 감독의 구상에 따라 제시되고 그의 행위를 지시하는 상황에
서는 그가 자발적으로 부지불식간에 연기할 가능성을 빼앗기게 된
다. 그리고 감독은 배우를 그가 원하는 상태로 유도하면서 배우가
이 상태에서 벗어나지 않도록 잘 지켜봐야 한다. 감독이 배우를 원
하는 상태로 끌어들이는 방법은 여러 가지다. 이는 촬영 상황에 따
라, 감독과 함께 작업하는 배우의 성격에 따라 달라진다. 어쨌든 배
우는 시늉하듯 연기할 수 없는 심리 상태에 있어야 한다. 사람은 마
음이 무거우면, 이 사실을 끝까지 감출 수 없다. 이는 영화에서도
마찬가지다. 감출 수 없는 정신 상태의 진실이 필요하다.

    물론, 역할을 분담할 수도 있다. 감독이 인물들의 상태를 구성
해놓으면, 배우는 이를 표현해낸다. 더 확실하게는 촬영 중에 그런
상태에 빠져든다. 그러나 촬영장에서 배우는 이 두 가지를 동시에
할 수 없다. 반면 연극에서는 배우가 역할을 연구하면서 두 가지를

동시에 해야만 한다. 카메라 앞에서 배우는 그때그때 극적 상황에 맞춰 즉흥적으로 믿음직스럽게 연기해야 한다. 그러면 감독은 필름 조각들, 다시 말해 카메라 앞에서 실제로 일어난 것을 담은 필름 사본과 재촬영 필름들을 받고 나서 내적 행동 논리를 구성하며 자신의 예술적 목적에 따라 이들 필름을 편집한다.

연극에서는 배우와 객석 간 직접 접촉이라는 매력을 강하게 느낄 수 있지만, 영화에서는 찾아볼 수 없다. 그리고 바로 이런 이유로 영화는 연극을 절대 대체하지 못한다. 영화는 스크린 위에 하나의 똑같은 사건을 얼마든지 되살려놓는 능력 덕분에 존재한다. 그래서 영화는 향수의 속성을 띤다. 한편, 연극은 극장에서 존재하고 발전하고 소통한다. 이는 창조 정신의 자기 인식을 표현하는 또 다른 수단이다.

영화감독은 수집가를 떠올리게 한다. 감독의 프레임-수집품은 그에게 소중한 수많은 세목과 조각, 단편 속에 영원히 기록된 삶을 보여준다. 등장인물인 배우는 이들의 일부가 될 수도 있고 되지 않을 수도 있다.

연극배우는, 누군가[도리스 레싱 Doris Lessing(1919~2013)?]가 매우 심오하게 지적했듯이, 눈[雪]으로 조각하는 사람과 비슷하다. 그러나 배우는 영감의 순간에 관객과 교감할 때 행복하다. 이처럼 배우와 관객이 교감하며 하나가 되어 예술을 창조하는 것보다 더 중요하고 지고한 것은 아무것도 없다. 연극은 배우가 창조자로서 존재할 때, 무대 위에 있을 때, 물리적으로 정신적으로 살아 있을 때, 바로 그럴 때만 존재할 뿐이다.

영화배우와 달리 연극배우는 처음부터 끝까지 연출자의 지휘 아래 자신의 역할 전체를 내적으로 구성해야 한다. 그는 연극의 전체 구상에 맞춰 자신의 감정 도표를 그려내야 한다. 그러나 영화에서는 자신만의 생각에 따라 캐릭터를 구성한다거나 강세와 음

높이, 억양을 배분하는 것은 절대 허용되지 않는다. 왜냐하면 그는 영화를 형성하게 될 모든 성분을 알 수 없기 때문이다. 영화배우의 유일한 과제는 존재하는 것이다! 그리고 감독을 신뢰하는 것이다. 감독은 영화의 구상을 가장 정확하게 표현하는 배우의 존재 순간들을 그에게 선별해준다. 배우는 자기 자신에게 제한을 가해서도 안 되고, 자신의 비할 데 없이 천부적인 자유를 무시해서도 안 된다.

　　영화 제작 과정에서 나는 이런저런 대화로 배우를 피곤하게 하는 것은 되도록 피하려 하며, 배우가 자신이 개별적으로 연기한 부분을 작품 전체와 연결시켜보는 것을, 심지어는 종종 자신의 다른 앞뒤 장면들과 연결시켜보는 것을 단호히 반대한다. 영화 〈거울〉을 예로 들자면, 여주인공이 울타리 위에 걸터앉은 채 담배를 피우며 남편이자 자기 아이들의 아버지인 사람을 기다리는 장면에서 나는 마르가리타 테레호바가 시나리오 내용을 모르면 더 좋겠다고 생각했다. 다시 말해 남편이 나중에 그녀에게 돌아올 것인지, 아니면 절대 돌아오지 않을 것인지 그녀가 모르기를 바랐다. 그렇다면 플롯을 숨긴 이유는 무엇일까? 여주인공이 무의식적이나마 플롯에 개념적으로 반응하지 않도록 하고, 그녀의 역할 모델인 나의 어머니가 한때 자신 앞에 닥칠 운명을 모른 채 살았던 것처럼, 그녀도 이 순간 그렇게 살도록 하기 위해서였다. 이 장면에서 그녀의 행동은 그녀가 남편과 자신의 미래를 알았다면 분명히 달라졌을 것이다. 게다가 단순히 달라진 것만이 아니라, 이어지는 내용을 미리 알게 된 탓에 왜곡된 나머지 진실하지 못했을 것이다. 확실히, 테레호바는 남편과 그녀의 관계를 둘러싼 이야기의 결말을 알았다면, 그에 맞게 결정된 운명의 느낌을 미리 연기해봤을 것이다. 테레호바는 어쩌면 무심코, 무의식적으로, 감독이 원하지 않았다고 하더라도 그녀 자신도 바라지 않았을 것이지만, 쓸데없는 기다림의 느낌을 드러내 보였을지도 모르고, 우리 역시 이것을 느꼈을지도 모른다. 그러나 영화에서 우리가 느껴야만 했던 것은 바로 이 순간의 독보성과 유일성이었다. 이 순간과 나머지 모든 것의 관계는 여기서 필요 없다.

이 장면을 연기한 테레호바가 여주인공의 앞날을 알았다면, 그녀는 여기에 영향을 받지 않을 수 없었을 것이다. 그러나 우리가 원한 것은 테레호바가 다행히도 어떻게 펼쳐질지 모르는 자신의 삶에서 느꼈을 것과 똑같이 이 몇 분의 시간을 느끼는 것이었다. 아마 그녀는 희망을 잃었다가 다시 찾기 시작했을 것이다. 주어진 상황의 틀 안에서, 다시 말해 남편의 복귀를 기다리는 순간에 여주인공은 자기 자신의 비밀스러운 삶의 한 부분을 살아내야 했다. 하지만 이것이 무엇을 의미하는지는 전혀 알 수 없었다.

중요한 것은 배우가 주어진 상황에서 자신에게 고유한 심리 상태를 자신만의 독특한 형식에 담아 자신의 감정과 지성 구조에 따라서 자신에게 유기적으로 표현하는 것이다. 배우가 이 작업을 어떻게 하는지, 어떤 수단을 사용해서 하는지는 상관없다. 다시 말해 배우가 이 상태를 본질적으로 자신의 개성에 따라 경험하기 때문에 나는 표현 형식을 배우에게 강제할 권리가 없다고 생각한다. 우리 각자는 똑같이 주어진 상황을 각자 자기 나름대로 완전히 독보적으로 경험한다. 어떤 사람들은 마음이 아프면, '마음을 털어놓고' 고백한다. 또 어떤 사람들은 그와 반대로 혼자서만 슬퍼하면서 아픔을 감추고 다른 사람들과 접촉하지 않으려고 한다.

많은 영화에서 나는 배우가 감독의 제스처와 행동 양식을 어떻게 그대로 따라 하는지 볼 수밖에 없었다. 나는 세르게이 게라시모프Sergei Gerasimov(1906~85) 감독의 강한 영향을 받은 바실리 슉신Vasilii Shukshin(1929~74)이 그렇게 하는 것을 봤고, 레오니트 쿠라블료프Leonid Kuravlyov(1936~)가 슉신과 함께 작업하면서 감독을 흉내

내는 것을 포착했다. 나는 내가 그려놓은 역할을 배우들에게 절대 강요하지 않는다. 나는 촬영을 시작하기 전 배우들이 영화의 구상을 전적으로 따를 것임을 분명히 밝힌다면 그들에게 완전한 자유를 선사할 용의가 있다. 영화배우에게는 반복할 수 없는 독보적인 표현력이 중요하다. 스크린에서 감염력을 발휘하고 진실을 표현할 수 있는 것은 오직 이것뿐이다.

영화감독도 자신이 원하는 상태까지 배우를 끌고 가려면 자신의 내면에서 그 상태를 느끼지 않으면 안 된다. 그 상태를 이해해야만 한다. 오직 그렇게 할 때만 모든 연기에 올바른 태도를 찾아줄 수 있다. 말하자면, 낯선 집에 들어가서 미리 연습한 장면을 찍기 시작할 수는 없다. 이 집은 타인의 집이며, 낯선 사람들이 살고 있다. 그래서 이 집은 당연히 다른 세계에서 온 인물들이 자신을 표현하는 데 절대 도움이 되지 못한다. 배우들에게 확실하고 필요한 상태를 조성해주는 것이야말로 감독이 배우와 함께 작업할 때 대두되는 가장 중요하고 매우 구체적인 과제이다.

물론, 배우들은 서로 다양해서 각기 다른 접근법이 필요하다. 이미 애기했듯이, 테레호바는 시나리오 전체를 알지 못했고, 장면들을 부분부분 개별적으로 연기했다. 그녀는 내가 그녀에게 플롯을 애기해주지 않고 그녀가 맡은 역할의 전체 의미도 알려주지 않으리라는 것을 알고는 무척 당황했다. 이런 식으로, 그녀가 따로따로 연기한 장면들은 내가 나중에 모자이크처럼 합쳐 단일한 그림으로 완성했지만, 어쨌든 그녀의 직관으로 창조된 것이었다. 우리는 처음에 함께 일하기가 쉽지 않았다. 그녀의 역할이 최종적으로 어떻게 나오게 될지를 내가 그녀의 입장에서, '그녀를 위해서' 예측할 수 있다는 점이 그녀에겐 도무지 믿기 어려운 일이었다. 다른 말로 하자면, 그녀는 나를 신뢰하지 못했다.

나는 작업 과정에서 마지막 순간까지도 영화의 구상을 완전히 신뢰하려 들지 않은 배우들과 충돌할 수밖에 없었다. 그들은 무슨 이유에서인지 계속해서 자신들의 역할을 연출하려고 하면서 앞으로 완성될 영화의 맥락으로부터 자신들의 역할을 벗어나게 했다. 내가 이해하는 진짜 영화배우는 그에게 제시되는 어떤 게임의 법칙도 받아들여 거기에 빠져들고 어떤 즉흥 상황에도 개성 있게 직접적으로 반응하는 것을 언제나 눈에 띄는 노력 없이 쉽고도 자연스럽게 유기적으로 할 수 있는 사람이다. 나는 오직 이런 배우들과 작업하는 데만 관심이 있을 뿐이다. 왜냐하면 다른 배우들은 언제나 다소 간소화된 '평범한 연기들'만 보여주기 때문이다.

이런 의미에서 아나톨리 솔로니친은 얼마나 탁월한 배우였던가! 나는 지금 그가 몹시 그립다! 마르가리타 테레호바는 〈거울〉을 찍으면서 그녀에게 필요한 것을 마침내 이해했고, 감독의 구상을 한없이 신뢰하며 편안하고 자유롭게 연기했다. 이런 배우들은 아이들처럼 감독을 신뢰한다. 그들이 보여주는 이런 신뢰 능력은 나에게 특별한 영감을 선사한다.

아나톨리 솔로니친은 타고난 영화배우였다. 그는 신경이 예민했고 영감에 쉽게 빠져드는 배우였다. 그에게 감정을 불어넣고 원하는 상태를 이끌어내기는 아주 수월했다.

아주 중요하게도 나는 연극배우에게 매우 전통적이고 극장 공연 작업에 아주 적절한 질문들을 영화배우가 해서는 안 된다고 본다. 소련에서 스타니슬랍스키 정신으로 교육받은 연극배우들은 예외 없이 "왜요, 무엇 때문이죠? 이미지의 핵심은 무엇이죠? 핵심사상은 무엇인가요?" 등등의 질문을 의무적으로 제기했다. 내가 보기에 영화에는 부조리하기 짝이 없는 이런 질문들을 다행히도 아나톨리 솔로니친은 절대 하지 않았다. 왜냐하면 그는 연극과 영화의 차이를 이해하고 있었기 때문이다.

니콜라이 그린코Nikolai Grinko(1920~89)도 있다. 그는 아주 다정

"영화배우의 유일한 과제는 존재하는 것이다!
그리고 감독을 신뢰하는 것이다."
〈스토커〉 촬영 중인 니콜라이 그린코(왼쪽), 타르콥스키(앞),
알렉산드르 카이다놉스키Aleksandr Kaidanovskii(1946~95)(뒤),
아나톨리 솔로니친(오른쪽).

하고 기품 있는 사람이자 배우였다. 나는 그를 매우 좋아한다. 그의
맑은 영혼은 섬세하고 심오했다.

　언젠가 르네 클레어 감독은 배우들과 함께 어떻게 작업하느
냐는 질문을 받았을 때 그는 배우들과 함께 작업하는 것이 아니라
그들에게 돈을 지불한다고 대답했다. 혹자는 프랑스 유명 감독의
말에서 분명한 냉소주의를 찾아볼 수도 있겠지만(소련에서 일부
영화비평가가 그랬던 것처럼), 사실 여기에는 그가 배우 직업을
대하는 깊은 존경심이 깔려 있다. 감독은 배우로는 썩 좋지 않은
사람들과 작업해야 하는 경우가 있다. 예를 들면, 영화〈모험 L'Aven-
tura〉(1960)에서 안토니오니 감독이 배우들과 함께 작업한 방식에
대해 뭐라고 말할 수 있을까? 또는〈시민 케인Citizen Kane〉(1941)에
서 오손 웰스Orson Welles(1915~85)는 어땠을까? 우리는 그저 인물
에 대한 독보적 확신을 느낄 뿐이다. 그러나 이것은 질적으로 다
른 영화적 확신으로, 연극적 의미의 연기 표현과는 기본적으로 다
르다.

　유감스럽게도 나는 한때 도나타스 바니오니스Donatas Banionis
(1914~2014,〈솔라리스〉의 주연배우)와 관계가 서먹했다. 그는
‘왜’, ‘무엇을 위해’를 이해하지 못하면 작업할 수 없는 분석가형 배
우에 속한다. 그는 자발적이고 내면에서 우러나오는 연기를 전혀
하지 못한다. 그는 역할을 먼저 논리적으로 구성해야만 한다. 이를
위해서 그는 시퀀스들 사이의 관계도 알아야만 하고, 그가 나오는
장면만이 아니라 영화 전체에서 다른 배우들이 어떻게 연기하는지
도 알아야만 한다. 이런 식으로 그는 감독을 대신하려고 한다. 확실
히 이것은 그가 수년에 걸쳐 연극 무대에서 작업한 결과이다. 영화
배우는 완성된 영화가 어떻게 보일지 상상해서는 안 된다는 생각을
받아들이지 못한다.

　그러나 심지어 가장 훌륭한 영화감독조차도 자신이 원하는 것

이 무엇인지 정확히 알고 있어도 최종 결과물을 그려보는 것은 좀처럼 드물다. 그럼에도 도나타스는 켈빈 역을 아주 성공적으로 해내서 나는 바로 그가 이 역할을 연기하게 해준 운명에 감사할 따름이다. 하지만 믿을 수 없을 정도로 어려운 일이었다. 분석적이고 이지적인 성향의 배우는 영화가 앞으로 어떻게 나올지 안다고 생각한다. 아니면 어쨌든 시나리오를 연구하고 나서 최종 형태의 영화를 상상해보려고 힘들게 시도한다. 이 경우에 그는 '결과물'을 연기하기 시작한다. 다시 말해 역할 개념을 연기하기 시작하면서 영화 이미지의 창조 원칙 자체를 부정한다.

　나는 배우들은 다양하기 때문에 각기 다른 접근법이 필요하다고 이미 말한 바 있다. 게다가, 어떤 때는 똑같은 배우가 새로운 역할들을 연기하는 과정에서 자신에게 다른 접근법을 요구하기도 한다. 감독은 원하는 결과를 달성하는 데 필요한 방법과 수단을 모색하면서 발명의 재능을 보이지 않으면 안 된다. 영화 〈안드레이 루블료프〉에서 종 제조자의 아들인 보리스카 역을 연기한 니콜라이 부를랴예프를 예로 들어보자. 이 역은 그가 〈이반의 어린 시절〉 이후 내 영화에서 맡은 두 번째 역할이다. 촬영 도중 나는 조감독을 통해서 내가 그의 연기에 대단히 불만이어서 어쩌면 다른 배우를 써서 그의 장면들을 다시 찍을 수도 있다고 전해야 했다. 나는 그가 파국에 가까워지고 있다고 느끼고 불안감에 사로잡히게 할 필요가 있었다. 그리고 이런 상태를 진정으로 표현할 수 있기를 바랐다. 부를랴예프는 굉장히 산만하고 경박하며 허세가 심한 배우다. 그의 품성은 인위적이다. 바로 이런 이유로 나는 그렇게 가차 없는 조치를 하지 않을 수 없었다. 그럼에도 영화에서 그는 이르마 라우시 Irma Raush(1938~), 솔로니친, 그린코, 알렉산드라 나자로바 Aleksandra Nazarova(1940~), 비우비우사라 베이셰날리예바 Biubiusara Beishenalieva (1926~73)처럼 내가 좋아하는 배우들의 수준에 이르지 못했다. 키릴 역을 맡은 배우 이반 라피코프Ivan Lapikov(1922~93)도 내가 보기에 영화 연기의 전체적인 분위기에서 분명히 벗어났다. 그의 연기는 연극적이었다. 다시 말해 그는 구상을 연기했고, 역할에 대한 자신의 태도와 이미지를 연기했다.

베리만 감독의 영화 〈치욕Skammen〉(1968)을 보면 내가 무엇을 말하고자 하는지 알 수 있다. 이 작품에는 배우가 감독의 구상을 누설하는 연기 장면, 다시 말해 그가 극중인물의 개념, 극중인물에 대한 자신의 태도를 연기하고 전체 구상의 관점에서 극중인물을 평가하는 연기 장면이 사실상 하나도 없다. 배우는 인물들의 생생한 삶 뒤에 완벽하게 숨어 있으며 그 속에 녹아 있다. 영화 주인공들은 상황에 압착되어 있고, 오로지 이 상황에만 종속되어 그에 따라 행동한다. 이들은 우리에게 어떤 생각도, 일어나고 있는 것에 대한 어떤 시각도, 일어난 것으로부터 어떤 결론도 제시하려고 하지 않고 이 모든 것을 영화 전체에, 감독의 구상에 내맡긴다. 이들은 자신의 임무를 정말 훌륭하게 완수한다! 예를 들면, 이들에 관해 누가 좋고 누가 나쁜지 간단히 잘라 말할 수 없다. 나는 막스 폰 시도우Max von Sydow(1929~2020)가 연기한 주인공이 나쁜 사람이라고 절대 말할 수 없을 것 같다. 모두가 자기 나름대로 조금은 좋기도 하고 조금은 나쁘기도 하다. 판결은 없다. 왜냐하면 배우들에게는 한 줌의 경향성도 없기 때문이고, 감독이 영화의 상황을 이용하는 이유도 배우들이 시험해 보는 인간적 잠재력을 탐구하고자 하는 데 있는 것이지, 선험적으로 주어진 어떤 사상을 예증하고자 하는 데 있지 않기 때문이다.

막스 폰 시도우가 맡은 인물의 성격은 정말 깊이 있게 창조되어 있다. 이 인물은 매우 훌륭한 사람이다. 음악가인 그는 선량하고 섬세하나 겁쟁이로 밝혀진다. 그러나 용감하다고 해서 모두 좋은 사람이 아니듯이 겁쟁이라고 해서 항상 악당만은 아니다. 물론, 그는 의지도 박약하고 성격도 나약하다. 그의 아내는 그보다 훨씬 더 강인하다. 그녀는 두려움을 이겨낼 정도로 아주 강하다. 반면 막스 폰 시도우의 주인공은 박력이 부족하다. 그는 무르고 가녀린 성격에 기운도 없어 쉽게 상처받는다. 그래서 한쪽 구석에 숨어서 웅크리고 앉아 아무것도 보지도 듣지도 않으려고 한다. 이런 모습을 보일 때 그는 마치 아이처럼 완전히 꾸밈없고 순박하다. 하지만 주변 삶과 상황에 의해 스스로 보호하지 않을 수 없게 되자 그는 악한으로 돌변한다. 그는 자신의 내면에 있던 좋은 점을 상실하지만, 모든 극적인 성격과 부조리한 상황은 새로 얻은 특성을 통해 그가 마침 그에게서 지지와 구원을 찾고 있던 아내에게 필요한 사람이 된다는 데서 나온다. 그전까지 아내는 남편을 경멸했다. 이제 아내는 남편이 그녀의 얼굴을 때리고 '꺼져버려!'라며 소리쳐도 그에게 굽실거린다. 선의 피동성과 악의 적극성이라는 아주 오래된 관념이 여기서 나오기 시작한다. 그러나 이 관념은 굉장히 복잡하게 표현된다. 처음에 영화 주인공은 심지어 닭 모가지조차 비틀지 못했지만, 자기 보호 수단을 발견하기가 무섭게 잔인한 냉소주의자가 된다. 그의 성격 속에는 햄릿과 같은 무엇인가가 있다. 내가 볼 때 덴마크의 왕자는 레어티즈와의 결투 장면 이후 물리적인 죽음을 맞이할 때 파멸한 것이 아니라, '함정' 장면 직후 휴머니스트이자 지성인인 그가 앨시노어 성에 사는 하찮은 사람들처럼 행동하지 않을 수 없게 하는 삶의 법칙들을 되돌릴 수 없음을 깨달았을 때 파멸했다. 이 사악한 인물(막스 폰 시도우의 주인공)은 이제 아무것도 두려워하지 않는다. 그는 살인을 저지른다. 이웃 주민을 구해야 할 때는 손가락 하나 까딱하지 않는다. 그는 자기 이익을 위해 행동한다. 문제는 살인하고 모욕할 수밖에 없는 비열한 상황에 직면하여 두려움을 느낄 수 있으려면 정말 정직해야 한다는 것이다. 두려움을 잃고 그럼으로써 용기를 얻는 인간은 사실상 정신력과 지적 정직성을 상실하면서 자기 양심에 작별을 고하게 된다. 그리고 전쟁은 잔혹하고 반인 간적인 원리들을 사람들에게서 아주 분명하게 자극한다. 이 영화에 서 전쟁은 〈거울을 통해 어렴풋이 Sasom I En Spegel〉(1961)에서 여주인 공에게 닥친 병마가 그랬던 것과 똑같이 감독의 인간관을 밝혀 보이는 데 일조하는 상황이 된다.

베리만은 배우들이 인물이 놓여 있는 상황보다 더 우위에 있는 것을 절대 허용하지 않았는데, 이것이 바로 그가 훌륭한 결과를 얻을 수 있었던 이유다. 영화에서 감독은 배우에게 생명을 불어넣어 주어야 하지 배우를 자신의 사상을 전하는 대변자로 만들어서는 안 된다.

보통 나는 어떤 배우가 내 영화에 출연하는지 미리 알지 못했다. 유일한 예외가 있다면 바로 솔로니친이었다. 그는 내 모든 영화에 출연했다. 나는 그에게 거의 미신적인 태도를 갖고 있었다. 〈향수〉의 시나리오는 솔로니친이 이 영화에도 참여한다는 전제 아래 집필됐는데, 그의 죽음은 예술가로서 나의 삶을 두 조각내버린 듯이 보였을 정도로 상징적이었다. 그전까지 러시아에서 살았던 삶이 한 조각이었고, 그 후 러시아를 떠나서 살았던 삶이 다른 한 조각이었다.

보통 배우 섭외는 나에게 길고도 힘겨운 과정이었다. 촬영을 절반까지 마치고도 역할에 맞는 배우를 제대로 선택했는지 아니면 실수한 것인지 확실하게 말할 수 없다. 더 나아가서 가장 큰 어려움은 내가 배우를 제대로 선택했고 선택한 배우의 개성이 내가 계획한 것과 부합한다고 믿을 수 있느냐는 것이었다.

배우를 선택할 때 조감독들이 많은 도움을 줬다. 〈솔라리스〉를 준비할 때는 나의 아내이자 충실한 조력자였던 라리사 타르콥스카야 Larisa Tarkovskaia (1938~98)가 스나우트 역할을 맡을 배우를 찾아 레닌그라드로 가서 에스토니아 출신의 뛰어난 배우 유리 야르베

트Jüri Järvet(1938~)를 데려왔다. 당시 그는 그리고리 코진체프Grigorii
Kozintsev(1905~73) 감독의 영화〈리어 왕King Lear〉(1971)에 출연했다.

천진난만하고 놀란 듯하고 광기 어린 눈빛을 가진 배우가 스나
우트 역할에 필요했는데, 놀라울 정도로 푸른 동안童眼을 가진 야르
베트가 우리의 기대에 정확히 부응했음이 처음부터 분명했다. 지금
생각해보면 그에게 대사를 러시아어로 말하게 했던 것이 못내 후
회스럽다. 어차피 더빙해야만 했기 때문이다. 에스토니아어로 대사
를 말했다면, 그의 개성이 훨씬 더 자유분방하고 강렬하고 풍부하
게 나타났을 것이다. 그가 러시아어를 몰라서 우리도 상당히 애를
먹긴 했지만, 나는 진짜 악마 같은 직관을 소유한 특급 배우와 함께
작업할 수 있어서 정말 행복했다.

어느 날 내가 그와 함께 어떤 장면을 연습하고 있었는데, 이때
내가 똑같은 것을 살짝 바꿔서 반복해보라고 요청했다. 다시 말해
'더 슬퍼 보이게' 해보라고 말했다. 그는 모든 것을 내가 원하는 대
로 정확하게 했다. 그런데 이 장면의 촬영이 끝나고 나서 그가 나에
게 와서는 아주 서툰 러시아어로 "'더 슬퍼 보이게'란 말이 무슨 뜻
이죠?"라고 묻지 않겠는가!

영화와 연극의 차이점은 스크린 이미지에 개성이 기록되고 감
독이 필름에 찍힌 이 개성의 흔적들로 구성된 모자이크로부터 예술
작품 전체를 빚어낸다는 점으로도 드러난다. 연극배우와 함께하는
작업에서는 이론적인 부분이 중요하다. 전체 구상의 맥락 안에서
각 역할의 연기 원칙을 파악하고, 인물들의 행동 도식과 상호 영향
범위를 그려보고, 작품을 관통하는 행동과 동기의 패턴을 만들어
내는 것이 중요하다. 반면 영화에서는 순간적 상태의 진실만이 필
요할 뿐이다. 그러나 이러한 진실을 실천하는 것은 때때로 어렵기
짝이 없다! 배우가 쇼트 안에서 자기 자신의 삶을 살도록 방해하지
않는 것은 정말 어려운 일이다. 배우의 심리 상태에서 가장 내밀한

곳까지 파고 들어가고, 작중인물이 자신을 아주 생생하게 표현할 수 있는 수단을 제공해주는 영역까지 침투하는 것은 진짜 어렵다.

영화는 언제나 기록된 현실이라는 점을 고려할 때 나는 '다큐멘터리성'을 둘러싼 논의가 1960~70년대에 매우 광범위하게 퍼진 극영화들에 적용되는 것이 항상 이상하게 보였다.

극화된 삶은 다큐멘터리가 될 수 없다. 극영화를 분석할 때 충분히 얘기할 수 있고 얘기해야만 하는 것은 감독이 카메라 앞에서 삶을 어떻게, 어떤 식으로 조직하느냐 하는 것이지 카메라맨이 행위를 촬영할 때 어떤 방법을 사용하느냐 하는 것이 아니다. 영화 〈떨어지는 나뭇잎 Giorgobistve〉(1966)에서 〈티티새 한 마리 Iko shashvi mgalobeli〉(1970)를 거쳐 〈전원 교향곡 Pastorali〉(1979)까지 오타르 이오셀리아니 Otar Iosseliani(1934~)는 삶을 직접성 안에서 더 많이 포착하려고 하면서 삶에 점점 더 강하게 밀착한다. 그러나 아주 피상적이고 무덤덤하고 형식적인 시선은 다큐멘터리의 자세한 사항에 깊이 매몰된 나머지 그 뒤에 핵심으로 자리 잡고 있는 이오셀리아니의 시적 세계관을 보지 못한다. 그의 카메라(촬영 방식)가 '다큐멘터리적'인지 시적인지는 내게 중요하지 않다. 모든 예술가는 흔히 말하듯이 자신의 컵으로 물을 마신다. 〈전원 교향곡〉의 작가에게는 그가 먼지 날리는 도로에서 본 트럭과 특별히 주목할 만한 것은 없어도 시로 가득 찬 산책에 나서는 다차 Dacha* 손님들을 시종일관 신중하게 뒤쫓아가는 것보다 더 소중한 것은 아무것도 없다. 이에 관해서 이오셀리아니는 특별한 낭만화도 외적인 열정도 없이 이야기하고 싶어 한다. 이런 식으로 표현된 사랑의 감정은 안드레이 콘찰롭스키 Andrei Konchalovskii(1937~)가 〈연인의 로망스 Romans o vliublyonnykh〉(1974)에서 시적 느낌이 풍기도록 의식적으로 밝게 강

　。 텃밭이 딸린 러시아 여름철 별장 또는 주말농장. ― 원주.

조한 어조보다 100배는 더 설득력 있다. 이 영화에서 인물들은 어떤 허구 장르의 법칙에 따라 연극적으로 말하고 있는데, 이에 대해서는 감독이 이미 촬영 당시 내내 수차례나 큰소리로 닐리 알렸던 것이다. 하지만 중요한 점은 이 영화에서 차디차고, 참을 수 없을 만큼 거만하고 허위적인 느낌이 풍긴다는 것이다. 완전히 무심한 것들에 대해 자신의 목소리가 아닌 남의 목소리로 얘기하는 감독의 구상은 어떤 장르로도 정당화되지 못한다. 이오셀리아니의 영화들은 단조로운 산문이 지배하지만, 콘찰롭스키의 영화들은 고상한 시가 지배한다고 생각하는 것만큼 그릇된 것도 없으리라. 이오셀리아니에게 시적인 것은 그가 사랑하는 것 속에 구체화되어 있지, 낭만적인 것처럼 보이는 인생관을 과시하기 위해 고안해내는 데 있지 않다.

대체로 나는 이런 모든 딱지와 꼬리표를 참을 수가 없다! 예를 들면, 사람들이 베리만의 '상징주의'를 운운하는 것이 나에게는 이상하기만 하다. 나에게는 그 반대가 더 분명해 보인다. 거의 생물학적인 자연주의를 통해서 베리만은 그에게 중요한 인간 삶의 정신적 진실에 도달한다.

어떤 감독의 깊이를 결정하는 가치 지향의 결정적 기준은 그가 무엇을 위해 영화를 찍느냐는 데 있다고 나는 말하고 싶다. 어떻게, 어떤 방법으로 찍느냐는 전혀 본질적인 것이 아니다.

감독이 기억해야 할 유일한 것은 '시적', '지적' 스타일이나 '다큐멘터리적' 스타일에 관한 것이 아니라, 자신의 목표를 끝까지 일관되게 관철하는 것이다. 그가 어떤 카메라를 사용하느냐는 것은 그의 개인적인 일이다. 예술에서는 다큐멘터리성도 객관성도 있을 수 없다. 예술에서 객관성 자체는 작가의 것이다. 다시 말해 주관적인 것이다. 심지어 이 작가가 연대기를 편집하더라도 말이다.

내가 고수하는 것처럼 만약 배우들이 영화에서 오직 정확한 상황들만 연기해야 한다면, 흔히 말하듯이 연기가 과장될 수도 있는 희비극, 소극, 멜로드라마에서는 어떻게 해야 하느냐는 문제가 제기된다.

나는 무대 장르들을 영화에 무비판적으로 옮겨오는 것은 문제가 있다고 생각한다. 연극은 다른 관례 기준을 갖고 있다. 영화에서 장르에 관해 말할 때는 대개 상업 영화를 가리킨다. 코미디 상황극, 서부영화, 심리극, 탐정영화, 뮤지컬, 공포영화, 재난영화, 멜로드라마 등이 여기에 해당한다. 이것은 고매한 영화 예술과 과연 어떤 관계가 있을까? 이것은 대중매체와 소비를 위한 것이고, 밖으로부터 상업적 목적을 위해 영화에 부과된 형식이며, 안타깝게도 공존의 형식이기도 하다. 영화에는 오직 시적 사유 방식 하나만 있을 뿐이다. 이 방식은 합칠 수 없는 것과 역설적인 것을 결합시키며, 영화를 작가의 생각과 감정을 표현하는 적절한 수단으로 만들어준다.

진정한 영화 이미지는 장르의 파괴 위에서, 장르와의 투쟁 속에서 구성된다. 분명히 예술가는 여기서 장르의 한계 속으로 밀어넣기 어려운 자신의 이상들을 표현하려고 노력한다.

브레송은 어떤 장르로 작업할까? 어떤 장르로도 작업하지 않는다. 브레송은 브레송일 뿐이다. 브레송 자신이 이미 장르이다. 안토니오니, 페데리코 펠리니 Federico Fellini(1920~93), 베리만, 구로사와, 도브젠코, 장 비고 Jean Vigo(1905~34), 미조구치, 부뉴엘은 다른 무엇도 아닌 자기 자신일 뿐이다. 장르 개념 자체에서는 무덤 같은 한기가 돈다. 예술가들은 그 자체로 소우주다. 그런데 어떤 장르의 관습적 한계 안에 이들을 어떻게 쥐어 짜넣을 수 있을까? 베리만이 상업 장르 정신으로 코미디 영화를 만들려고 했던 것은 또 다른 문제이지만, 내가 보기에 이 시도는 실패했다. 베리만의 이름이 전 세계에 널리 알려진 것은 그의 다른 영화들 덕분이었다.

"영화배우에게는 반복할 수 없는 독보적인 표현력이 중요하다.
스크린에서 감염력을 발휘하고 진실을 표현할 수 있는 것은 오직 이것뿐이다."
〈솔라리스〉의 주인공인 도나타스 바니오니스(왼쪽)와
나탈랴 본다르추크Natalia Bondarchuk(1950~)(오른쪽).

채플린의 영화는 어땠을까? 과연 코미디였을까? 아니다. 그냥 채플린일 뿐이고 다른 아무것도 아니다. 반복할 수 없는 독보적 현상이다. 그는 순수한 과장이다. 하지만 스크린에 존재하는 매 순간 그는 자신이 연기한 주인공의 행동을 둘러싼 진실로 우리를 깜짝 놀라게 한다. 채플린이 우스꽝스러운 이유는 그가 가장 부조리한 상황에 완전히 자연스럽기 때문이다. 그의 주인공은 그가 살고 있는 세계의 부조리함과 기묘한 논리를 눈치채지 못하는 듯하다. 때때로 채플린은 300년 전에 사망한 것처럼 보인다. 그만큼 그는 고전이다. 그는 정말 완벽하다.

한 인간이 스파게티를 먹다가 천장에 매달린 종이 테이프를 자신도 모르게 함께 집어삼키는 것보다 더 부조리하고 일어날 것 같지 않은 상황이 또 있을까? 그러나 채플린이 연기한 이 행위는 유기적이고 자연스럽다. 우리는 이 모든 것이 허구이자 과장임을 알고 있지만, 과장은 그의 연기를 통해 완전히 자연스러워서 정말 그럴듯해 보인다. 따라서 설득력 있고 미칠 듯이 우스꽝스럽다. 그는 연기를 하는 것이 아니다. 그는 정말 바보 같은 이 상황의 유기적 일부가 되어 완전히 자연스러운 삶을 살고 있다.

영화에는 자체의 고유한 연기 특성이 있다. 물론, 모든 감독은 각기 다른 방식으로 배우들과 작업한다. 펠리니의 배우들은 당연히 브레송의 배우들과 다르다. 이들 감독은 서로 다른 인간 유형이 필요하기 때문이다.

당시 폭넓은 관객층에서 많은 인기를 누린 러시아 영화감독 야코프 프로타자노프Iakov Protazanov(1881~1945)의 무성영화들을 예로 들어보자. 오늘날 우리는 당시 모든 배우가 순수하게 연극적인 관례를 그대로 따르고, 연극의 낡은 상투 수법을 거리낌 없이 사용하며, 온 힘을 다해 쥐어짜듯 과장해서 연기하는 모습에 당혹할 것이다. 그들은 코미디 작품에서 우습게 보이려고 애를 쓰고 극적인 상황에서 '표현력'을 최대한 발휘하려고 용을 쓰지만, 그들이 이런 방향으로 더 노력하면 할수록, 그들의 '방법'은 세월이 흐르면서 공허하다는 것이 더 눈에 띄게 분명해진다. 당시 영화 대다수는 급속하게 시대에 뒤처졌다. 영화 작품의 발전 토대가 되는 연기의 고유한 특성을 제대로 이해하지 못했기 때문이다. 당시 영화들이 단명한 이유가 여기에 있다.

브레송의 작품들을 예로 들어보자. 나는 그의 배우들이 그의 영화들과 마찬가지로 절대 시대에 뒤떨어져 보이지 않으리라고 생각한다. 그들의 연기에는 일부러 계산된 것도 특별히 두드러진 것도 없다. 감독이 제시한 상황에서 인간적 자각의 심오한 진실이 있을 뿐이다. 그의 배우들은 극중인물을 연기하는 것이 아니라, 우리가 보는 앞에서 심오한 내적 삶을 살고 있다. 영화 〈뮤세트 Mouchette〉(1967)를 떠올려보자! 여주인공 역할을 맡은 배우가 그녀에게서 일어나고 있는 일을 '속속들이' 관객에게 전달하려고 한순간이라도 관객에 대해 생각하고 관객을 떠올려본다고 과연 말할 수 있을까? 그녀는 자신의 형편이 얼마나 '나쁜지' 관객에게 과연 '보여주고 있을까'? 그녀는 자신의 내적 삶이 관찰 대상이 될 수도 있고, 누군가에게 목격될 수도 있다는 것을 의심조차 하지 않는 듯하다. 그녀는 자신의 폐쇄적이고 압축적이며 집중화한 세계 안에서 그냥 존재하며 살고 있을 뿐이다. 바로 여기에 그녀의 강력한 매력이 있다. 나는 이 영화가 처음 상영된 날 보여준 압도적인 인상을 수십 년 후에도 그대로 보여주리라고 확신한다. 카를 테오도르 드라이어 Carl Theodor Dreyer(1889~1968)의 무성영화 〈잔 다르크의 수난 La Passion de Jeanne d'Arc〉(1928)이 지금까지도 우리에게 영향력을 발휘하는 것처럼 말이다.

늘 그러하듯이, 경험은 아무것도 가르쳐주지 못하니 그저 놀라울 뿐이다. 그런데도 오늘날 영화감독들은 과거에 속하는 것이 아

주 분명해 보이는 연기 방식을 계속해서 사용하고 있다. 라리사 셰
피트코Larisa Shepitko(1938~79)의 영화 〈고양Voskhozhdenie〉(1977)을 본
뒤 나는 '표현력 있고' '다의적'으로 보이고자 한 감독의 집요한 의
지에 놀랐다. 하지만 이것은 '우화 구성' 서술의 일차원적 의미만
낳았을 뿐이다. 다른 감독들처럼 그녀도 무슨 이유에서인지 자신
의 영화에서 과장되게 강조된 주인공들의 체험을 통해 관객들에게
'충격'을 주고자 했다. 셰피트코 감독은 마치 사람들이 자신을 이해
하지 못할까 노심초사하는 듯했고, 자신의 주인공들이 엄청나게 돋
보이도록 투명 장화를 신고 걷는 것처럼 연기하게 했다. 심지어 배
우들을 비추는 조명도 이야기에 다의적 의미를 부여해야 한다는 생
각에 따라 고려되었다. 하지만 유감스럽게도 여기서 다의성은 인위
성과 허위성으로 뒤바뀌었다. 관객들이 영화의 주인공들에게 공감
하게 하려고 한 나머지 감독은 배우들이 인물들의 고통을 드러내
보이도록 강제했다. 그래서 모든 것이 실제 삶보다 더 괴롭고 고통
스럽다. 이 영화에서는 심지어 고통과 아픔 자체가 더 다의적이다.
이 영화는 차갑고 냉담한 기운이 감돈다. 작가도 자신의 구상을 이
해하지 못한 듯하다. 구상이라는 것은 태어나기도 전에 이미 늙어
버린다. '관객에게 생각을 전달하려고' 노력할 필요는 없다. 그것은
보람도 없고 의미도 없는 과제다. 관객에게 삶을 보여주어라. 그러
면 관객이 삶을 평가하고 이해할 수단을 자기 안에서 스스로 찾을
것이다.

　영화는 (진정성 없이) 연기하는 배우들을 필요로 하지 않는다.
관객들은 배우들이 원하는 것이 무엇인지 이미 오래전에 파악했는
데도 대사의 의미를 집요하고 분명하게 계속해서 설명하는 배우들
을 보노라면 토할 것 같은 기분이 든다. 이들은 우리 생각은 고려
하지 않고 자기 입장만 고수한다. 그러나 이 새로운 배우들이, 예
를 들면, 혁명 이전 시기 러시아 은막의 스타였던 이반 모주힌Ivan

Mozhukhin(1889~1939)과 어떻게 다른지 설명할 수 있을까? 지금은
영화 자체가 다른 기술 수준에서 만들어진다는 것만으로 설명할 수
있을까? 하지만 기술적 수준 자체는 예술에서 아무것도 규명해주
지 못한다. 그렇지 않다면 우리는 영화가 예술과 아무 관계도 없다
고 인정해야 할 것이다. 기술적 수준은 사태의 본질과도, 영화적 영
향력의 비밀스러운 특성과도 관계없는 순수하게 상업적인 구경거
리의 문제이다. 그렇지 않다면 오늘날 우리는 채플린에게도, 드라
이어에게도, 도브젠코에게도 더는 감동하지 못할 것이다. 이들은
지금도 우리의 상상력을 흔들어 놓는다.

   우스꽝스럽다는 것은 웃기게 한다는 것과 다르다. 공감을 일으
키는 것은 관객에게서 눈물을 짜내는 것을 의미하지 않는다. 과장
은 작품 전체의 구성 원칙으로만, 작품 이미지 체계의 특성으로만
허용될 뿐이지 방법론의 원칙으로는 허용되지 않는다. 작가의 필적
은 긴장되어서도 강조되어서도 안 된다. 때때로 완전히 비현실적인
것이 현실 자체를 표현하기 시작한다. 드미트리 카라마조프*가 말
했듯이, "사실주의는 끔찍한 것이다!" 이와 관련하여 폴 발레리는
"현실적인 것은 부조리한 것을 통해서 훨씬 더 유기적으로 표현된
다"라고 지적했다.

   모든 예술은 인식의 수단이며, 사실적 재현을 지향한다. 하지
만 사실적 재현이 풍속 묘사와 자연주의를 의미하는 것은 당연히
아니다. 바흐의 성가 〈서곡 D-단조〉가 진실에 대한 태도를 표현하
지 않는다고 해서 과연 비사실적이라고 할 수 있을까?

   연극의 특수성과 관례에 관해 말할 때는 연극이 암시의 원칙
에 따라서 이미지를 구성할 수 있다는 점도 말할 필요가 있다. 연극
은 디테일을 통해서 현상 전체를 감지할 수 있게 해준다. 모든 현상

---

* 도스토옙스키의 장편소설 《카라마조프가의 형제들 Bratia Karamazovy》(1880)에 나
  오는 큰아들.

이 무수한 양상을 갖고 있다는 것은 자명한 사실이다. 나중에 관객이 무대 위에서 재현되는 현상 자체를 재구성할 때 의지하는 현상의 국면과 양상들이 적으면 적을수록, 감독은 연극의 관례를 그만큼 더 정확하고 더 효과적으로 사용하게 된다. 반면 영화는 세목과 세부 속에 현상을 재현하지만, 영화에서 세목들이 감각적·구체적 형태로 더 정확하게 재현될수록 감독은 자신의 목표에 그만큼 더 가깝게 다가간다. 피는 무대 위에 흐를 권리가 없다. 하지만 배우가 피 위에 미끄러지는 것을 봤는데도 피 자체는 보이지 않는다면, 이것이 바로 연극인 것이다!

〈햄릿〉 공연을 준비하면서 우리는 폴로니우스의 살해 장면을 다음과 같이 구성하고자 했다. 햄릿에게 치명적인 부상을 입은 폴로니우스는 머리에 항상 두르고 다녔던 빨간색 터번을 부상 부위에 대고 매복 장소에서 밖으로 나온다. 마치 터번으로 부상 부위를 가리려는 것 같다. 그런 다음 터번을 떨어뜨려 잃어버렸다가 피 흘린 곳을 닦으려는 듯이 다시 주우려고 한다. 주인이 보는 앞에서 바닥을 피로 더럽히는 것은 예의에 어긋나는 짓이지만, 그는 이제 힘이 없다. 폴로니우스가 빨간색 터번을 떨어뜨릴 때 터번은 우리에게 그냥 터번이기도 하지만, 피의 기호이기도 하다. 피의 은유인 것이다. 연극에서 진짜 피가 한 가지 자연적 기능만 가지고 있다면, 시적 진실을 설득력 있게 입증할 수 없다. 그러나 영화에서 피는 그냥 피일 뿐 상징도 아니고 아무것도 의미하지 않는다. 따라서 폴란드 영화감독 안제이 바이다Andrzej Wajda(1926~2016)의 영화〈재와 다이아몬드Popiół i diament〉(1958)의 주인공이 널어놓은 빨래 사이에서 살해되어 쓰러지며 빨래 하나를 가슴에 대자 하얀색 수건 위에 선홍색 피(폴란드 국기의 상징인 빨간색과 하얀색)가 흘러 번질 때, 이것은 영화적 이미지가 아니라 문학적 이미지다. 하지만 이것은 굉장히 강력한 감정을 불러일으키는 이미지다.

물론, 모든 예술은 인위적이다. 예술은 진실을 상징만 할 뿐이다. 이것은 자명한 사실이다. 그러나 불충분한 능력과 전문성 부재에서 나오는 인위성을 하나의 스타일로 보고 넘겨시는 안 된다. 과장은 이미지의 고유한 특성에서 나오는 것이 아니라 과장된 욕망과 마음에 들어보려는 노력에서 나온다. 이것은 투박하고 촌스러운 표시이다. 어떻게 해서라도 창조자의 역할로 눈에 띄어 보겠다는 욕망일 뿐이다. 관객과 그의 품위는 존중받아야 한다. 관객에게 망신을 줘서는 안 된다. 이것은 심지어 개나 고양이도 싫어하는 짓이다.

물론, 이것은 여전히 관객에 대한 신뢰의 문제이다. 관객은 이상적인 개념이다. 따라서 객석에 앉아 있는 모든 개별 인간을 고려할 수는 없다. 예술가는 자신이 관객에게 최대한 이해될 수 있기를 꿈꾼다. 자신이 바라던 것 중에서 단 한 조각만이라도 관객에게 제공할 수 있기를 바란다. 그러나 예술가는 이것을 특별히 신경 써서는 안 된다. 예술가가 심혈을 기울여 유일하게 생각해야 하는 것은 자신의 구상을 진정성 있게 표현하는 것이다. 배우들은 '생각을 전달해야 한다'는 말을 자주 듣는다. 그리고 배우는 이미지의 진실을 희생하면서 고분고분하게 '생각을 전달한다.' 그러나 여기에는 관객에게 다가가고 싶은 마음이 있음에도 그에 대한 모종의 불신이 존재한다.

이오셀리아니의 영화 〈티티새 한 마리〉에서 핵심 역할은 비전문 배우에게 배정되었다. 이것은 무엇을 뜻할까? 주인공의 신빙성은 어떤 의심의 여지도 없었다. 그는 스크린 위에서 완전히 진심 어린 생생한 삶을 살고 있다. 그의 이런 삶은 의심할 수도 경시할 수도 없다. 왜냐하면 생생한 삶은 우리 각자에게, 우리에게서 일어나고 모든 일에 직접 관련되기 때문이다.

배우가 스크린 위에서 효율적일 수 있으려면, 단순히 이해되는 것만으로는 많이 부족하다. 배우는 진실해야 한다. 그런데 진실한 것은 좀처럼 잘 이해되지 않는다. 그리고 항상 충일성과 완결성의 특별한 감정을 불러일으킨다. 이것은 언제나 끝까지 분해될 수도, 설명될 수도 없는 독보적인 체험이다.

음악과 음향

잘 알려졌듯이, 영화에서 음악은 이미 무성영화 시대에 도입되었다. 피아노 연주자가 시각 이미지의 리듬과 감정적 강도에 적절하게 맞춘 반주로 스크린 위에서 일어나고 있는 일을 설명해주었다. 이것은 어떤 에피소드에서 나오는 인상을 강화할 목적으로 영상에 음악을 상당히 기계적이고 자의적으로, 아니면 실증적인 의미에서 원시적으로 갖다 붙이는 것이었다. 이상하게 들릴지 모르겠지만, 지금까지도 영화에서 음악 사용의 원칙은 이와 같았다. 에피소드는 주요 주제를 되풀이 설명해주고, 이 주제의 감정적 울림을 강화하기 위해 음악 반주로 뒷받침되었다. 아니면 제대로 만들지 못한 장면을 살려내기 위해 음악 반주가 뒷받침되는 경우도 종종 있었다.

　나의 입장은 음악을 시적 후렴으로 도입할 때 쓰는 기법에 더 가깝다. 시에서 시적 후렴을 마주할 때 우리는 방금 읽은 것을 갖고서 시인이 이 시를 처음 쓰게 된 동기로 돌아간다. 후렴은 시적 세계로 들어가는 최초의 경험으로 우리를 되돌려놓으면서 이 세계를 직접적으로 경험하게 하는 동시에 새롭게 경험하게 해준다. 우리가 마치 이 세계의 시원으로 되돌아가는 듯이 보인다.

　이럴 때 음악은 단순히 똑같은 생각을 설명하는 것과 동시에 시각 이미지에 대한 인상을 강화하는 데 그치지 않고 똑같은 재료에서 나오는 질적으로 변용된 새로운 인상의 가능성을 열어준다. 후렴이 만들어내는 음악적 요소에 빠져들면서 우리는 매번 새로운 인상으로 깊어지는 경험을 안고 영화가 우리에게 선사한 감정들로 계속해서 다시 돌아간다. 이 경우 음악 프로그램이 도입되면서 프레임에 기록된 삶은 자신의 색채를 바꾸고 심지어는 이따금 본질까지도 바꿀 수 있다.

이 밖에 음악은 작가의 경험에서 우러나온 서정적 어조를 재료 속에 들여올 수 있다. 예를 들면, 자전적 영화인 〈거울〉에서 음악은 삶 자체의 재료로, 작가의 정신적 경험의 일부로 자주 도입되며, 주인공의 서정적 정신세계를 형성하는 데 중요한 성분이었다.

음악은 영화의 시각 재료가 관객의 인식에서 필요한 정도로 변형되어 나타나는 경우에 사용될 수 있다. 다시 말해 시각 재료가 인식 과정에서 더 무겁거나 더 가볍게 되어야 하고, 더 투명하고 가느다랗거나 반대로 더 투박하게 되어야 하는 경우에 사용될 수 있다. 이런저런 음악을 사용함으로써 작가는 시각적 대상의 인식 범위를 확장하고, 관객의 감정을 그가 원하는 방향으로 끌고 갈 기회를 얻을 수 있다. 시각적 대상의 의미 자체는 이로부터 변하지 않지만, 대상 자체는 새로운 색채를 추가하게 된다. 관객은 음악이 유기적 일부로 들어가는 새로운 총체성의 맥락 안에서 이 대상을 인식한다(또는 인식할 기회를 얻는다). 시각적 대상의 인식에서 또 하나의 새로운 양상이 덧붙여질 수도 있다.

그러나 음악은 단순히 시각 이미지의 부속물이 아니다. 영화의 구상은 음악과 유기적으로 섞여야 한다. 음악이 정확하게 사용된다면, 음조는 촬영된 시퀀스의 전체 색채를 감정적으로 변화시킬 수 있고 시각 이미지와도 완벽하게 융합될 수 있어서, 이것을 특정 에피소드에서 아예 제거한다고 하더라도 시각 이미지는 개념과 효과에서 그렇게 약화하지 않고 오히려 질적으로 달라질 수 있을 것이다.

내가 여기서 제기하는 요구들에 내 영화가 언제나 부응할 수 있었는지 나는 확신하지 못한다. 나는 영화가 어떤 음악도 필요로 하지 않는다는 믿음을 비밀스럽게 간직하고 있음을 고백하지 않을 수 없다. 하지만 나는 〈스토커 Stalker〉(1979)에서 〈희생 Offret〉(1986)에 이르기까지 그런 믿음에 가까이 다가가긴 했을지라도 아직까지 음악 없는 영화를 만들지는 못했다. 어쨌든, 아직은 음악이 내 영화에서 중요하고 소중한 요소로 당당히 자리 잡고 있다.

나는 내 영화에서 음악이 스크린 위에서 일어나고 있는 상황을 뒷받침해주는 평면적 설명이 아니길 바란다. 관객이 내가 원하는 방식으로 이미지를 보게 하려고 음악이 단순히 묘사 대상 주변에서 생성되는 어떤 감정적 아우라로 인식되는 것은 바라지 않는다. 나에게 영화의 음악은 어떤 경우에도 소리가 들리는 세계의 자연스러운 일부이자 인간 세계의 일부이다. 그럼에도 철저한 이론적 일관성을 바탕으로 만들어진 유성영화에는 음악이 들어설 자리가 없을 수 있다. 음악은 점점 흥미롭게도 영화에 의해 새로운 의미를 부여받고 있는 음향에 밀려나게 될 것이다. 이것은 내가 〈스토커〉, 〈향수〉, 〈희생〉 같은 최근 영화에서 달성하고 있는 것이기도 하다.

영화 이미지가 전 음역에 걸친 사운드로 확실하게 표현되게 하려면 음악을 포기하는 것이 합당할 것 같다. 왜냐하면 엄격하게 말해서 영화에 의해 변화된 세계와 음악에 의해 변화된 세계는 서로 평행을 달리며 갈등하는 세계들이기 때문이다. 영화 속에 확실하게 조직된 소리 나는 세계는 본질적으로 음악적이다. 그리고 이것이 영화의 진정한 음악이다.

이오셀리아니의 음향 작업도 흥미롭다. 하지만 그의 방법은 나의 방법과 완전히 다르다. 그는 일상생활의 번잡스러운 소음을 짜증 날 정도로 고수한다. 결국 우리는 그의 소리 문자 없이는 스크린 위에서 벌어지고 있는 일을 상상조차 할 수 없을 정도로 스크린 위에서 펼쳐지는 상황의 정당성에 설득된다.

베리만의 음향 작업도 놀랍다. 그가 간신히 들리는 등대 소리를 사용하는 영화 〈거울을 통해 어렴풋이〉를 잊을 수가 없다.

브레송의 음향 작업과 자신의 유명한 삼부작 영화(〈정사〉, 〈밤〉, 〈태양은 외로워〉)에서 보여준 안토니오니의 음향 작업도 눈부실 정도로 훌륭하다. 그럼에도 나는 음향 작업에서 뭔가 다른 방법들, 다시 말해 우리가 스크린 위에 재현하려고 하는 내적 세계에 더 정확하고 더 적절하게 다가가게 해줄 방법들이 있지 않을까 생각한다. 이때 내적 세계란 작가의 내적 세계일 뿐만 아니라, 세계 자체의 내적 본질, 우리에게서 독립된 세계 자체의 본질이기도 하다.

자연주의식으로 정확하게 소리 나는 세계는 도대체 무엇일까? 영화에서 이것은 상상조차 할 수 없는 것이다. 이는 쇼트 안에 모든 것을 뒤섞어 놓는 것을 의미한다. 그 안에 들어가 기록된 것은 소리 문자를 통해서도 음향적으로 표현되어야 한다. 그러나 이것은 불협화음을 의미할 뿐으로, 영화는 결국 어떤 음향적 해결책도 마련하지 못한다. 만약 음향이 선별되지 않는다면, 영화는 무성영화나 다름없을 수 있다. 그렇게 되면 영화는 음향적 표현력을 상실하기 때문이다. 기술적으로 녹음된 음향은 영화의 이미지 체계에서 아무것도 변화시키지 못한다. 그 안에는 어떤 미학적 내용성도 없기 때문이다.

스크린에 반영된 가시적 세계로부터 음향을 제거하거나 주어진 이미지를 위해서 그야말로 존재하지 않는 이질적 음향들로 이 세계를 가득 채우거나 음향들을 변형시키기만 하면 될 뿐이다. 그러면 영화는 즉각 소리를 내기 시작한다.

예를 들면, 베리만은 텅 빈 복도를 울리는 발자국 소리, 시계 종소리, 옷자락 스치는 소리 등 음향을 자연주의식으로 사용하는 것 같은데, 사실 이러한 '자연주의'는 음향을 확대하고, 어느 하나

를 콕 찍어 골라내고, 과장한다. 그는 음향 하나를 골라내면서 실생
활에 확실히 존재할 수 있는 음향 세계의 부차적 요인들은 모두 배
제한다. 예를 들면, 영화 〈겨울 빛 Nattvardsgästerna〉(1963)에서 흐르는
물소리가 들리는 가운데 강둑에 자살한 여자의 시신이 드러나 있는
장면을 보자. 롱 쇼트와 미디엄 쇼트로 찍은 전체 에피소드에서 끊
어지지 않는 물소리 외에 들리는 것은 아무것도 없다. 발자국 소리
도, 바스락거리는 소리도, 강둑에서 사람들이 서로 부르는 소리도
들리지 않는다. 이것이 바로 이 장면의 음향 표현이자 감독의 음향
처리이다.

　　기본적으로 나는 세계가 그 자체로 아름답게 소리 내고 있으
며, 우리가 세계의 소리를 적절하게 듣는 법을 배웠다면, 음악이 영
화에 전혀 필요 없었으리라고 생각한다.

　　영화 〈거울〉에서 나와 작곡가 아르테미예프는 일부 장면에 전
자음악을 사용했다. 나는 전자음악을 영화에 적용하면 잠재력이 매
우 크리라고 생각한다.

　　우리는 전자음악 사운드를 시적 암시로 가득한 지상의 메아리,
바스락거리는 소리, 한숨 소리에 가깝게 만들어보고 싶었다. 이런
소리들은 현실의 잠정성을 표현할 수 있고 동시에 어떤 정신 상태,
내면적 삶의 울림을 재현할 수 있어야만 했다. 우리가 듣고 있는 음
악이 바로 전자음악이고 이것이 어떻게 구성되어 있는지 우리가 깨
닫는 순간 전자음악은 사멸한다. 아르테미예프는 매우 복잡한 방법
을 이용하여 우리가 원하는 사운드를 얻어냈다. 전자음악은 우리가
들으면서 그 안에서 세계의 유기적 사운드를 포착할 수 있도록 '화
학적' 기원을 제거해야 한다.

　　한편 기악은 매우 독립적인 예술이어서 영화에 녹아들어 유기
적 일부가 되기가 훨씬 더 어렵다. 그래서 기악을 적용할 때는 본질
적으로 항상 타협을 염두에 두어야 한다. 기악은 언제나 설명하려

는 속성을 띠고 있기 때문이다. 게다가 전자음악은 음향에 흡수되는 능력을 갖고 있다. 전자음악은 소음 속에 숨을 수도 있고 자연과 모호한 감정의 목소리처럼 불명료할 수도 있다.

제6장

작가와 관객

예술과 산업 사이에 놓인 영화의 애매한 위치는 영화 작가와 청중의 상호 관계를 둘러싼 특징에서 많은 것을 규정해준다. 이처럼 널리 알려진 사실을 근거로 나는 영화가 직면한 많은 어려움 중 몇 가지에 대한 생각을 밝히고, 이런 상황에서 자주 발생하는 결과도 몇 가지 살펴보고자 한다.

알다시피 모든 제품에는 수익성이 있어야 한다. 제품이 정상적으로 기능하고 재생산되려면 본전을 뽑아야 할 뿐 아니라 일정한 이윤도 창출해야 한다. 이런 식으로 영화의 성공이나 실패, 미학적 가치는 역설적이게도 '수요'와 '공급', 다시 말해 순수하게 시장의 법칙에 따라 결정되기 시작한다. 어떤 예술도 이런 평가 기준에서 벗어나지 못한다는 점을 굳이 말할 필요 있을까? 영화가 현재와 같은 상황에 놓여 있는 한 진정한 영화 작품이 청중을 폭넓게 만나기는커녕 세상의 빛을 보기도 어려울 것이다.

'예술'을 '비예술', 다시 말해 가짜와 구별해주는 기준은 매우 상대적이고 애매모호하고 객관적으로 증명하기도 힘들다. 따라서 미학적 평가 기준을 순전히 실용적 기준으로 대체하는 것보다 더 손쉬운 것도 없다는 점을 지적하지 않을 수 없다. 실용적 기준은 한편으로는 경제적 이익을 최대한 많이 뽑아내려는 욕망에서 결정되고, 다른 한편으로는 이런저런 이념적 목적에서 결정된다. 내가 볼 때 이런 기준들은 어쨌든 예술 자체의 목적과는 거리가 멀다.

예술은 속성상 귀족적이므로 자연스럽게 특정 관객에게만 영

향을 미친다. 왜냐하면 이런 영향의 성격 자체는 심지어 연극이나
영화 같은 '집단적' 예술 유형에서도 예술 작품과 접촉하는 사람 각
자의 사적인 체험과 관련되어 있기 때문이다. 예술은 그런 체험을
한 사람의 영혼이 심하게 흔들리면 흔들릴수록, 그의 경험에서 그
만큼 더 중요해진다.

그러나 예술의 귀족적 속성은 예술가가 청중에 대해, 더 나아
가서는 인간에 대해 져야 하는 책임을 결코 면해주지 않는다. 그 반
대다. 예술가는 자신이 사는 시대와 세계를 충분히 인식하면서, 현
실과의 관계를 이해하거나 표현할 줄 모르는 사람들을 위한 대변자
가 된다. 이런 점에서 예술가는 민중의 소리인 셈이다. 예술가가 자
신의 재능으로 기여하고, 더 나아가 자신의 민중에게 봉사해야 하
는 이유가 여기에 있다.

이와 관련하여 나는 사실 이른바 예술가의 '자유'와 '비자유'라
는 문제를 이해할 수가 없다. 예술가는 항상 자유롭지 못하다. 예술
가보다 더 자유롭지 못한 사람은 없다. 예술가들은 자신의 재능과
소명에 매여 있다. 다시 말해 자신의 재능 기여와 민중 봉사에 묶여
있는 몸이다.

다른 한편, 예술가는 자신의 재능을 가능한 한 충분히 실현하
거나 아니면 '은화 서른 냥'에 자신의 영혼을 팔거나 하는 것을 선
택할 수 있다는 점에서 완전히 자유롭다. 톨스토이와 도스토옙스
키, 고골의 정신적 투쟁은 모두 자신의 역할, 자신의 소명에 대한
인식과 관련되지 않았을까?

나는 자신의 작품을 찾는 사람이 아무도 없으리라는 것을 안
채로 자신의 정신적 사명을 실현하려 한 예술가는 결코 없었으리라
고 확신한다. 마찬가지로, 창작할 때 헛되고 하찮은 당면 문제에 대
한 생각을 멀리하는 예술가는 자신과 사람들 사이에 장막을 쳐야만
할 것이다. 예술가의 진정성과 정직성은 사람들에 대한 책임 의식

으로 커지는데, 이것만이 창작이라는 예술가 자신의 운명을 실현할 수 있게 보장해준다.

소련에서 활동할 때 나는 내가 민중의 중요한 관심사를 마치 의식적으로 멀리했다는 듯이 '현실로부터의 단절'이라는 흔한 비난에 자주 직면했다. 하지만 나는 이런 비난이 무엇을 의미하는지 전혀 이해하지 못했음을 아주 솔직하게 고백하지 않을 수 없다. 예술가는 다른 모든 사람과 마찬가지로 사회와 시대로부터 벗어날 수 있고 그가 태어난 시간과 공간으로부터 '자유로울' 수 있다고 생각하는 것은 결국 이상인 것일까? 나는 모든 예술가와 마찬가지로 모든 사람이 (동시대 예술가들이 자신의 입장과 미학적·사상적 성향에서 서로 아무리 멀리 떨어져 있을지라도) 그들을 둘러싼 현실의 자연스러운 산물이라고 항상 생각했다. 예술가는 누군가에게는 바람직하지 않은 관점에서 현실을 이해한다고 말할 수도 있다. 그렇다고 이것을 현실로부터의 단절로 볼 수 있을까? 분명히, 모든 사람은 자신의 시대를 표현하고, 시대의 발전 법칙을 내면에 담아낸다. 그러한 법칙을 흔쾌히 고려하느냐 하지 않느냐, 또는 외면되는 현실의 측면들을 기꺼이 직시하느냐 하지 않느냐는 것과는 상관없이 말이다.

이미 말했듯이, 예술은 무엇보다도 먼저 인간의 이성이 아니라 감성에 영향을 미친다. 예술은 인간 영혼을 부드럽게 어루만져주는 것을 목표로 한다. 좋은 영화와 그림을 보고 음악을 들을 때, 물론 이것이 '당신에게 맞는' 예술이라고 한다면, 처음부터 당신의 마음을 풀어주고 황홀케 해주는 것은 어떤 사상도 생각도 아니다. 위대한 예술 작품은 이미 설명했듯이 언제나 두 얼굴을 갖고 있고, (토마스 만이 말했듯이) 이중적 의미를 띠고 있으며, 삶 자체처럼 다면적이고 불명확하다. 따라서 작가는 그의 작품에 대해 그 자신의 인식만큼이나 확실한 인식을 기대할 수는 없다. 예술가는 사람들이 그의 눈으로 세계를 바라보고, 그의 감각과 의혹, 생각을 파고들도록 자신의 세계 이미지를 제시하려고만 할 뿐이다.

이와 함께 나는 예술에 대한 요구에서 관객들이 예술 작품의 보급을 좌우하는 사람들이 일반석으로 생각하는 것보다 훨씬 더 다채롭고 흥미롭고 예측 불가능하다고 생각한다. 따라서 예술가 사물을 이해하는 방식이 아무리 복잡하고 고상하다 해도, 비록 규모가 작더라도 주어진 작품에 잘 어울리는 청중의 반향을 일으킬 수 있고, 또 감히 말하자면 일으킬 수밖에 없다. 어떤 예술 작품이 이른바 '광범위한 대중', 어떤 상상의 다수에 의해 이해될 수 있느냐 없느냐를 놓고 쏟아지는 장광설은 예술가와 청중, 다시 말해 예술가와 당대 사이 상호 관계의 참모습을 흐리게만 할 뿐이다.

《과거와 상념Byloe i dumy》(1870)에서 알렉산드르 게르첸Aleksandr Gertsen(1812~70)은 이렇게 썼다. "시인과 예술가는 자신의 진정한 작품에서 항상 민중적이다. 예술가는 무엇을 하든, 자신의 창작에서 어떤 목표와 생각을 품든, 민중적 성격의 어떤 시를 원하든 원치 않든, 민중의 역사 자체보다 더 심오하고 더 명료하게 이 시를 표현한다."

예술가와 청중의 관계는 쌍방향 관계다. 자기 자신에게 충실하고 당면 현실을 평가하는 데 초연한 예술가는 스스로 대중의 인식 수준을 창조하여 꾸준히 끌어올리며 발전시킨다. 한편 사회적 의식이 날로 성숙하면 훗날 새로운 예술가가 탄생하게 될 사회적 에너지가 축적된다.

위대한 예술 작품들을 보면, 이들이 작가로부터, 대중으로부터 독립하여 자연의 일부로서, 진리의 일부로서 존재함을 인정하지 않을 수 없다. 톨스토이의 대하소설《전쟁과 평화》나 토마스 만의 장편소설《요셉과 그의 형제들Joseph und seine Brüder》(1933)은 일상적 의미에서 당대의 공허한 경향과는 거리가 먼 품격을 담고 있다.

　　이러한 거리감, 다시 말해 사물을 밖으로부터, 일정한 윤리적·
정신적 높이에서 바라보는 이러한 시선은 예술 작품이 역사적 시간
속에 살고 매번 새롭고 다양하게 인식될 가능성을 제공한다.

　　예를 들면, 나는 베리만의 〈페르소나〉를 많이 봤는데, 매번 새
로운 느낌으로 감상했다. 진정한 예술 작품으로서 이 영화는 인간
에게 영화의 세계와 내밀한 관계를 맺을 기회를 제공한다. 다시 말
해 매번 다양하게 해석할 가능성을 제공한다.

　　예술가에게는 청중이 자신의 작품에 더 쉽게 접근하고 더 잘
이해하도록 하기 위해 추상적으로 존재하는 어떤 평균 수준까지 내
려갈 도덕적 권리가 없다. 그렇게 하면 오직 예술의 몰락만 자초할
뿐이다. 하지만 그와 동시에 우리는 한편으로 예술의 번영을 기대
하고 아직 드러나지 않은 예술가의 잠재적 능력을 믿으며, 다른 한
편으로 대중의 정신적 요구 수준도 상승하리라고 믿는다. 어쨌든,
그렇게 믿고자 한다.

　　유물론자인 카를 마르크스는 "당신이 예술을 만끽하고 싶다
면, 예술적으로 교육받은 사람이어야 한다"고 말했다. 자신(의 작
품)이 청중에게 이해되는 것이 예술가의 특별한 목표가 될 수 없듯
이, 그 반대로 자신의 작품이 이해되지 않는 것을 목표로 삼는 예술
가를 상상하는 것도 터무니없는 일이다.

　　예술가와 그의 작품, 관객은 분리할 수 없는 단일한 전체를 구
성한다. 다시 말해 단일한 혈류 체계로 통합된 유기체와 같은 것이
다. 그래서 이 유기체의 부분들 사이에서 갈등이 발생한다면, 숙련
된 치료와 주의 깊은 자기 관찰이 있어야 한다.

　　어쨌든, 평준화된 상업 영화들과 매일 접하는 텔레비전 제작물
이 진정한 예술과의 접촉 기회를 대중에게서 빼앗으면서 이들을 사
정없이 망쳐 놓고 있다고 확실하게 말할 수 있다.

　　이상을 표현하고자 하는 열망을 가리키는 아름다움 같은 매우

"배우가 스크린 위에서 효율적일 수 있으려면 단순히 이해되는 것만으로는
부족하다. 배우는 진실해야 한다."
〈안드레이 루블료프〉에서 종 제조자의 아들을 연기한 니콜라이 부를랴예프.

중요한 예술 기준은 거의 완전히 상실됐다. 모든 시대는 진실과 진리 탐구로 돋보이게 마련이다. 진리는 아무리 준엄하더라도 인류를 건강하게 해줄 수 있다. 진리의 인식은 시대가 건강하다는 표시이며 윤리적 이상과 절대로 배치될 수 없다. 우리가, 왜곡된 윤리적 이상은 대다수 사람이 보는 앞에서 공명정대한 진리에 의해 거부될 것이라는 가정 아래 그런 윤리적 이상과 진리를 인위적으로 대립시키면서 진리를 은닉하고 은폐하고 비밀에 부치려 한다면, 이는 곧 예술을 평가함에 있어 미학적 기준이 순수하게 이념적인 목적으로 대체된다는 것을 의미한다. 오직 당대의 고매한 진리만이 인위적으로 선전되는 윤리적 이상이 아니라 진정한 이상을 표현할 수 있다.

〈안드레이 루블료프〉는 바로 이런 점을 다루고 있다. 루블료프가 관찰하는 삶의 참혹한 진실은 처음에 그의 창작의 조화로운 이상과 극심한 대립을 보이는 것처럼 보인다. 하지만 문제의 본질은 예술가가 시대의 피비린내 나는 상처를 대면하고 이 상처를 직접 겪어내지 못한다면 당대의 윤리적 이상을 표현해낼 수 없다는 데 있다. 예술의 목적은 바로 참혹하고 상스러운 진리를 분명하게 인식하고 극복하는 데 있다. 예술은 높은 정신적 부채 의식으로 영감을 얻는다는 점에서 본질상 거의 종교적이라고 말할 수 있다.

정신을 결여한 예술은 그 안에 비극을 내포하고 있다. 심지어 예술가가 몸담고 사는 시대의 정신적 진공 상태를 인식하려면 특별한 정신적 깊이가 필요하다. 진정한 예술가는 항상 불멸에 봉사한다. 그는 세계의 불멸과 세계 속 인간의 불멸을 이루기 위해 노력한다. 절대 진리의 탐구를 위해 노력하지 않고 특정한 것을 위해 보편적 목표를 경시하는 예술가는 시류에 영합하는 자에 불과하다.

내가 한 편의 작품을 끝내고 난 뒤, 이 작품이 길든 짧든 일정한 시간과 우여곡절을 거치고 나서 상영되기 시작하면, 고백하건대 나는 이 작품에 관해 더는 생각하지 않는다. 생각할 게 뭐가 있겠는가? 이제 작품은 내 품에서 벗어나 자신의 길에 올라서서 마치 부모에게서 독립한 듯이 어른의 삶을 독자적으로 시작한 것과 같다. 작품은 이제 내가 절대 영향을 미칠 수 없는 삶을 시작한 것이다.

니는 객석으로부터 늘 한결같은 반응을 기대할 수 없음을 이전부터 알고 있었다. 영화가 어느 관객들에게는 마음에 들고 다른 관객들에게는 격분을 불러일으키기 때문만은 아니다. 심지어 호의적인 관객들조차 영화를 각기 다르고 다양한 방식으로 받아들인다는 점을 고려해야 하기 때문이다. 나는 영화가 천편일률적이지 않은 해석을 위한 기회를 실제로 제공한다면 기쁠 것이다.

영화 관객 수에 따라 산술적으로 계산하는 성공을 기대하는 것만큼 무의미하고 비생산적인 것도 없으리라. 누구에게나 똑같이 분명하게 인식되는 것은 아무것도 없음은 자명한 사실이다. 예술적 이미지의 의미는 이 이미지가 예측 불가능하다는 점에 있다. 자신의 주관적 특성에 따라 세계를 인식하는 인간 개성이 이미지 안에 포착돼 있기 때문이다. 이러한 개성적 인식은 누군가에게는 가깝다고 느껴질 수도 있고, 누군가에게는 지극히 멀게 느껴질 수도 있다. 그럼 어떻게 해야 할까? 어쨌거나 예술은 이전에 그랬던 것처럼 누군가의 의지와는 상관없이 자신의 법칙에 따라 발전할 것이며, 예술가들이 지금 고수하는 미학적 원칙들도 바로 예술가 자신들에 의해서 다시 극복될 것이다.

어떤 의미에서, 한 영화가 성공할지 말지에 나는 흥미가 없다. 작업이 이미 완료되어 내가 무언가를 바꿀 수 있는 것이 전혀 없기 때문이다. 이와 동시에 나는 관객의 견해에 관심이 없다고 말하는 감독들을 믿지 않는다. 감히 주장하자면, 모든 예술가는 자신의 작품과 관객의 만남에 대해 마음 깊이 생각하고, 바로 그의 작품이 시대에 부응하고 따라서 관객에게 필요할 것이며, 관객의 영혼에서 가장 내밀한 심금을 울릴 것이라고 기대하고 희망하며 믿는다. 내가 한편으로는 관객의 마음에 들려고 특별히 하는 것이 아무것도 없으면서도, 다른 한편으로는 내 영화가 관객에게 수용되어 사랑받기를 초조하게 기대하는 데서 모순이 존재하는 것은 아니다. 내가 보기에 예술가와 관객의 관계, 극적 긴장으로 가득 찬 이 관계를 둘러싼 문제의 본질은 그러한 주장의 양면성에 있다.

감독이 모든 사람에게 다 이해될 수 없다는 것, 다시 말해 예술가는 자신만의 크고 작은 관객층을 가질 권리가 있다는 것은 사회에서 예술적 개성이 존재하고 문화적 전통이 발전하는 정상적인 조건이다. 물론, 우리 각자는 가능하면 많은 사람에게 가깝고 필요한 존재가 되길 바라고 인정받길 원한다. 그러나 어떤 예술가도 자신의 성공을 계산할 수 없으며 성공을 최적으로 보장하는 작업 원칙을 선택하지 못한다. 관객의 취향을 사전에 고려하고 오락 산업과 구경거리, 대중을 지향하는 데서는 무엇이든 논의할 수 있지만, 예술만큼은 논의할 수 없다. 예술은 우리가 원하든 원치 않든 내재적·선험적 발전 법칙을 따를 수밖에 없기 때문이다.

예술가는 자신만의 방식으로 창작 과정을 실현한다. 그러나 이것을 숨기든 직접 밝히든 상관없이, 관객과의 상호 이해와 접촉은 예술가의 소망이자 꿈이며, 모두가 똑같이 쓰라린 실패를 맛본다. 동료 화가들에게 인정과 찬사를 받았던 폴 세잔 Paul Cézanne (1839~1906)이 이웃집 남자가 그의 그림을 알아주지 않자 굉장히 불쾌해했다는 사실은 잘 알려져 있다. 하지만 그는 자신의 회화 양식을 전혀 바꾸지 않았다.

나는 예술가가 특정 주제에 관한 작품을 만들어 달라는 주문을 받을 수 있다고 생각한다. 그러나 작업 실행 방식의 통제, 주제 해결 방법의 통제를 생각해본다면, 이것이 굉장히 무의미하고 잘못된 것이라고 생각한다. 예술가가 관객이나 다른 누구에게 예속되는 길을 걷지 못하도록 하는 객관적인 이유들이 존재한다. 예속의 길에

들어서면 예술가 자신의 문제들, 그의 영혼의 문제들, 그의 고통과
고난은 그에게 완전히 낯선 목소리에 의해 곧바로 대체된다. 예술
가의 가장 복잡하고 부담스럽고 고통스러운 과제는 순전히 윤리적
양상을 띠기 때문이다. 예술가에게 필요한 것은 자기 자신에 대한
극도의 정직성과 진정성이다. 이는 관객을 향해서도 정직하고 책임
감이 있어야 한다는 것을 의미한다.

　　감독에게는 모두를 즐겁게 해줄 권리가 없다. 그에게는 미래
의 성공을 위해 작업 과정에서 자신을 제한할 권리가 없다. 만약 그
렇게 한다면 그는 불가피하게도 대가를 치러야 한다. 다시 말해 그
의 원래 구상과 이 구상의 실현 방식이 이전과는 근본적으로 달라
지게 된다. 이것은 이제 러시아식 '체커 게임'이 되고 만다. 예술가
는 심지어 자신의 작품이 객석에서 폭넓은 호응을 일으키지 못하
리라는 것을 알더라도 자신의 예술적 운명에서 아무것도 바꿔놓지
못한다.

　　이와 관련하여 푸시킨은 다음과 같이 놀라운 시*를 썼다.

그대는 제왕. 고고하게 살라. 자유의 길을 가라.
자유의 정신이 그대를 이끄는 곳으로 가라.
좋아하는 생각의 결실을 거두라.
그러나 고귀한 위업에 대한 보상은 요구하지 마라.

보상은 그대 안에 있다. 그대 자신이 최고의 심판관이다.
자신의 작품을 가장 엄격하게 평가할 수 있는 것도 그대이다.
명민한 예술가여, 그대는 자신의 작품에 만족하는가?

---

* 푸시킨이 1830년에 쓴 시 〈시인에게Poetu〉를 말한다.

나는 관객들이 나에게 보이는 태도에 나 자신이 영향을 미칠 수 없다고 말하면서 전문가의 과제를 규정해보고자 한다. 이 과제는 아주 간단해 보인다. 바로 할 수 있는 일을 하고, 가차 없이 자신을 평가하는 것이다. 그러면 내가 관객의 환심을 살 생각을 어떻게 할 수 있겠는가? 또는 관객이 모방할 수 있는 본보기를 제공하는 것을 어떻게 신경 쓸 수 있겠는가? 이 관객이란 누구일까? 익명의 대중일까? 로봇일까?

예술을 감상하는 데는 많은 것이 필요 없다. 쉽게 흔들리는 민감하고 섬세한 영혼, 미적 경험을 할 수 있는 아름다움과 선에 깨어 있는 영혼만 있으면 된다. 예를 들면, 러시아에서 내 관객 중에는 특별한 교육도 지식도 갖추지 않은 사람들이 많았다. 내가 보기에 예술을 감상하는 능력은 인간에게 선천적으로 주어지며 그의 정신 수준에 따라 달라진다.

나는 "민중이 이해하지 못할 것이다!"라는 말에 언제나 극도로 격앙했다. 이 말은 무슨 뜻일까? 누가 대다수 민중을 인용하면서 민중의 견해를 표현할 권리를 갖고 있을까? 민중이 무엇을 이해하고 무엇을 이해하지 못하는지 알 수 있는 자는 누구일까? 민중에게 필요한 것은 무엇이고 필요하지 않은 것은 무엇인지, 민중이 무엇을 원하는지 알 수 있는 자는 누구일까? 민중의 진정한 관심사, 생각, 기대, 희망 또는 실망이 무엇인지 알아보고 싶은 나머지 민중에 관해 일말의 양심이라도 있는 설문조사를 과연 누가 한 번이라도 해봤을까? 나 역시 민중의 일부이다. 나는 고향 사람들과 같은 조국에서 살았고, 내 나이 또래들과 함께 공통의 역사를 체험했고, 똑같은 삶의 과정을 관찰하고 생각했다. 그리고 지금 나는 서방에 있지만, 러시아 민중의 아들로 남아 있다. 나는 민중의 세포이자 분자이며, 러시아 민중의 문화적·역사적 전통에 깊이 뿌리박고 있는 민중 사상을 표현하길 희망한다.

당신은 영화를 찍으면서 당신을 흥분케 하고 염려케 하는 것이 다른 사람들에게도 흥미로우리라는 점을 당연히 의심하지 않을 것이다. 그래서 당신은 관객들에게 영합하거나 그들의 환심을 사려 하지 않고도 그들에게서 반응을 얻을 수 있기를 바란다. 대화 상대자로서 관객을 진정으로 존중하는 태도는 관객이 당신보다 더 어리석지 않다는 확신에 바탕을 둔다. 그러나 누군가와 대화할 수 있으려면 최소한 서로 이해할 수 있는 공통의 언어를 알아야 할 필요가 있다. 요한 볼프강 폰 괴테가 말했듯이, 현명한 답변을 얻고자 한다면, 현명한 질문을 해야 한다. 예술가와 관객 사이의 진정한 대화는 양측이 어떤 문제에 대해 똑같은 수준으로 이해할 때, 아니면 적어도 예술가가 제기한 과제에 똑같은 수준으로 접근할 때 비로소 이루어질 수 있다.

또 무엇을 말해볼 수 있을까? 예를 들면, 문학은 3000~4000년에 걸쳐 발전해왔다. 영화는 다른 유서 깊은 예술들이 했던 것과 같이 당대의 문제를 다룰 수 있는 능력을 이제 막 입증해 보였고, 지금도 입증하고 있다. 세계 문화의 명작 작가들에 필적할 만한 작가들이 영화계에 과연 존재하는지 굉장히 의심스럽게 생각하는 사람들이 지금도 많다. 심지어 나도 그에 대해 설명해줄 무언가를 찾아보려 한다. 다시 말해 영화는 자신의 특수성과 언어를 파악할 뻔할 때도 있었지만, 여전히 그것을 찾고 있다. 영화 언어의 특수성 문제는 지금까지 해결되지 않았는데, 이 책은 바로 이 분야에서 뭔가를 밝혀보려는 또 하나의 시도일 뿐이다. 어쨌든, 현대 영화가 처해 있는 상태는 우리가 영화 예술의 가치에 대해 계속해서 숙고해야 한다고 강하게 요구한다.

독자에게 영향을 미칠 수 있는 무기가 말이라는 것을 잘 알고 있는 작가와 달리 우리는 영화 이미지를 빚어내는 재료가 무엇인지 지금도 확실하게 알지 못한다. 영화는 전반적으로 자신의 특수성을 여전히 찾고 있으며, 영화 예술가들은 공통의 발전 과정 안에서 각자 자신만의 개인적인 목소리를 찾고 있다. 반면 화가들은 모두 똑같은 색깔을 사용하고 있는데도 위대한 화폭이 무수히 나온다. 그래서 '가장 대중적인 예술'이 실제로 진정한 예술이 되게 하려면, 예술가뿐 아니라 관객도 여전히 많은 노력을 기울일 필요가 있다.

여기서 나는 현재 관객과 영화 예술 모두가 직면해 있는 객관적인 어려움을 일부러 집중해서 다루었다. 예술 이미지가 청중에게 각기 다른 반응을 일으키기 때문에 선택적인 영향을 미치는 것은 자연스러운 현상이다. 그러나 영화에서 이 문제는 특히 심각하다. 왜냐하면 영화 제작은 굉장히 값비싼 오락거리이기 때문이다. 따라서 오늘날의 상황은 다음과 같이 형성됐다고 말할 수 있다. 즉 관객은 자신의 성향에 맞는 감독을 자유롭게 선택할 권리와 기회가 있지만, 감독은 말하자면 영화를 오락거리이자 일상의 슬픔, 필요, 걱정에서 벗어나게 해주는 것으로 받아들이는 영화 관객층에 관심이 없음을 허심탄회하게 밝힐 기회를 자주 빼앗기곤 한다.

그런데 관객은 자신의 나쁜 취향에 무죄일 때가 자주 있다. 삶은 우리에게 자신의 미적 기준을 완성할 기회를 균등하게 주지 않기 때문이다. 영화를 둘러싼 상황의 진짜 극적인 성격은 바로 여기에 있다. 다만 관객이 예술가를 평가하는 최고 심판관인 것처럼 생각지는 말아야 한다. 도대체 누가, 어떤 관객이 심판관이 될 수 있을까? 따라서 현재 문화 정책을 책임지고 있는 사람들은 관객의 취향을 가망 없이 망쳐버리는 뻔뻔스러운 대용품과 모조품들을 관객에게 속여 파는 일은 그만두고 확실한 문화적 풍토를 조성하고 일정한 예술 생산 기준을 마련하는 데 관심을 쏟아야 한다. 그러나 이런 과제는 예술가들이 해결할 수 있는 것이 아니다. 유감스럽게도 이들은 문화 정책을 책임지지 못한다. 우리 예술가들은 우리 자신의 작품 수준만 책임질 수 있을 뿐이다. 예술가는 관객이 대화 주제가 정말 심오하고 중요하다고 간주한다면 자신을 흥분케 하는 모든 것과 행복에 관해 솔직하게 끝까지 이야기할 것이다.

영화 〈거울〉을 완료한 이후 나는 오랜 세월 쉽지 않았던 영화 제작 작업을 완전히 그만두려고 했음을 고백해야 할 것 같다. 하지만 이 책의 서문에서 소개한 바 있는 관객들의 편지를 엄청나게 많이 받고 난 후 나는 그렇게 과격한 일을 벌일 권리가 없다고 생각했다. 그렇게 진솔하고 솔직한 마음을 보여줄 수 있고 내 영화를 진심으로 필요로 하는 관객들이 존재한다면, 나는 어떤 대가를 치르더라도 내 일을 계속할 의무가 있다고 생각했다.

다름 아닌 나와 대화하는 것이 중요하고 생산적인 관객이 존재한다면, 이는 나의 작업에 큰 자극이 될 수 있다. 나와 똑같은 언어로 대화하는 관객들이 존재한다면, 내가 왜 이들의 관심사를 내게 낯설고 먼 다른 집단의 사람들을 위해 희생해야 하겠는가? 그들은 그들 나름의 신과 우상들이 있기에 그들과 우리 사이에는 어떤 공통점도 없다.

예술가가 관객에게 제공할 수 있는 단 한 가지 능력은 바로 재료와의 투쟁에서 자신의 정직성과 진정성을 보여줄 수 있다는 것이다. 관객은 이런 방향에서 예술가가 기울이는 노력의 의미를 제대로 평가하고 이해해줄 것이다.

관객을 기쁘게 하려고 관객의 취향을 무비판적으로 받아들이는 것은 곧 관객을 존중하지 않는 것이다. 우리는 관객에게서 그저 돈을 받고 싶어 할 뿐이며, 훌륭한 예술로 관객을 교육하기보다는 돈을 확실하게 버는 방법을 예술가에게 가르쳐준다. 관객은 자신의 선택에 만족하고 있으며 이 점에서 자신이 정당하다고 계속 생각한다. 그러나 이런 정당성은 상대적일 뿐이다. 우리가 관객에게 자신의 판단을 비판적으로 바라볼 능력을 길러주지 못한 것은 결국 우리가 그들에게 완전히 무심했다는 것과 다르지 않다.

제7장

예술가와 책임

먼저 나는 문학과 영화의 비교 또는 대비라는 문제로 돌아가보고자 한다. 완전히 자율적이고 독립적인 두 예술 유형 사이에 존재하는 유일한 공통점은 내가 보기에 이들이 재료를 다룰 때 누리는 놀라운 자유이다.

나는 영화적 이미지와 작가 및 관객의 경험이 상호의존적임을 앞서 얘기한 바 있다. 물론, 산문도 모든 예술과 마찬가지로 독자의 감정적·정신적·지성적 경험에 기대는 특성이 있다. 그러나 문학의 특징은 작가가 작품의 개별 페이지들을 아무리 자세하게 꾸며 써놓더라도 독자가 자신의 경험을 통해서, 오직 자신의 경험을 통해서 익숙해진 것만 그 페이지들에서 '읽어' 낸다는 데 있다. 그리고 독자는 이 경험 속에서 자신의 성향과 취향 특성을 발전시킨다. 산문에서 가장 자연주의적인 세부 사항들은 작가의 통제에서 벗어나며 독자에 의해 주관적으로 인식된다.

영화는 작가가 자신을 무한한 현실의 창조자로, 그야말로 자기 자신만의 세계의 창조자로 느낄 수 있는 유일한 예술 형식이다. 인간에게 본질적인 자기주장 성향은 영화에서 가장 완전하고 직접적으로 실현된다. 영화는 감각의 현실이다. 이것이 영화가 관객에게 제2의 현실로 인식되는 이유다.

따라서 영화를 기호 체계로 바라보는 상당히 널리 퍼진 견해는 내가 보기에 원칙적으로 완전히 잘못된 것이다.

내가 생각하는 구조주의자들의 근본 오류는 무엇일까?

문제는 현실을 다루는 방식인데, 모든 예술의 일정한 특징적 관례는 바로 이 현실에 바탕을 두고 발전한다. 그래서 나에게 영화와 음악은 매개 언어가 필요 없는 직접 예술에 해당한다. 이처럼 근본적이고 결정적인 특성은 음악과 영화를 동류로 묶어주지만, 영화와 문학은 서로 더 멀어지게 한다. 문학에서는 모든 것이 언어를 통해서, 다시 말해 기호 체계를 통해서, 상형문자를 통해서 표현되기 때문이다. 문학 작품의 인식은 오로지 상징을 통해서, 언어가 나타내는 개념을 통해서만 가능할 뿐이지만, 영화는 음악처럼 예술 작품을 가장 직접적이고 감각적으로 인식할 기회를 제공한다.

문학은 말을 통해 사건을 묘사한다. 다시 말해 작가가 재현하고자 하는 내적 세계와 외적 현실을 말로 묘사한다. 영화는 자연 자체에서 나오는 재료를 다룬다. 이때 자연은 우리가 주변에서 관찰하고 그 속에 살고 있는 시간의 흐름에 의해 공간 속에서 직접적으로 나타난다. 문학에서는 먼저 세계의 어떤 이미지가 작가의 의식에서 생성되고, 그런 다음 작가가 이것을 언어로 종이에 기록한다. 반면 영화에서는 카메라의 시야에 들어온 무한한 세계의 특징들이 필름에 기계적으로 각인되고, 나중에 이 무한한 세계로부터 전체의 이미지가 구성된다.

이처럼 영화에서 연출은 글자 그대로 '어둠에서 빛을, 물에서 뭍을 분리해내는' 능력이다. 영화 연출의 이런 잠재력은 작가가 스스로 조물주 같다고 생각하는 환상을 만들어낸다. 잘못된 길로 빠지기 쉬운 감독이라는 직업의 커다란 유혹도 여기에서 연유한다. 감독이 영화에서 져야 하는 책임은 매우 특별하며, 거의 형사법상의 책임에 이를 수 있다는 견해도 이런 맥락에서 나온다. 감독의 경험은 아주 분명하게 직접적으로, 사진처럼 정확하게 관객에게 전달되며, 이때 관객의 감정은 작가의 감정과는 비슷하지 않을지라도 목격자의 감정과는 비슷하다고 할 수 있다.

　나는 음악에 이어 영화도 현실을 다루는 또 하나의 예술이란
점을 다시 한번 강조한다. 그래서 나는 프레임을 뭔가 다른 것을 나
타내는 기호로, 그것의 의미론적 결과로 바라보려는 구조주의자들
의 시도에 단호히 반대한다. 이것은 어떤 현상의 연구 방법을 다른
현상에 기계적이고 무비판적으로 적용하려는 시도이다. 음악 한 곡
을 예로 들어보자. 이것은 공평무사하며 이념적이지도 않다. 이와
마찬가지로 영화의 작은 프레임도 항상 이념이 개입되어 있지 않은
현실의 작은 부분이다. 오직 전체 영화만이 일정한 방식으로 이념
화된 현실을 내포할 뿐이다. 한편 말은 이미 사상이자 개념이며 일
정 수준의 추상성을 띤다. 말은 의미 없는 소리가 될 수 없다.

　《세바스토폴 이야기 Sevastopolskie rasskazy》(1855)에서 레프 톨스토
이는 군대 야전병원의 참상을 사실적으로 자세하게 묘사한다. 그러
나 톨스토이가 정말 끔찍한 세목들을 아무리 열심히 묘사했다고 하
더라도 독자에게는 자연주의식으로 극명하게 재현된 그림들을 자
신의 경험과 욕망, 견해에 따라 수정하고 각색하고 수용할 가능성
이 항상 남아 있다. 독자는 어떤 작품이든 읽고 나면 자기 자신의
상상력에 따라 선택적으로 인식한다.

　한 권의 책은 수천 명이 읽으면 수천 권의 다른 책이 된다. 상
상력의 고삐가 풀린 독자는 가장 간결한 묘사 너머에서 심지어 작
가가 예상한 것보다 훨씬 더 많은 것을 더 생생하게 볼 수 있다(사
실 작가는 독자가 더 많이 생각해보길 기대한다). 도덕적 제약과 금
기로 억제되고 억눌린 독자는 가장 정확하고 혹독한 세부 묘사들을
자신의 내면에 이미 형성돼 있는 도덕적·미학적 여과장치를 통해
걸러서 인식한다. 작품의 주관적 인식에서 독특한 교정 과정이 일
어나는 것이다. 이는 작가와 독자의 상호 관계 문제에서 기본적인
과정이자 작가가 마치 트로이의 목마 속에 숨어 들어가듯이 독자의
영혼 속으로 슬며시 파고 들어가는 과정이다.

독자에게 공동 창작의 영감을 불어넣는 본질적 특징이 여기에 있다. 다른 한편 이런 이유에서 한 권의 책을 읽는 것이 한 편의 영화를 보는 것보다 훨씬 어렵다(더 많은 노력이 든다)는 견해가 나온다. 일반적으로 영화를 수용하는 것은 완전히 피동적이기 때문이다. 흔히 말하듯이, '관객이 앉아 있으면 기사가 와서 필름을 돌린다.'

영화 관객에게도 선택의 자유가 존재할까?

모든 개별 쇼트, 모든 장면이나 에피소드는 행위와 풍경, 인물의 얼굴을 묘사가 아니라 글자 그대로 모사한다. 따라서 영화에서는 미학적 규범들이 관객에게 독특하게 부과되고 구체적 현상들이 분명하게 제시되는데, 관객의 개인적 경험은 이러한 현상들과 자주 어긋나곤 한다.

또 하나의 비교 사례로 회화를 들어보자. 회화에서는 언제나 그림과 관객 사이에 거리가 존재한다. 이 거리는 미리 지정되어 있고, 묘사 내용에 대해 경외감을 만들어낸다. 다시 말해 감상자 앞에 놓여 있는 것은 그가 이해할 수 있든 없든 상관없이 현실의 이미지라는 인식을 만들어낸다. 그림을 삶과 동일시하는 사람은 아무도 없을 것이다. 물론, 캔버스에 묘사된 내용이 삶과 '비슷하다'거나 '비슷하지 않다'고 말할 수는 있다. 그러나 오직 영화에서만 은막 위에 펼쳐지는 삶이 '현실과 똑같다'라는 의식이 관객의 뇌리에서 떠나지 않는다. 그래서 관객은 빈번히 삶 자체의 법칙에 따라 영화를 평가한다. 이런 식으로 관객은 작가가 영화를 만들면서 사용한 법칙을 일상의 평범한 경험에서 얻은 자신의 법칙으로 아무도 모르는 사이에 바꿔버린다. 관객이 작품을 음미할 때 나타나는 유명한 역설들도 바로 여기에서 나온다.

왜 대중 관객들은 자신의 삶과 공통점이 전혀 없는 이국적인 이야기들을 스크린에서 더 보고 싶어 할까? 그들은 자기 자신의 삶에 대해 충분히 알고 있다고 생각하고, 이제는 그런 삶이 너무 따분한 나머지 영화관에서 다른 사람들의 경험을 더 접해보고 싶어 한다. 그리고 이런 경험이 더 이국적이면 이국적일수록, 자신의 삶과 더 다르면 다를수록, 그에게 더 흥미롭고 재미있으며, 정보도 더 풍부한 것처럼 보인다.

하지만 여기에는 사회학적 문제들이 존재한다. 실제로, 왜 어떤 부류의 사람들은 예술에서 오로지 오락만 찾는데, 다른 부류의 사람들은 지적인 대화 상대를 찾는 것일까? 왜 어떤 사람들은 겉으로만 번지르르하여 아름다운 듯하지만 사실은 천박하고 무미건조하고 조악하고 수공업 제품 같은 것을 진짜 예술로 받아들이는 반면, 또 다른 사람들은 가장 섬세하고 진정으로 미학적인 체험을 할 수 있을까? 무수한 사람이 미학적으로, 때로는 윤리적으로도 귀를 기울이지 못하는 원인은 무엇일까? 상황이 이렇게 된 것은 누구의 책임일까? 이들이 숭고하고 아름다운 것을 경험하고 진정한 예술이 일깨우는 고상한 정신 운동을 추구하도록 도와줄 수 있을까?

답변은 이미 질문 안에 들어 있다고 생각하지만, 지금은 이에 관해 자세하게 이야기하지 못하고 한 가지만 언급하고자 한다. 이런저런 이유로, 심지어 사회 체제가 각기 다른 상황에서도 일반 대중은 끔찍한 대용품으로 사육되고 있으며 누구도 대중에게 취향을 계발해 불어넣는 일에 신경 쓰지 않는다. 물론, 차이점은 있다. 서구에서는 모든 사람에게 선택의 자유가 있어 원하기만 하면 위대한 예술가들의 작품을 마음껏 볼 수 있다. 다시 말해 자유롭게 볼 수 있다. 그러나 영화 예술 작품의 영향은 별로 크지 않다. 왜냐하면 서구에서 영화 예술은 스크린을 가득 채우는 상업 영화들과의 불평등한 싸움에서 번번이 패배해 사멸하기 때문이다.

상업 영화와 경쟁하는 상황 속에서 영화감독은 관객에게 특별한 책임감을 느낀다. 무엇이 문제일까? 문제는 바로 영화가 관객에게 미치는 영향력 때문에(스크린과 삶의 동일시 속에서), 상업 영화의 가장 무의미한 대용품들이 분별력 있는 관객들이 진정한 작품에서 받는 것과 완전히 똑같은 마법적인 영향을 무비판적이고 무분별한 관객들에게 미칠 수 있다는 것이다. 그러나 비극적이고 결정적인 차이점은 예술이 관객들에게서 감정과 생각을 일깨워주는 반면, 대중 영화는 관객들에게 쉽고도 거부할 수 없는 영향을 미칠 수 있어 그들에게 조금이나마 남아 있는 생각과 감정까지도 되살릴 수 없는 수준으로 소멸시켜버린다는 데 있다. 사람들은 이제 아름답고 정신적인 것을 필요로 하지 않고, 영화를 '코카콜라' 한 병 마시듯이 소비한다.

영화감독과 관객의 접촉을 둘러싼 특수성은 필름에 찍힌 경험을 철저히 감각적이고 따라서 설득력 있는 형식으로 전달할 때 나타난다. 관객은 자신이 상실했거나 놓쳐버린 것을 부분적이나마 보상받기 위해 대리 경험의 필요성을 느낀다. 관객은 '잃어버린 시간을 찾는' 것처럼 그렇게 상실한 것을 좇는다. 그리고 이런 상황에서 새롭게 얻은 경험이 얼마나 진정으로 인간적일지는 오직 감독한테만 달려 있다. 큰 책임감이 아닐 수 없다!

따라서 나는 예술가들이 창작의 절대 자유를 말할 때 그것이 무엇을 말하는 것인지 이해하기가 정말 쉽지 않다. 나는 그런 자유가 무엇을 의미하는지 이해하지 못한다. 그와 반대로 나는 당신이 창작의 길에 들어섰다고 한다면, 이는 곧 당신이 자신의 임무, 자신의 예술적 운명으로 엮인 필연의 사슬에 매여 있음을 뜻한다고 생각한다.

모든 것은 이런저런 필연 조건 속에서 일어난다. 그리고 완전한 자유 조건 속에 있는 사람을 한 명이라도 볼 수 있었다면, 그 사람은 수면 밖으로 끌어올려진 심해어 같은 것을 연상시켰을 것이다. 천재 화가 루블료프가 정전正傳의 틀 안에서 작업했다고 생각해

보니 정말 이상하다! 그리고 내가 서구 세계에서 더 오래 살면 살수록, 자유는 내게 그만큼 더 이상하고 모호하게 보인다. 진정한 자유를 필요로 하는 사람들은 정말 적다. 우리들의 관심은 바로 그런 사람들이 많아지게 하는 데 있다.

자유로워지려면 누구에게도 허락을 구하지 않고 그냥 자유로워져야 한다. 자신이 운명처럼 해야만 할 것에 대해 자신만의 가설을 세워서 따라가야 하고, 환경에 굴복하거나 타협하지 않아야 한다. 그러나 이런 자유는 인간에게 매우 중대한 정신적 원천, 고도의 자의식, 자기 자신과 더 나아가 다른 사람들 앞에서 책임 의식을 요구한다.

그러나 애석하게도 비극은 우리가 자유로워지는 법을 모른다는 데 있다. 우리는 다른 사람들의 희생 위에 우리를 위한 자유를 요구하면서도 다른 사람을 위해서는 정작 아무것도 하고자 하지 않는다. 그렇게 하면 자신의 권리와 자유가 침해된다고 생각하기 때문이다. 오늘날 우리는 모두 엄청난 이기주의에 찌들어 있다! 그러나 이것은 자유가 아니다. 자유는 주변 사람들에게 아무것도 요구하지 않고 먼저 자기 자신에게 뭔가를 요구하고, 자기 자신을 다른 사람들에게 쉽게 내주는 것을 배우는 데 있다. 자유란 사랑의 이름으로 희생하는 것이다!

독자들이 나를 오해하지 않기를 바란다. 나는 고도로 윤리적인 의미에서 자유에 관해 말하고 있다. 나는 유럽 민주주의를 구별해 주는 이론의 여지 없는 가치와 성과에 대해 논쟁을 벌이거나 그에 대해 의구심을 표하거나 하고 싶지 않다. 그러나 이런 민주주의 조건 속에도 인간의 정신적 진공 상태와 고독의 문제가 있다. 내가 보기에 의심의 여지 없이 매우 중요한 정치적 자유를 위한 투쟁에서, 현대인들은 시대를 막론하고 누렸던 자유를, 바로 다른 사람과 사회를 위해 자신을 희생할 수 있는 자유를 잊어버린 것 같다.

지금, 내가 현재까지 만든 영화들을 돌아보면서 나는 내적으로 종속된 채 자유롭지 못한 다른 사람들에게 둘러싸여 있음에도 내적으로 자유로운 사람들에 관한 이야기를 항상 하고 싶었다는 것을 알았다. 나는 연약해 보였던 사람들에 관해 이야기했지만, 동시에 도덕적 확신과 태도에서 생성되는 연약함의 힘에 대해서도 말했다.

영화 〈스토커〉에서 주인공 스토커는 연약해 보인다. 그러나 본질적으로 다름 아닌 스토커야말로 사람들을 위해 봉사하려는 자신의 의지와 믿음 덕분에 패배하지 않는다. 결국, 예술가들은 누군가에게 무언가를 이야기하기 위해서가 아니라 사람들에게 봉사하려는 자신의 의지를 드러내 보이기 위해서 자신의 직업에 종사한다. 나는 자기 자신을 창조한다고 생각하고 또 이것이 실제로 가능하다고 생각하는 예술가들이 정말 놀랍기만 하다. 예술가는 자신이 시대에 의해서, 동시대인들에 의해서 창조된다는 것을 운명적으로 알고 있기 때문이다. 시인 보리스 파스테르나크는 이렇게 썼다.

잠들지 말지어다, 예술가여, 잠들지 말지어다.
잠에 굴복하지 말지어다…
그대는 영원의 볼모이자
시간의 포로다…

그리고 예술가가 무언가를 만들어내는 데 성공한다면, 그 성공은 오로지 사람들이 당장은 잘 알지 못한다 할지라도 그것을 필요로 한다는 데서 나올 뿐임을 나는 확신한다. 그래서 언제나 승리하고 무언가를 얻는 측은 관객이고, 패배하고 무언가를 잃는 측은 예술가이다.

나는 내가 원하는 것을 할 수 있을 만큼의 자유로운 삶을 상상할 수 없다. 나는 현 단계에서 나에게 더 중요하고 필요해 보이는

"나는 연약해 보였던 사람들에 관해 이야기했지만,
  동시에 도덕적 확신과 태도에서 생성되는 연약함의 힘에 대해서도 말했다."
  〈스토커〉의 주연배우 알렉산드르 카이다놉스키.

것을 해야 한다. 관객과 소통하는 유일한 방법은 자신에게 충실하
는 것이다. 그리고 무슨 이유에서인지 모르게 우리가 그들을 즐겁
게 해줘야 한다고 생각하는 80퍼센트의 관객은 신경 쓸 필요 없다.
하지만 그와 동시에 우리는 80퍼센트의 관객을 더는 존중하지 않
으면서도 이들을 그만큼 즐겁게 해줄 준비가 되어 있다. 왜냐하면
다음 작품 제작에 필요한 돈줄이 바로 이들 80퍼센트의 관객에게
달려 있기 때문이다. 암울한 상황이 아닐 수 없다!

그러나 진정한 미학적 인상을 기대하고 있는 소수의 관객에게,
모든 예술가가 무의식적으로 희망을 걸고 있는 이상적인 관객에게
지금 다시 돌아가 보자. 이들 관객은 감독이 고통 속에 겪은 경험을
표현한 작품에만 영혼의 공명을 일으킨다. 나는 관객을 너무나 존
중하기 때문에 이들을 기만하고 싶지도 않고 기만하지도 못한다.
나는 관객을 신뢰한다. 그래서 나는 나에게 가장 중요하고 내밀한
것에 관해서 이야기하기로 결심했다.

빈센트 반 고흐는 "의무는 절대적인 어떤 것이다"라고 주장했
고, "평범한 노동자들[저자 강조]이 자기 집 방이나 작업장에 내 석
판화를 걸어 두고 싶어 한다는 것보다 나를 더 기쁘게 해줄 수 있
는 성공은 아무것도 없다"라고 고백했다. 또 그는 "예술은 가장 완
전한 의미에서 민중을 위해 만들어진다"라는 후베르트 폰 헤르코
머Hubert von Herkomer(1849~1914)의 견해에 동조하기도 했다. 이랬던
고흐가 누군가의 마음에 특별히 들거나 누군가에게 영합하고 싶어
했을 것 같지는 않다. 무엇보다 그는 자신의 활동에 책임감 있는 태
도를 보였고, 이 활동의 사회적 중요성을 온전하게 이해했다. 따라
서 그는 이상적인 진리를 표현하기 위해서 마지막 숨을 거둘 때까
지 안간힘을 다해 삶의 재료와 '싸우는 것'을 예술가의 임무로 간주
했다. 진리는 바로 삶의 재료 안에 담겨 있기 때문이다. 바로 이런
활동에서 고흐는 민중 앞의 의무감과 자신이 짊어진 명예로운 짐을

발견했다. 고흐는 동생 테오 반 고흐Theo van Gogh(1857~91)에게 보낸 편지에서 이렇게 썼다. "사람이 표현하고 싶은 것을 명확하게 표현한다면, 엄밀히 말해서 이걸로 충분치 않을까? 사람이 자신의 생각을 아름답게 표현할 줄 안다면, 그의 말을 경청하는 것이 더 즐겁다. 나는 이 점에 대해 왈가왈부하고 싶지 않다. 그러나 이 점이 진리의 아름다움에 많은 것을 덧붙여주지는 않는다. 진리는 그 자체로 아름답기 때문이다."

예술은 정신적 욕구와 희망을 표현하면서 궁극적으로는 도덕적 교육에서 막대한 역할을 수행한다. 또는 이것이 어쨌든 예술이 해야만 하는 일이다. 만약 예술이 그렇게 하지 않는다면, 이는 사회에서 무엇인가가 잘못됐다는 것을 의미한다. 순전히 공리주의적, 실용주의적 목적을 예술에 부여할 수는 없다. 만약 이런 종류의 의도가 어떤 영화에서 분명하게 보인다면, 그 영화는 예술적 실체로서 유지될 수 없다. 다른 모든 예술과 마찬가지로 영화가 인간에게 미치는 영향도 훨씬 더 복잡하고 심오하다. 예술은 존재한다는 사실 자체만으로도 인간에게 선한 영향을 끼친다. 예술은 특별한 정신적 접착제를 만들어낸다. 이를 통해 인류는 하나의 공동체로 통합되며 이로부터 예술이 마치 배양기에서처럼 다시 발아하여 성장하는 특별한 도덕적 분위기가 조성된다. 그렇지 않으면 예술은 버려진 과수원의 사과나무가 야생식물로 전락하듯이 그렇게 퇴화한다. 예술이 소명에 맞게 사용되지 않는다면 사멸하게 되며, 이는 곧 누구도 예술의 존재를 필요로 하지 않는다는 것을 의미한다.

만약 어떤 영화에서 이미지들의 외적 감정 구조가 감독의 기억력에 근거하고 있다면, 개인적 삶의 인상들과 영화 속에서 사용되고 있는 것 사이에 존재하는 유사점에 기반하고 있다면, 나는 이 구조가 관객에게 감정적으로 영향을 미칠 수 있음을 영화 작업 과정에서 여러 차례 확인할 수 있었다. 만약 어떤 장면이 사변적으로 구

성되었다고 한다면, 제아무리 성실하고 확실하게 했다고 할지라도,
또 문학 원작의 처방을 따랐다고 할지라도, 관객은 그 장면에 냉담
한 반응을 보일 것이다. 그리고 심지어 상영 기간에 영화가 누군가
에게 흥미롭고 설득력 있게 보인다고 할지라도 이 영화는 사실상
생명력이 없어서 곧 사멸의 시간이 도래한다.

　　다시 말해 당신이 영화에서 관객의 경험을 모든 독자의 인식
과정에서 일어나는 '미학적 적응'을 전제하는 문학에서 하듯이 그
렇게 객관적으로 이용할 수 없다면, 자기 자신의 경험을 최대한 진
정성 있게 공유하지 않으면 안 된다. 그러나 이것은 그리 간단한 문
제가 아니다. 여기에는 결단력이 필요하다! 심지어 전문적 지식이
그리 많지 않은 사람들조차 영화를 찍을 수 있는 오늘날, 영화가 전
세계에 걸쳐 오직 몇 사람만이 진정으로 통달할 수 있는 예술로 계
속해서 남아 있는 이유도 여기에 있다.

　　예를 들면, 나는 에이젠시테인이 자신의 지적 공식들을 체계화
하기 위해 프레임을 사용한 방식에 근본적으로 반대한다. 내가 관
객에게 경험을 전달하는 방식은 에이젠시테인의 방식과 상당히 다
르다. 물론, 나는 에이젠시테인이 누군가에게 자신의 경험을 전달
하려 한 것이 아니라, 자신의 순수한 생각과 사상을 전달하고자 했
다는 점을 지적하는 것이 공정하다고 본다. 그러나 나는 이런 영화
에 완전히 반대한다. 내가 볼 때 에이젠시테인의 몽타주 지론은 영
화 관객에게 미치는 영향의 특성을 떠받치는 근본 토대를 무너뜨린
다. 그는 스크린에서 일어나고 있는 것을 자기 자신의 삶으로 체험
할 기회를, 스크린 위의 시간에 각인된 경험을 자기 자신만의 철저
하게 개인적인 것으로 이어받고 자신의 삶을 스크린이 보여주는 것
과 연결시킬 기회를 관객에게서 빼앗는다.

　　에이젠시테인에게서 생각은 전제주의적이다. 그의 생각은 여
운을 남기지 않는다. 말로 표현할 수도 없고 포착하기도 어려운 것,

다시 말해 어쩌면 예술 자체의 가장 매혹적인 특성이라고 할 수 있고, 관객에게 영화와 자기 자신을 연결시킬 기회를 제공해주기도 하는 것을 빼앗아버린다. 나는 웅변가적·선전가적 연설의 의미는 없지만, 심오하고 내밀한 체험의 기회를 주는 그런 영화를 만들고 싶다. 이런 방향으로 작업하면서 나는 관객들 앞에 책임감을 느끼며, 내가 관객들에게 필요한 독보적인 체험을 제공할 수 있다고 생각한다. 관객들은 바로 그런 체험을 위해서 어두운 영화관 객석을 특별히 찾는다.

　누구나 원한다면 거울을 들여다보듯이 내 영화 안에서 자기 자신을 발견할 것이다. 만약 영화가 의미를 분명하게 전달하기 위해 미장센을 구성하는 이른바 시적 영화의 사변적 공식들을 고수하지 않고, 그 대신 감각적 지각을 조직하면서 실제 삶처럼 생생한 형식 속에 구상을 담아낸다면, 관객은 자신의 개인적 경험에 따라 그러한 구상을 대할 기회를 갖게 된다.

　이미 말했듯이, 나는 자신의 성향을 고수하기보다는 감추는 것이 정말 필요하다고 본다. 그렇지 않으면 예술 작품은 어쩌면 시사적인 의미를, 더 나아가서 일시적이고 실용적인 의미를 띠게 될 것이다. 예술이 본연에 충실하지 않고 예술의 분명한 가치가 되는 영향의 특별성을 가장 완전하게 보여주지 못한다면, 선전과 저널리즘, 시장, 철학과 그 외 비슷한 지식 분야들, 대중 생활의 사회학적 현상들에 봉사하게 되고 순수하게 실용적인 의미를 띠게 된다.

　예술 작품에 재현된 어떤 현상의 진실성은 분명히 작품의 생생한 논리적 관계들을 총체적으로 복원하려는 시도를 통해 표현된다. 그러나 영화에서도 예술가는 아주 길고도 두터운 시간 덩어리에서 사실들을 떼어내 선별하고 결합하는 데서 자유롭지 못하다. 예술가가 사실들을 선별하고 그것을 다시 예술적 전체로 통합하는 과정에서 그의 개성이 불가피하게도 저절로 드러나기 때문이다.

현실은 무수한 우연 관계에 좌우되며, 예술가는 그중 오직 일부만 포착할 수 있다. 예술가에게는 그가 포착하여 재현하는 데 성공한 관계들만 남게 된다. 그의 개성과 독보성도 여기서 드러난다. 그러나 작가가 묘사의 사실주의를 더 요구하면 요구할수록, 그에 대한 작가의 책임도 더 무거워진다. 예술가에게 요구되는 것은 진정성과 진실성, 순수성이다.

불행(또는 예술 발생의 근본 원인?)은 누구도 카메라 앞에서 진실을 온전하게 재구성할 수 없다는 데 있다. 따라서 비평가들(어쨌든 소련 비평가들)이 (그들의 관점에서 지나치게 잔인해 보이는 장면들을 '자연주의적'이라고 하면서) 비난 대상으로 사용하는 자연주의를 영화에 적용하여 얘기하는 것은 사실상 무의미하다. ('자연주의'는 〈안드레이 루블료프〉를 향해 쏟아진 주요 비난 가운데 하나였다. 영화는 잔인성을 고의적이고 자족적으로 심미화했다는 비난을 받았다.)

자연주의Naturalism는 잘 알려진 문학 용어로, 19세기 유럽 문학의 유명한 사조 가운데 하나를 가리키고, 무엇보다도 에밀 졸라의 이름과 관련돼 있다. 그러나 '자연주의'는 예술에서 상대적 개념에 불과하다. 어떤 대상도 자연 그대로 확실하게 재창조될 수 없기 때문이다. 말도 안 되는 소리다!

모든 사람은 자신이 바라보고 인식하는 대로 세계를 파악하는 경향이 있다. 그러나 애석하게도 세계는 전혀 그렇지 않다! 그리고 '물자체'는 인간의 실천 과정 속에서 비로소 '우리를 위한 사물'이 된다. 인간에게 필요한 인지 운동의 의미도 여기에 있다. 인간의 세계 인지 능력은 자연에 의해 주어진 감각 기관들로 제한된다. 그래서 레프 구밀료프Lev Gumilev(1912~92)의 말마따나 우리에게 여섯 번째 감각 기관이 생겼다면, 분명히 세계는 우리 앞에 다른 차원으로 나타났을 것이다. 이와 똑같이 예술가도 자신을 둘러싼 세계의 관계들을 지각하고 이해하는 데 한계가 있다. 따라서 영화에서 선별 작업 없이, 다시 말해 어떤 예술적 원칙도 없이, '자연 상태'에서 카메라로 기록할 수 있는 어떤 현상으로서 자연주의에 대해 이야기하는 것은 무의미하다. 이런 자연주의는 존재할 수 없다.

한편, 비평가들이 만들어낸 자연주의 문제는 또 다른 차원에서 논의할 사항이다. 그들은 관객에게 공포감을 주는 끔찍한 사실들을 고찰해볼 수 있는 예술가의 정당한 권리를 깎아내리기 위해 '객관적'이고 '과학적'인 근거랍시고 자연주의 문제를 들고나왔다. 이 '문제'는 관객의 눈과 귀를 즐겁게 해줘야 한다고 규정하는 '보호주의' 경향에 의해 제기됐다. 이런 경향에서라면 현재 높은 위상을 자랑하는 도브젠코와 에이젠시테인도 비난의 화살을 피할 수 없고, 상상을 초월하는 인간 고통과 굴욕이 참을 수 없을 정도로 적나라하게 제시되는 강제노동수용소 기록영화들도 비난의 대상이 될 수 있다.

비평가들이 〈안드레이 루블료프〉의 몇몇 장면과 에피소드를 전체 문맥에서 따로 떼어내어, 예를 들면, 석공의 '눈을 멀게 하는' 에피소드나 '블라디미르 함락' 중 일부 장면을 거론하며 '자연주의'라고 비난했을 때 나는 이런 비난의 논점을 솔직히 전혀 이해할 수 없었고 지금도 이해하지 못한다. 나는 살롱 예술가가 아니며 대중의 기분을 즐겁게 해줘야 할 책임도 없다!

이와 정반대로 나의 과제는 내가 사물을 경험하고 이해하는 방식에서 파악한 우리 공통 존재의 진리를 사람들에게 말해주는 것이다. 그런데 이 진리는 우리에게 편하고 즐거워지는 법을 거의 약속해주지 않는다. 우리 내부에서 도덕적 승리로 가는 길은 그런 진리에 도달하고 나서야 비로소 열린다.

만일 내가 현실에 가장 가깝다고 주장하는 예술에서 거짓말을 한다면, 영향력 면에서 관객에게 가장 설득력 있는 영화 스펙터클의 외적 신빙성 뒤에 숨어서 모종의 의도로 무언가를 날조한다면, 분명히 책임 추궁이 따를 것이다.

바로 영화에서 감독이 져야 하는 책임과 관련하여 내가 이 장 서두에서 '형사법상 책임'을 언급한 것은 우연이 아니었다! 과장된 언급일 수도 있지만, 이렇게 신랄한 생각을 통해서 나는 가장 설득력 있는 예술에서 작업할 때 특히 책임감을 가져야 한다는 사실을 강조하고 싶었다. 영화는 영향력 있는 수단을 통해서 낡고 전통적인 예술들보다 훨씬 더 간단하고 신속하게 대중을 도덕적으로 타락시키고 정신적으로 무장 해제시킬 수 있다. 인간을 정신적으로 무장시키고 선의 길로 인도하는 것은 언제나 어려운 일이다.

감독의 과제는 삶을 재창조하는 것이다. 삶의 운동, 모순, 경향과 투쟁을 재창조하는 것이다. 감독의 의무는 그가 포착한 진리를 한 방울도 남기지 않고 드러내 보이는 것이다. 심지어 이 진리가 누군가의 마음에 들지 않을 때도 그래야 한다. 물론, 예술가가 길을 잃을 수도 있지만, 이런 방황이 꾸밈없이 진심에서 나온 것이라면 주목할 만한 가치가 있다. 왜냐하면 이것은 예술가의 정신적 삶의 현실, 주변 세계가 낳은 그의 편력과 투쟁의 현실을 재현해주기 때문이다. 과연 누가 궁극적 진리를 소유하고 있을까? 무엇을 묘사할 수 있고 무엇을 묘사해서는 안 되는지를 놓고 벌이는 대화와 논의는 단지 진리를 왜곡하는 평범하고도 비도덕적인 시도일 뿐이다.

도스토옙스키는 이렇게 말했다. "예술 창작은 삶을 반영해야 한다고들 말한다. 하지만 이것은 모두 터무니없는 소리다. 삶은 작가(시인) 자신이 그전에 절대 없었던 완전한 규모로 창조해내는 것이다." 예술가의 구상은 그의 '자아'의 가장 깊숙하고 비밀스러운 곳에서 생성된다. 이 구상은 외적, 사업적 고려에서 만들어질 수 없다. 이것은 그의 영혼, 양심과 결부되어야 한다. 이것은 그가 삶을 대하는 태도의 총합에서 나온 결과이다. 그렇지 않다면 이 구상은 처음부터 예술적으로 공허하고 비생산적이게 될 운명을 맞는다. 전문 감독이나 전문 작가가 된다고 해서 예술가가 될 수 있는 것은 아니다. 다만 다른 사람들의 아이디어를 실행하는 사람으로 남을 수는 있다.

진정한 예술적 구상은 예술가에게 언제나 고통스럽고 생명을 위협하기까지 한다. 이런 구상의 실현에 견줄 수 있는 것은 오직 목숨을 건 행동밖에 없을 것이다. 예술에 종사하는 사람들은 모두가 언제나 이렇게 해왔다. 그러나 요즘 우리는 모두 세계만큼 오래된 어떤 이야기들을 되풀이해 들려주는 일에 다소 빠져 있다는 인상이 종종 든다. 우리가 마치 머리에 수건을 둘러쓰고 뜨개질을 하고 있는 할머니라도 되는 듯이 그렇게 찾아가서 여러 가지 옛날이야기를 재미있게 들려주길 바라는 청중이 존재한다. 이야기는 재미있고 매혹적일 수 있지만, 대중에게 도움이 되는 것은 단 한 가지밖에 없다. 바로 공허한 잡담으로 시간을 보내게 해주는 것이다.

예술가는 그가 사회적으로 헌신하지 않는 어떤 구상에 대해 주장할 권리가 없다. 또 실행에 옮겨질 경우 그의 직업 활동이 나머지 삶 전체에서 분리될 수도 있는 어떤 구상을 주장할 권리가 예술가에게는 없다. 사생활에서 우리는 명예롭거나 명예롭지 않은 행동을 한다. 우리는 명예로운 행동 때문에 주변의 압력을 받을 수도 있고, 때로는 직접 충돌을 일으킬 수도 있는 상황에 대비한다. 그런데 왜 우리는 우리의 직업 활동에서 일어날 수 있는 곤란에 대비하지 않는 것일까? 왜 우리는 영화 작업에 착수하면서 책임감을 두려워하는 것일까? 왜 우리는 미리부터 확실한 안전장치를 마련해두려고 할까? 결과가 그만큼 안전할 수도 있지만, 그만큼 무의미할 수도 있는데 말이다. 현금과 편의로 우리 활동에 대한 보상을 즉각 받고 싶어서 그러는 것은 아닐까? 이런 의미에서 오늘날 우리의 오만함은 이름조차 알 수 없는 샤르트르 대성당Chartres Cathedral

(1220) 건설자들의 겸손함과 비교하면 그저 놀라울 뿐이다. 예술가는 사심 없는 의무와 봉사로 구별되어야 하는데, 우리는 이것을 아주 오래전에 잊었다.

사회주의 사회에서는 공장 노동자나 들판에서 일하는 사람이나 상관없이 물질적으로 가치 있는 것을 생산하는 사람들이 스스로 삶의 주인이라고 생각한다. 그리고 이들은 친절한 예술가들이 그들을 위해 마련해준 오락에서 자기 몫을 얻기 위해 돈을 낸다. 하지만 이런 친절은 사실 무관심일 뿐이다. 다시 말해 친절한 예술가들은 정직한 노동자들을 비웃듯이 그들에게서 여가시간을 빼앗고 그들의 약점과 몰이해, 무지를 이용하여 그들을 정신적으로 약탈하고 이로부터 돈을 벌어들인다. 이런 예술가들의 활동은 불미스럽기 짝이 없다. 예술가는 창작이 그의 목숨을 걸 만큼 절실하게 필요할 때 비로소 창작할 권리를 얻는다. 바로 이때 예술가에게 창작은 우연하고 부수적인 활동이 아니라, '자아'의 복제를 위한 유일한 존재 양식이 된다.

영화에는 제작비가 대규모로 든다. 때로는 어마어마한 자본을 투자받아야 한다. 따라서 영화는 작품 출시 후 이윤을 최대한 끌어내기 위해 전례 없이 공격적이고 지속적인 방법을 동원한다. 우리는 마치 입도선매하듯이 작품을 판매하는데, 이로부터 우리 '상품'에 대한 책임감도 다시 고조된다.

나는 브레송 감독이 항상 놀랍기만 하다. 그의 집중력은 엄청나다! 우연하고 일시적인 작품은 그에게 있을 수 없다. 표현 수단을 고르는 데서 보이는 그의 금욕주의는 그야말로 충격적이다. 진지하고 심오하고 고매하다는 점에서 그는 명장들의 반열에 서 있다. 이 명장들의 영화는 모두 그들의 정신적 존재를 뒷받침해주는 하나의 사실이 된다.

베리만의 영화 〈외침과 속삭임 Viskningar och rop〉(1972)에는 매우 강렬한 에피소드가 하나 있다. 어쩌면 가장 중요한 에피소드일지도 모른다. 두 자매가 아버지의 집에 도착한다. 이곳에는 그들의 큰 언니가 죽어가고 있다. 죽음의 기다림이 영화의 출발점을 형성한다. 함께 모인 이들은 한순간 친족이자 인간으로서 서로 끌리는 특별한 유대감을 느낀다. 이들은 얘기하고 … 또 얘기해도 하고 싶은 말을 다 하지 못한다. 자매들은 서로 다정하게 어루만져준다. 이 모든 것은 쓰라린 인간적 친밀감을 자아낸다. 이는 깨지기 쉽지만, 우리 모두가 열망하는 감정이다. 베리만의 영화에서 이런 순간들은 포착하기 어렵고 덧없이 사라지기 때문에 그런 열망은 특히 더 간절하다. 왜냐하면 자매들은 영화 전편에 걸쳐 화해하지 못할 때가 훨씬 더 많고 심지어는 죽음 앞에서도 서로 용서하지 못하기 때문이다. 이들은 증오로 가득 차 있고 서로 괴롭히면서 자해하기도 한다. 자매들이 잠시 가까워지는 장면에서 베리만은 대화를 생략하고 축음기에서 바흐의 무반주 첼로 모음곡을 들려주면서 이 장면의 인상을 몇 배 더 증폭시키고 여기에 깊이와 무게를 더한다. 베리만의 영화에서 정신적으로 고매하고 긍정적인 어떤 것으로 도피하는 것은 분명히 환영에 불과하다. 이것은 존재하지 않고 존재할 수 없는 것을 바라는 꿈이다. 이것은 인간 정신이 열망하고 동경하는 것이다. 이것은 조화이며, 마치 순간적으로만 감지될 수 있는 듯한 어떤 이상이다. 그러나 심지어 이런 환영적 도피조차도 정신적 해방이자 정화인 카타르시스를 체험할 기회를 관객에게 선사한다.

　　여기서 이렇게 말하는 이유는 내가 이상을 향한 동경을 간직하고 있고, 이상을 향한 열망을 표현하는 예술의 옹호자라는 점을 강조하고 싶기 때문이다. 나는 인간에게 희망과 믿음을 주는 예술을 지지한다. 그리고 예술가가 이야기하는 세계가 더 절망적이면 절망적일수록, 어쩌면 그런 세계와 반대되는 이상이 그만큼 더 분명하게 느껴져야만 할 것이다. 그렇지 않으면 살 수가 없을 것이다!

예술은 우리 존재의 의미를 상징한다.

예술가는 사회가 지향하는 안정을 왜 무너뜨리려고 할까? 토마스 만의 장편소설 《마의 산 Der Zauberberg》(1924)에서 세템브리니는 이렇게 말한다. "악을 반대하지 않으시죠, 기사님? 나는 악이 암흑과 추악함의 세력에 대항한 이성의 가장 훌륭한 무기라고 생각합니다. 기사님, 악은 비판의 정신이고 비판은 발전과 계몽의 원천입니다." 예술가는 이상에 가까이 다가가기 위해 사회의 안정을 파괴하려고 시도한다. 사회는 안정을 추구하고 예술가는 무한을 추구한다. 예술가를 사로잡는 것은 절대 진리이며, 따라서 그는 앞을 내다보면서 다른 사람들보다 먼저 무언가를 발견한다.

결과에 관해 얘기하자면, 우리는 결과에 책임을 지는 것이 아니라 자신의 의무를 이행하느냐 마느냐 하는 우리의 선택에 책임을 진다. 이러한 관점은 자신의 운명에 책임을 져야 한다는 의무감을 예술가에게 부과한다. 나 자신의 미래는 나를 지나쳐 가지 않는 술잔과 같다. 따라서 술잔은 다 비워야 한다.

내 모든 영화에서 나는 사람들을 결합해주는 관계(순수하게 육체적인 관심사는 제외하고!), 특히 나를 인류와 결합해주고, 이렇게 말할 수 있다면, 우리 모두를 우리 주변의 모든 것과 결합해주는 관계를 확립하는 시도가 중요하다고 생각했다. 나는 내가 이 세계에서 연속적인 흐름 속에 존재하고 있고, 따라서 우연 속에 존재하고 있지 않다는 것을 감지할 수 있어야만 한다. 우리 각자의 내면에는 어떤 가치 척도가 존재해야만 한다. 〈거울〉에서 나는 바흐, 지오반니 페르골레지 Giovanni Pergolegi(1710~36), 푸시킨의 편지, 시바시 호수를 건너는 병사들, 매우 사적인 가정사 등 모든 것이 일정한 의미에서 똑같이 중요한 인간 경험이라는 느낌을 전달하고자 했다. 인간의 정신적 경험에서 보면 엊그제 일어난 일도, 천년 전 인류에게 일어난 일도 똑같이 중요할 수 있다.

　내가 만든 모든 영화에서 항상 나에게 매우 중요했던 것은 근원의 주제, 다시 말해 고향 집, 어린 시절, 조국, 지구와의 관계라는 주제였다. 어떤 전통과 문화, 사람이나 사상의 동아리에 소속돼 있다는 느낌을 확립하는 것이 나에게는 언제나 매우 중요했다.

　나에게 특히 중요한 의미를 갖는 것은 도스토옙스키에게서 시작되는 러시아 문화 전통이다. 그러나 현대 러시아에서 이 전통은 충분히 발전하지 못하고 있다. 게다가 이 전통은 으레 경시되거나 완전히 무시되고 있다. 여기에는 몇 가지 원인이 있다. 무엇보다도 먼저 이 전통이 유물론에 대해서 보이는 근본적인 적대감을 들 수 있다. 이와 함께, 도스토옙스키의 모든 주인공이 겪고 있고 작가 자신의 창작과 그를 따르는 사람들의 창작에 영감을 불어넣어 주는 정신적 위기도 경계심을 낳고 있다. 현대 러시아에서는 이런 '정신적 위기' 상태를 왜 그렇게 우려하는 것일까?

　나는 건강이 '정신적 위기'를 통해 회복된다고 믿는다. 정신적 위기는 자신을 발견하려는 시도이자 믿음을 얻으려는 시도이다. 정신적 위기 상태는 정신적 문제들을 스스로 제기하는 사람들 모두의 운명이다. 영혼은 조화를 갈망하지만, 삶은 조화롭지 못하다. 이런 모순 속에 운동의 자극제가 담겨 있고, 우리 고통과 희망의 원천이 동시에 존재한다. 이는 우리의 정신적 깊이와 잠재력을 뒷받침해주는 것에 다름 아니다.

　〈스토커〉에서도 이런 내용을 다룬다. 주인공은 절망의 순간들을 겪으면서 믿음이 흔들리지만, 그때마다 희망과 환상을 상실한 사람들에게 봉사해야 한다는 소명감을 매번 새롭게 느낀다. 이 영화에서 내게 특히 중요했던 것은 영화 시나리오가 시간과 공간, 행위의 세 가지 요건에 부합해야 한다는 점이었다. 〈거울〉에서는 기록영화, 꿈, 현실, 희망, 예상과 회상 등 주인공으로 하여금 존재의 피할 수 없는 문제들을 대면케 하는 혼란한 주변 상황들을 연속적

으로 편집하는 작업이 중요하다고 생각했다. 반면 〈스토커〉에서
는 편집 조각들 사이에 시간적 비약이 존재하지 않기를 바랐다. 나
는 시간과 그 흐름이 쇼트 안에 드러나 존재하길 바랐고 편집 소각
들이 행위의 계속 외에는 아무것도 의미하지 않기를 바랐다. 그러
면 이 조각들은 시간 전위를 실행하지 않아도 되고 재료를 선별하
여 극적으로 조직하는 기능을 수행하지 않아도 된다. 나는 영화 전
체를 하나의 쇼트로 찍었다는 듯한 인상을 주고 싶었다. 이렇게 단
순하고 극도로 절제된 접근방식이 커다란 가능성을 제공해준 것 같
다. 나는 외적 효과를 최소화하기 위해 할 수 있는 모든 것을 시나
리오에서 제거했다. 기본적으로 나는 갑자기 바뀌는 행위 장소, 사
건 주변의 지리, 흥미로운 줄거리 등으로 관객을 즐겁게 하거나 놀
라게 하고 싶지 않았고 영화의 전체 구조에서 단순성과 소박성을
추구했다.

　나는 영화가 예술 수단으로서 고유의 가능성을 산문 못지않게
많이 갖고 있다는 점을 관객들이 믿게 하려고 끊임없이 애썼다. 나
는 삶의 흐름에 거칠고 눈에 띄게 개입하지 않으면서도 삶을 관찰
할 수 있는 영화의 가능성을 보여주고 싶었다. 내가 보기에는 바로
이 길에 영화의 진정한 시적 본질이 있었다.

　형식을 지나치게 단순화하면 너무 격식을 차린 것 같아 부자
연스럽게 보일 위험성이 있었다. 이런 어려움을 피하려고 나는 일
반적으로 영화의 '시적 분위기'라고 불리는 쇼트 안의 모호하고 암
시적인 것을 모두 걷어버리려고 했다. 다른 사람들은 이런 분위기
를 열심히 재현하는데, 내게 분명한 점은 분위기에 신경 쓸 필요가
없다는 것이다. 분위기는 작가가 해결하려는 핵심 과제에 부차적
으로 따라오는 것이기 때문이다. 핵심 과제가 더 확실하게 수립되
면 수립될수록, 상황의 의미도 나에게는 그만큼 더 분명하게 나타
나고, 상황 주변에서 형성되는 분위기도 그만큼 더 중요해질 것이

다. 이런 핵심 음조에 맞춰 사물과 풍경, 작가의 어조 등 모든 것이 반향을 일으킬 것이다. 모든 것이 서로 연관되고 필요하게 된다. 서로 반향하고 공명할 것이다. 그리고 핵심에 집중한 결과로 분위기가 생성될 것이다. 하지만 분위기를 위한 분위기를 창조한다는 것은 이상하기 짝이 없다! 따라서 말이 나온 김에 하자면 순간을 위한 순간을 각인하고 찰나를 전달하는 것을 목표로 하는 인상주의자들의 회화가 나에게는 항상 낯설기만 했다. 그것은 예술의 수단이 될 수는 있어도 목표가 될 수는 없다. 한편 내가 핵심에 집중하려고 시도했던 〈스토커〉에서 부차적으로 발생한 분위기는 그보다 앞서 나온 영화들보다도 훨씬 더 활발했고 감정적 전염성도 강력했다고 생각된다.

　그렇다면 〈스토커〉에 울려 퍼진 주제는 무엇이었을까? 가장 일반적인 측면에서 말하자면, 그것은 인간의 존엄이었다. 자존감의 부재로 고통받는 인간이었다.

　영화의 주인공들이 구역으로 여행을 떠날 때 이들의 목적지가 가장 내밀한 소원들을 모두 이루어지게 해준다는 어떤 방이었음을 상기해보자. 작가와 과학자가 스토커의 안내를 받으면서 구역의 이상한 공간들을 위태롭게 통과하는 동안 스토커는 한순간 이들에게 실화인지 아니면 '호저Dikobraz'라는 별명의 또 다른 스토커에 관한 전설인지 모를 이야기를 들려준다. 호저는 자신의 잘못으로 죽은 형을 되살려달라고 요청하기 위해 비밀의 장소에 갔다. 그러나 호저는 바로 이 방에 있다가 집으로 돌아왔을 때 자신이 어마어마한 부자가 되었다는 사실을 알았다. 구역은 호저의 가장 내밀한 소원이 실제로 무엇이었는지 알고 이것을 실현한 것이다. 이는 호저가 원하고 이루고자 한 것이 아니었다. 그래서 호저는 목매달아 자살했다.

　그리고 우리의 주인공들이 많은 것을 겪고 자신들에 관해 다시

"영화 〈스토커〉의 주제는 인간의 존엄이었다. 자존감의 부재로
고통받는 인간이었다."
〈스토커〉 촬영 중인 니콜라이 그린코(왼쪽), 알렉산드르 카이다놉스키(가운데),
아나톨리 솔로니친(오른쪽).

생각해보고 재평가를 거친 뒤 목적지에 도착했을 때 이들은 목숨을 걸고 찾아온 그 방에 들어갈 것인지 결정하지 못한다. 이들은 비극적 심연을 드러낸 삶의 인식 속에서 자신들이 불완전하다는 생각에 이르렀다. 이들은 자기 자신을 신뢰할 수 있는 정신적 힘을 발견하지 못한다. 그래도 이들은 용기를 내서 자신들의 내면을 들여다보지만, 그만 소스라치게 놀라고 만다!

이들이 휴식을 취하고 있던 선술집으로 스토커의 아내가 들어왔을 때 작가와 과학자는 수수께끼처럼 이해할 수 없는 현상을 목도한다. 이들은 남편으로 말미암아 무수한 불행을 겪었고 남편과의 사이에서 장애가 있는 아이를 낳았지만, 젊은 시절에 그를 사랑했던 것과 똑같이 이타적이고 헌신적으로 남편을 계속 사랑하는 한 여인을 보게 된다. 그녀의 사랑과 헌신은 현대 세계를 병들게 한 불신과 냉소주의, 정신적 타락에 맞설 수 있는 마지막 기적이 아닐 수 없다. 이런 현대 세계에서는 작가도 과학자도 희생자가 될 수밖에 없었다.

〈스토커〉에서 어쩌면 처음으로 나는 흔히 말하듯이 인간이 안고 살아야 하는 중요한 긍정적 가치를 분명하고 확실하게 보여줘야 할 필요성을 느꼈던 것 같다.

〈솔라리스〉에서는 우주에서 길을 잃었다가 원하든 원치 않든 인식의 계단을 하나 더 오를 수밖에 없었던 사람에 관해 다루었다. 인간에게 마치 외부에서 주어진 듯한 무한한 인식 추구는 나름대로 매우 극적인 성격을 띤다. 이러한 인식 추구는 끝없는 불안감과 박탈감, 고뇌와 환멸을 수반한다. 궁극적 진리는 파악될 수 없기 때문이다. 게다가 인간에게는 양심도 주어져 있다. 이 양심에 따라 인간은 자신의 행동이 도덕 법칙과 일치하지 않을 때 고통을 받는다. 이런 의미에서 양심은 비극의 요소를 내포한다고 할 수 있다. 〈솔라리스〉에서 주인공들은 환멸에 시달리는데, 우리가 그들에게 제시

한 탈출구는 환영에 불과하다. 왜냐하면 그것은 꿈속에 있었기 때
문이다. 다시 말해 그것은 인간과 그를 낳아준 지구를 영원히 맺어
준 근원을 인식할 기회 속에 있었다. 그러나 이러한 연결고리조차
도 그들에게는 이미 비현실적이다.

영원히 불변하는 심오한 인간 감정들을 다룬 〈거울〉에서조차
도 이러한 감정들은 주인공의 오해와 당혹감으로 바뀌었다. 그는
왜 자신이 이런 감정들 때문에 영원히 고통받고, 자기 자신의 사랑
과 애정 때문에 고통받을 운명이 주어진 것인지 이해할 수 없었다.
〈스토커〉에서 나는 무엇인가에 대해 최종 진술을 남겼다. 그것은
바로 인간의 사랑이야말로 세계가 절망적이라고 주장하는 삭막한
이론들을 모두 논박할 수 있는 기적이라는 것이다.

〈스토커〉에서 작가는 법칙의 세계에서 사는 삶이 얼마나 무료
한지 반추한다. 이 세계에서는 심지어 우연성조차 우리도 모르게
숨어 있던 어떤 법칙이 낳은 결과이다. 어쩌면 작가는 미지의 세계
와 부딪혀 깜짝 놀라고 경탄하고 싶어 구역을 향해 떠났는지 모른
다. 그러나 작가를 진짜 경탄케 한 것은 바로 어느 평범한 여자의 헌
신과 인간적 위엄의 힘이었다. 정말 모든 것은 논리에 종속되어 있
을까? 정말 모든 것을 구성 요소들로 분해하여 측정할 수 있을까?

이 영화에서 나는 우리 각자의 영혼 속에 수정처럼 형성되어
있고 각자의 가치를 구성하고 있는 용해될 수도, 분해될 수도 없는
인간 본연의 것을 강조해 보이고 싶었다. 왜냐하면 주인공들이 겉
으로는 대실패를 겪는 것 같지만, 사실 이들 각자는 믿음이라는 엄
청나게 중요한 가치를 획득한다! 자신의 내면에서 가장 중요한 가
치를 감지한 것이다. 이 중요한 가치는 모든 사람 안에 살아 있다.

이런 식으로 〈솔라리스〉에서처럼 〈스토커〉에서도 나는 환상
적인 상황에 거의 끌리지 않았다. 유감스럽게도 〈솔라리스〉에는 본
질에서 벗어나는 공상과학 요소가 여전히 너무 많았다. 로켓과 우

주정거장 — 스타니슬라프 렘 Stanisław Lem(1921~2006)의 소설은 이것을 요구했다 — 을 만드는 것은 흥미로웠지만, 지금 생각해보건대, 이 모든 것을 아예 다 피할 수 있었다면, 영화의 아이디어가 더 명확하고 웅대하게 구현되었을 것이다. 나는 예술가가 자신의 세계관을 표현하기 위해 끌어들이는 현실이, 같은 말을 되풀이해서 미안하지만, 사실적이어야 한다고 생각한다. 다시 말해 어린 시절부터 그에게 친숙하고 이해할 만한 것이어야 한다. 이런 의미에서 어떤 영화가 사실적이면 사실적일수록, 작가의 진술도 그만큼 더 설득력 있을 것이다.

〈스토커〉에서 환상적이라고 부를 만한 것은 출발 상황밖에 없다. 이 상황은 우리에게 편리했다. 왜냐하면 이것이 우리에게 중요한 영화의 도덕적 갈등을 좀더 극명하게 나타내주는 데 도움이 됐기 때문이다. 하지만 주인공들에게 일어나는 일을 보면 환상적 요소는 사실상 존재하지 않는다. 이 영화는 관객들로 하여금 모든 것이 지금 일어나고 있고 구역이 우리와 가까이에 있다고 느끼도록 만들어졌다.

사람들은 나에게 구역이 어떤 곳이고 무엇을 상징하느냐고 자주 물었고, 예상치 못한 추측들이 난무했다. 나는 이런 질문들을 받을 때마다 광포와 절망에 빠져들었다. 내 영화들에 나오는 모든 것과 마찬가지로 구역은 아무것도 상징하지 않는다. 구역은 구역일 뿐이다. 구역은 삶과 같은 곳으로, 인간은 이곳을 헤쳐 나가다가 파멸하든지 아니면 견뎌내든지 한다. 인간이 견뎌낼지 아닐지는 그의 자존감에 달려 있으며, 중요한 것과 하찮은 것을 구별해낼 줄 아는 능력에 좌우된다.

나는 우리 각자의 영혼 속에 살아 있는 인간 본연의 것과 영원한 것에 대해 생각해보도록 자극하는 것이 의무라고 생각한다. 그러나 인간은 자기 운명을 손에 쥐고 있음에도 불구하고 영원하고 중요한 것을 자주 무시한다. 환영을 좇고 있기 때문이다. 하지만 결국 모든 것은 평범하고 기본적인 소립자로 축소된다. 그것은 인간이 존재하는 동안 유일하게 기대할 수 있는 사랑의 능력이다. 이 소립자는 가지의 영혼 속에서 인간 삶에 의미를 부여해줄 수 있는 최고 요인으로 발전할 수 있다. 나는 사람들이 자신의 내부에서 사랑하고 싶은 욕망과 자신의 사랑을 남에게 주고 싶은 욕망을 느끼게 하고, 그들이 내 영화들을 보고 아름다운 것이 부르는 소리에 귀를 기울이게 하는 것이 의무라고 생각한다.

제8장

〈향수〉이후

러시아 밖에서 처음 만든 영화가 이제 내 손을 떠났다. 영화는 당국의 허가를 받고 만들었다. 당시 나는 당국의 허가에 놀라지 않았지만, 당국은 골치깨나 앓았다. 이후 펼쳐진 사건들은 나의 의도와 영화들이 이전과 마찬가지로 소련 영화 지도부와 지독히도 맞지 않는다는 것을 다시 한번 입증했다.

나는 고국으로부터 멀리 떨어져 있는 우리 러시아인들에게서 보이는 영혼의 특별하고 특수한 상태인 러시아 향수병에 관해 이야기하고 싶었다. 러시아인들이 자신의 민족적 근원과 과거, 문화, 고향, 친지와 친구들에게 운명적으로 연결된 상태에 관해 말해보고 싶었다. 이는 운명이 러시아인들을 어디에 내던져 놓는다고 해도 그들에게서 평생 떠나지 않는 정서이다. 러시아인들은 새로운 생활 조건에 좀처럼 쉽게 적응도 부응도 하지 못한다. 러시아 이민 역사 전체를 보면 서구에서 말하듯이 '러시아인들은 좋은 이민자들이 아니다'라는 것을 확인할 수 있다. 타인의 삶에 동화되지 못하는 러시아인들의 비극적 특성과 낯선 생활양식에 애써 적응하려는 시도에서 보이는 그들의 서툴고 답답한 모습은 익히 알려져 있다. 나는 〈향수〉를 찍을 때 이 영화의 스크린 공간을 숨 막힐 듯이 가득 채우는 동경의 상태가 이후 내 삶의 운명이 되리라고는 예상치 못했다. 내가 삶의 마지막 날까지 이 중병에 시달리리라고는 생각지 못했다.

나는 이탈리아에서 영화 작업을 진행하면서 도덕적·윤리적·감정적 측면 등 모든 면에서 러시아적인 영화를 찍었다. 나는 장기

출장으로 이탈리아에 온 러시아인과 그가 이곳에서 받은 인상에 관한 영화를 만들었다. 하지만 자국의 아름다운 모습으로 관광객들을 매료시키고 전 세계에 수백만 장의 그림엽서를 날려 보내는 이탈리아를 스크린에서 또다시 보여주는 것을 목표로 삼지는 않았다. 나는 완전히 혼란 상태에 빠진 어느 러시아인에 관한 영화를 만들었다. 그는 한편으로는 자신을 덮친 놀라운 인상들로 큰 혼란에 빠졌다. 다른 한편으로는 함께 떠나오지 못한 가장 가까운 사람들과 자신이 받은 인상들을 안타깝게도 공유하지 못함으로써, 새로운 경험을 자신의 태생적 과거에 불행하게도 접목시키지 못함으로써 큰 혼란에 빠진다. 나 자신도 오랫동안 고향을 떠나 있으면서 이와 비슷한 상태를 겪었다. 다른 세계, 다른 문화에 부딪히다 애착을 느끼면 거의 설명할 길 없고 막을 수 없는 짜증이 밀려들기 시작한다. 이것은 마치 짝사랑 같기도 하고 '껴안을 수 없는 것을 껴안으려고 할 때', 결합시킬 수 없는 것을 결합시키려고 할 때 그렇게 할 수 없음을 알려주는 표시 같기도 하고, 지상에서 우리의 길이 얼마나 유한한지 상기시켜주는 것 같기도 하다. 또한, 우리 삶이 제한돼 있고 미리 결정돼 있다는 경고 표시 같기도 하다. 하지만 이 표시는 외적 상황에서 나온 것(이라면 얼마든지 쉽게 대처할 수 있으리라!)이 아니라, 우리의 내적 '금기'에서 나온 것이다.

나는 중세 일본 예술가들에게 얼마든지 빠져들 수 있다. 이들은 쇼군 아래서 일하다 인정을 받아 최고 영예 자리에 오르면 자신의 삶을 모조리 바꿔버렸다. 이들은 새로운 곳으로 몰래 가서 다른 이름과 창작 양식을 사용하며 활동을 계속했다(더 정확하게 말하면, 새롭게 시작했다). 잘 알려졌듯이, 그중 일부는 완전히 서로 다른 삶을 다섯 번까지 살 수 있었다.

이것이 바로 자유다!

고르차코프Gorchakov(〈향수〉의 주인공)는 시인이다. 그는 러시

아 농노 출신 작곡가 막심 베레좁스키Maksim Berezovskii(1745~77)에
관한 자료를 수집하려고 이탈리아에 왔다. 그는 이 작곡가의 생애
를 다룬 오페라 대본을 쓰고 있다. 베레좁스키는 실존 인물인데, 그
가 음악에 소질을 보이자 그의 주인인 지주가 음악을 공부하라며
그를 이탈리아에 보낸다. 그는 이탈리아에서 오랜 세월을 지낸다.
음악회를 열어 큰 성공을 거두고 볼로냐에서 음악원도 마친다. 그
러나 피할 수 없는 러시아 향수병에 걸려 수년 후 러시아로 돌아가
기로 한다. 고향으로 돌아온 그는 곧이어 목매달아 자살한다. 물론,
베레좁스키의 이야기가 영화에 우연히 포함된 것은 아니다. 그의
이야기는 고르차코프의 운명을 에둘러 표현한다. 다시 말해 고르
차코프가 과거 회상, 기억 속에 출몰하는 친지들의 얼굴, 고향 집의
소리와 냄새에 맥을 못 추면서 오로지 한쪽으로 멀리 떨어진 채 타
인들의 삶을 관찰하는 '국외자'로 자기 자신을 특히 날카롭게 인식
할 때 우리에게 포착되는 그의 내면 상태를 에둘러 표현해준다.

　　촬영된 필름 전체를 처음 봤을 때 나는 거기 찍힌 영상이 뜻하
지 않게 매우 어둡다는 사실에 놀랐다. 자료는 그 안에 찍힌 분위기
와 영혼의 상태를 감안하면 균질적이었다. 의도한 것은 아니지만
이러한 현상이, 내가 개인적·구체적으로 갖고 있던 이론적 계획과
상관없이, 촬영 과정에서 카메라가 나의 내면에 맞춰 움직인 것이
라는 데서 나는 특별한 감정을 느낀다. 당시 나는 가족과의 생이별,
익숙하지 않은 생활 조건, 새로운 영화 제작 규칙과 낯선 언어에 지
칠 대로 지쳐 있었다. 나는 이런 결과가 놀라운 동시에 기뻤다. 관람
실의 어둠 속에서 내 앞으로 처음 펼쳐진 필름의 내용은 인간 영혼
의 모범이 될 수 있어야 하고 독특한 인간 경험을 전달할 수 있어야
한다는 스크린 예술의 잠재력과 사명감에 대한 나의 심사숙고가 한
가한 공상의 산물이 아니라, 이론의 여지 없는 엄연한 현실로 내 앞
에 나타났음을 입증해주었다.

"관람실의 어둠 속에서 내 앞으로 처음 펼쳐진 필름의 내용은
인간 영혼의 모범이 될 수 있어야 하고 독특한 인간 경험을 전달할 수 있어야 한다."
영화 〈향수〉의 한 장면.

　　흥미진진한 줄거리, 외적 사건 구성과 전개는 내 관심을 크게 끌지 않았다. 하나씩 영화를 찍을 때마다 이런 부분들이 점점 더 필요 없어졌다. 내 관심을 끈 것은 언제나 인간의 내면세계였다. 그래서 주인공의 인생철학을 둘러싼 심리 속으로, 그의 정신적 토대를 형성하는 문학적·문화적 전통 속으로 떠나는 내면 여행이 내게는 훨씬 더 자연스러웠다. 장소를 여기저기 옮겨 다니며 더 새롭고 극적인 촬영지를 선보이고, 이국적인 자연과 인상적인 실내 장면을 영화에 도입하면 상업적으로 훨씬 더 유리하다는 것을 나는 잘 알고 있다. 그러나 내가 하는 일의 본질에 비춰볼 때 그런 외적 효과들은 내가 실현하려고 노력을 기울이는 목표를 멀어지게 하고 흐릿하게만 할 뿐이다. 내 관심을 끄는 것은 마음속에 삼라만상이 깃들어 있는 인간이다. 어떤 사상이나 인간 삶의 의미를 표현하고자 할 때 이런저런 사건으로 가득한 화폭을 그 사상 뒤로 펼쳐 보일 필요는 없다.

　　이와 관련하여 나에게 영화는 처음부터 미국식 모험 영화와는 전혀 관계가 없었음을 굳이 말하지 않아도 될 것 같다. 또 나는 견인몽타주Montage of Attraction도 반대한다. 〈이반의 어린 시절〉부터 〈스토커〉까지 나는 외적 운동을 점점 더 피하면서 행동을 고전적 삼일치 법칙Règles du théâtre classique에 더 집중시키려고 했다. 이런 관점에서 보면 심지어 〈안드레이 루블료프〉의 구성조차도 지금은 내게 굉장히 혼란스럽고 지리멸렬하게 보인다.

　　결국, 나는 내 기본 과제가 방해받지 않게 〈향수〉의 시나리오에서 쓸데없고 부차적인 것을 모조리 제거하려고 했다. 여기서 나의 기본 과제란 세계뿐 아니라 자기 자신과도 깊은 불화를 겪으며 현실과 바람직한 조화 사이에서 균형을 찾지 못하는 사람의 내면 상태를 전달하는 것이다. 이 과제는 고향 집으로부터 멀리 떨어진 상태에서만 촉발되지 않고 존재의 완전성에 대한 보편적 동경으로도 촉발되는, 향수를 겪는 사람의 심리 상태를 전달하는 것이기도 하다. 하지만 나는 시나리오가 마침내 어떤 형이상학적 전체 안으로 통합되어 들어갈 때까지는 이 시나리오에 만족하지 못했다.

고르차코프가 현실과 비극적인 갈등을 빚는 순간, 다시 말해 삶의 조건과 갈등을 빚는 것이 아니라 개인의 요구를 항상 충족시켜주지 못하는 삶 자체와 갈등을 빚는 순간에 인식하는 이탈리아는 마치 비존재에서 나온 듯한 장엄한 폐허의 모습으로 펼쳐진다. 보편적인 동시에 이질적인 문명의 파편들은 인간적 야망의 무의미함을 떠올려주는 비문 같기도 하고 방황하는 인류 앞에 놓인 길의 치명성을 알리는 표시 같기도 하다. 고르차코프는 자신의 정신적 위기를 이겨내지도 못하고, 분명히 스스로 봐도 뒤죽박죽 혼란스럽기만 한 이 시대를 바로 잡지도 못한 채 죽어간다.

주인공의 이런 내면 상태와 관련하여, 첫눈에 봐도 당혹스러운 인물인 도메니코는 굉장히 중요한 의미가 있다. 사회의 보호를 받지 못한 채 겁을 집어먹고 있는 이 사람은 자신이 삶의 의미를 이해하고 있음을 보여줄 만한 힘과 고결한 정신을 자기 내면 속에서 발견한다. 전직 수학 교사로 현재 '아웃사이더'인 도메니코는 전반적으로 하찮은 존재지만, 이에 전혀 개의치 않고 오늘날 세계가 직면한 파국적 상황에 대해 사람들에게 설파하기로 결심한다. 이른바 정상인들의 눈에는 도메니코가 그냥 미치광이로 비칠 뿐이지만, 고르차코프는 도메니코가 주변의 모든 상황에 대해 깊은 고통을 통해 얻은 책임감과 모든 사람 앞에서 모든 것에 대해 갖고 있는 죄책감에 공감한다.

나의 모든 영화는 사람들이 텅 빈 세계에서 외롭지도 버려지지도 않고, 오히려 무수한 실로 과거와 현재에 연결되어 있으며, 각자 원하기만 한다면 자신의 운명과 인류 전체의 운명을 결부할 수 있음을 이런저런 방식으로 이야기해주었다. 그러나 어떤 개별적 삶과 인간적 행동에도 중요한 의미를 부여할 수 있으리라는 희망은 삶의 전체 흐름 앞에서 개인이 느끼는 책임감을 무한히 고조시켜주기도 한다.

인류와 현실을 파괴할 전쟁의 위협이 도사리고 있는 세계에서는, 경악할 만한 사회적 재앙과 인간적 고통으로 울부짖는 소리가 끊이지 않는 세계에서는, 서로 손을 내밀어 잡아야 한다. 이것은 인류가 미래 앞에 져야 하는 의무이자 각자 자신 안에서 느껴야 하는 의무이기도 하다. 고르차코프는 도메니코에게 애착을 느낀다. 왜냐하면 그는 배부른 삶에 안주하고 이기심에 눈이 먼 나머지 고르차코프를 무모한 미치광이로만 생각하는 사람들의 '여론'으로부터 그를 보호해야 할 내적 필요성을 느끼기 때문이다. 하지만 고르차코프는 도메니코가 죽음도 불사하며 가차 없이 선택한 길로부터 그를 구해주지 못한다.

고르차코프는 도메니코의 어린아이 같은 맥시멀리즘maximalism에 깜짝 놀라면서 매료된다. 왜냐하면 고르차코프 자신도 여느 어른과 마찬가지로 어느 정도 순응주의자이기 때문이다. 하지만 도메니코는 자신이 마지막으로 외치는 경고의 말을 사람들이 경청해주기를 간절히 바라면서 끔찍하고 극단적인 행위로 자신의 이타주의를 사람들에게 보여주고자 분신자살을 결행한다. 고르차코프는 도메니코의 행동에, 그의 내적 완전성에 크게 감동한다. 도메니코는 삶의 불완전성을 경험하고 나서 그것에 대해 가장 단호한 방식으로 반응하고 행동한다. 그는 이런 행동을 결행하며 삶 앞에서 진정한 책임감을 느낀다. 반면 고르차코프는 이런 배경에서 볼 때 평범한 소시민일 뿐이며, 자신의 언행 불일치에 대한 생각으로 괴로워한다. 어떤 의미에서 고르차코프의 죽음은 그가 겪은 고통의 깊이를 드러내 보이고 그의 입장을 정당화해준다고 할 수 있다.

나는 필름 자료를 돌려 보면서 스크린에 전달된 〈향수〉 촬영

당시 나 자신의 상태를 보고 깜짝 놀랐다고 앞서 말했다. 이 상태는
고향으로부터, 가까운 사람들로부터 멀리 떨어져 있는 데서 촉발되
어 점점 깊이 엄습하는 동경의 감정이며, 존재의 매 순간을 관통한
다. 자신의 과거에 속박되어 있다는 운명적인 강박은 시간이 갈수
록 더 참기 어려워지는 질병으로, 향수라는 이름으로 부를 수 있다.
하지만 나는 독자들에게 작가와 그의 서정적 주인공을 동일시하지
말라고 경고하고 싶다. 그런 동일시는 너무 단순하고 직선적이다.
삶에서 직접적으로 얻은 인상을 창작에 사용하는 것은 지극히 자연
스러운 일이다. 애석하게도 다른 방법은 없다! 심지어 예술가 자신
의 삶에서 가져온 플롯과 분위기조차 예술가와 그의 인물들을 억지
로 연결시키는 근거를 마련해주지는 못한다. 어쩌면 이것은 누군가
에게 실망감을 주기도 하지만, 작가의 서정적 경험이 그의 일상적
행위와 일치하는 경우는 드물다.

　　작가의 시적 원리는 작가가 자신을 둘러싼 현실을 체험한 결
과이며, 작가는 이 현실을 딛고 올라설 수 있고 현실에 문제를 제기
하며 화해할 수 없는 갈등을 빚을 수 있다. 그리고 가장 중요하면서
도 항상 역설적인 것은 작가의 외부 현실에 대해서만이 아니라, 그
의 내적 현실에 대해서도 그렇게 할 수 있다는 것이다. 도스토옙스
키는 자신의 내면에서 심연을 발견했다. 그가 묘사한 성자 같은 인
물들도 악한 같은 인물들과 마찬가지로 도스토옙스키 자신을 투영
하고 있다. 그렇지만 어떤 인물도 그와 똑같지는 않다. 각 인물은
도스토옙스키가 삶에서 보고 느낀 인상과 생각을 집약하고 있지만,
어떤 인물도 작가 자신을 완전한 형태의 인격으로 구체화하고 있지
는 않다.

　　〈향수〉에서는, 겉으로 봤을 때 투사의 면모를 갖고 있지 않지
만 내가 봤을 때 삶의 승리자라고 할 수 있는 '연약한' 인간의 주제
를 계속 다루는 것이 내게는 중요했다. 스토커도 삶의 진정한 가치

이자 희망인 연약성을 옹호하는 독백을 쏟아냈다. 나는 실용적 의미의 현실에 적응하지 못하는 사람들이 항상 마음에 들었다. 내 영화들에 영웅들은 없지만, 정신적 신념이 강하고 다른 사람들에 책임감을 느끼는 사람들은 항상 있었다. 이런 사람들은 어른의 열정을 지닌 아이들을 떠올리게 해주었다. 상식의 관점에서 볼 때 이들의 입장은 정말 현실적이지도 않고 이기적이지도 않다.

〈안드레이 루블료프〉에서 수도승 루블료프는 어린아이의 눈으로 세상을 바라보며, 악에 대한 무저항과 사랑과 선행을 설교한다. 세상을 지배하는 듯이 보이는 폭력의 가장 잔인하고 파괴적인 형태를 직접 목격하고 쓰라린 환멸을 겪었음에도 그는 자신이 새롭게 얻은 유일한 가치, 사람들이 서로 선사할 수 있는 선행과 진실하고 소박한 사랑의 가치로 돌아갔다. 〈솔라리스〉에서 처음에 평범한 소시민처럼 보였던 켈빈은 자기 양심의 목소리에 귀를 막고 자기 자신과 타인의 삶에 대한 무거운 책임감을 회피하지 않는 진정으로 인간적인 감정을 마음속에 감추고 있었다. 〈거울〉의 주인공은 나약하고 이기적인 사람이어서 가장 가까운 사람들에게도 이타적인 사랑을 베풀지 못한다. 하지만 이에 대한 대가로 그는 생애 막바지에 이르러 삶의 빚을 갚을 도리가 없음을 깨달을 때 밀려오는 정신적 고통에 시달린다. 괴짜인 데다 히스테리도 잘 부리는 스토커 역시 타락하지 않고 자신의 정신적 신념의 목소리를 지키면서 마치 종양처럼 사방으로 파고드는 실용주의로 팽배한 세계에 대적한다. 스토커와 비슷하게 도메니코도 자신만의 실천 개념을 수립하고 순교자의 길을 선택한다. 그는 온 사회에 만연한 냉소주의와 사사로운 물질적 특권을 추구하는 것에 굴복하지 않고 다시 한번 자신의 개인적 노력과 희생을 발휘하여 인류가 미친 듯이 파멸로 치닫고 있는 길을 가로막으려고 시도한다. 가장 중요한 것은 인간의 깨어 있는 양심이다. 양심은 인간이 기름진 생활에 안주하는 것을 허용하지 않는다.

이것은 인간 영혼의 특별한 상태로, 전통적으로 러시아 인텔리겐치아의 가장 훌륭한 집단에 고유한 특성이다. 이들은 양심적이며 순응과는 거리가 멀다. 또 세상의 불우한 사람들에게 연민의 정을 느끼면서 믿음과 이상, 선행을 모색하는 데 헌신한다. 나는 이 모든 것을 고르차코프의 성격을 통해서 다시 한번 강조하고 싶었다.

내가 매력을 느끼는 사람은 숭고한 대의에 봉사할 용의가 있거나 평범하고 속물적인 삶의 '도덕'을 받아들이지 못하는 사람이다. 나는 삶의 흐름 속에서 정신적으로 한 계단이라도 더 높이 올라서기 위해 무엇보다도 우리 내부에 도사린 악과의 투쟁 속에서 존재의 의미를 인식하는 사람에게 관심이 많다. 안타깝게도 일상적 존재와 생활에 대한 적응 과정에서 쉽게 빠져드는 정신적 퇴화의 길에 대립하는 유일한 대안으로는 정신적 완성의 길만 있다.

나의 다음 영화 〈희생〉의 주인공 역시 이 말의 평범한 의미에서 볼 때 연약한 인간이다. 그는 영웅이 아니지만, 숭고한 사상을 위해 희생할 줄 아는 사색가이자 정직한 사람이다. 그는 상황이 요구하면 책임을 회피하지 않으며, 다른 사람에게 책임을 전가하려고도 하지 않는다. 그는 가까운 사람들이 보기에 이해할 수 없는 모험을 감행하면서 단호하고도 파국적이기까지 한 행동에 돌입한다. 그의 행동에 담긴 극적이고 올곧은 성격이 특히 신랄한 이유가 여기에 있다. 그는 이런 행동을 완수하고, 전체적인 것에, 세계적 운명으로 명명될 수 있는 것에 자신이 연결돼 있다고 느끼면서 그냥 미치광이로 취급될지라도 정상적인 인간 행위로 허용되는 범위를 뛰어넘는다. 그는 이 모든 것에도 불구하고 자신이 마음속으로 느꼈던 사명을 그저 충실히 실행했을 뿐이다. 그는 자기 운명의 주인이 아니라 하인이다. 세계와의 조화는 어쩌면 누구도 눈치채지 못하고 알지도 못할 하인의 개인적 노력을 통해서 유지된다.

내가 주목하는 인간적 연약성과 관련하여 나는 개성이 외적으로 팽창하지 않아야 하고 다른 사람들과 삶 자체에 대한 공격성도 없어야 한다고 생각한다. 또한, 자기주장을 펼치고 의도를 실현하기 위해 다른 사람을 예속시키고 이용하려는 욕망도 없어야 한다. 한마디로 내 관심을 끄는 것은 물질적 타성에 저항하는 인간의 에너지다. 나의 새로운 구상들도 바로 여기서 실타래처럼 뭉쳐 나온다.

이런 관점에서 볼 때, 나는 조만간 영화로 만들고 싶은 셰익스피어의 《햄릿》에도 관심이 많다. 이 위대한 드라마는 높은 정신적 수준에 도달해 있지만, 저속하고 더러운 현실을 상대하지 않을 수 없는 인간의 영원한 문제를 다룬다. 이것은 마치 미래의 인간이 자신의 과거 속에 살지 않으면 안 되는 것과 같다. 내가 보기에 햄릿의 비극은 그가 파멸한다는 데 있지 않고, 그가 죽기 전에 자신의 정신적 열망을 포기하고 평범한 살인자가 될 수밖에 없다는 데 있다. 결국 죽음은 그에게 고마운 탈출구가 된다. 아니면 그는 자살로 생을 마감할 수밖에 없었을 것이다.

내가 다음 영화 작업에 착수하면서 말하고 싶은 것이 딱 한 가지 있다. 나는 자연이 내게 선사하는 직접적인 인상들에 의지하면서 영화의 모든 쇼트에서 더 진실되고 설득력 있는 구성을 위해 노력할 것이다. 그리고 이런 인상들의 특징 속에 또다시 시간이 미친 영향의 흔적을 남기게 될 것이다. 자연주의는 영화에서 자연의 존재 형식이다. 쇼트 안에서 자연이 더 엄밀하게 나타나면 나타날수록, 한편으로는 우리가 자연을 그만큼 더 신뢰하게 되고, 다른 한편으로는 생성되는 자연 이미지가 더 숭고하게 된다.

최근 나는 관객들 앞에 나가서 이야기할 기회가 많았다. 이런 대화 석상에서 내 영화들에 상징과 은유가 없다고 주장할 때마다 청중들이 내 말을 애써 믿으려 하지 않는다는 점을 지적했다. 그러자 청중들은 예를 들면 내 영화들에 나오는 비가 무엇을 의미하느냐고 다시금 열띤 질문을 쏟아냈다. 그들은 왜 비가 이 영화에도 나

오고 저 영화에도 나오는지, 왜 바람과 불과 물의 이미지가 반복해
서 등장하는지 물었다. 나는 이런 질문을 받으면 어떻게 해야 할지
몰라 혼란에 빠졌다.

　　비는 자연의 한 특징이며 나는 이런 자연 속에서 자라났다. 러
시아에서는 길고 쓸쓸하고 지리한 비가 자주 내린다. 자연을 사랑
하고 대도시를 좋아하지 않는 나로서는 모스크바에서 300킬로미터
떨어진 러시아 시골집에서 정말 멋진 기분을 느꼈다. 현대 문명의
혁신으로부터 멀리 떨어져 있으면 기분이 정말 좋다. 비와 불, 물,
눈, 이슬, 휘몰아치는 눈보라는 우리가 거주하는 물질적 환경의 일
부이며, 말하자면 삶의 진실이다. 따라서 사람들이 스크린에 정성
껏 재생된 자연을 그저 만끽하는 데 그치지 않고 그 안에 숨은 어떤
의미를 찾으려고 하는 모습이 나에게는 이상하기만 할 뿐이다. 물
론, 비를 보고서 날씨가 좋지 않은 것이라고만 생각할 수도 있지만,
나는 비를 이용하여 영화의 행위를 깊이 적시는 미적 배경을 조성
한다. 그렇다고 이것이 내가 영화에서 무언가를 상징하기 위해 자
연을 소환했음을 의미하는 것은 결코 아니다. 상업 영화에서는 대
체로 날씨가 잘 등장하지 않는 것 같고, 신속한 촬영 작업에 어울리
는 조명과 옥외 촬영용 세트만 있다. 모든 사람이 플롯을 좇기 때문
에 얼추 비슷하게 재현된 배경에서 인위적인 느낌이 들고 디테일과
분위기가 무시되어도 누구도 신경 쓰지 않는다. 스크린이 관객에게
실제 세계를 전방위적으로 깊이 있게 있는 그대로 보여주고 세계의
냄새를 풍기고 세계의 촉촉함이나 건조함을 피부로 느낄 수 있게
해줘도, 직접적으로 떠오르는 감정적·미학적 인상에 자연스럽게
빠져드는 능력을 이미 잃어버린 관객들은 즉시 몸과 마음을 가다
듬고 '이게 뭐지? 왜 그렇지? 어떻게 저럴까?'라고 따져 묻기에 바
쁘다.

　　이런 질문들에 대한 나의 대답은 이렇다. 나는 나 자신이 느끼

는 대로 가능한 한 이상적으로 더 완전하게 나 자신의 세계를 스크린 위에 창조하고자 한다. 나는 관객들에게 어떤 특별한 의도도 감추지 않으며, 그들을 상대로 장난을 치지도 않는다. 나는 내게 가장 완전하고 정확하게 보이는 특징들 속에, 내 존재의 알기 어려운 의미를 나를 위해 표현해주는 특징들 속에 이 세계를 재창조하고 있을 뿐이다.

내 생각을 분명하게 밝히기 위해서 베리만 감독의 영화를 예로 들어보겠다. 영화 〈처녀의 샘 Jungfrukällan〉(1960)에는 나를 항상 놀라게 하는 장면 하나가 있다. 여기서 여주인공은 무자비하게 강간을 당한 채 죽어간다. 봄날 햇빛이 나뭇가지들 사이로 비친다. 그리고 나뭇가지들 사이로 그녀의 얼굴이 보인다. 그녀는 죽어가는 것 같기도 하고 이미 죽은 것 같기도 하다. 하지만 분명한 점은 그녀가 더는 고통을 느끼지 못한다는 것이다. 우리의 예감은 마치 대기 속에서 떨리는 소리처럼 불안하기만 하다…. 모든 것이 명확한 듯이 보이지만, 뭔가 충분치 못한 것이 있다…. 무엇인가가 부족하다…. 눈이 오기 시작하는데, 봄눈이라 이상하다. 이것이 바로 우리가 제자리에서 꼼짝하지 못한 채 '아!' 하고 탄성을 지르며 우리의 감정을 완성할 때 필요로 하는 정곡을 찌르는 듯한 '아주 작은' 부분이다. 눈송이가 그녀의 속눈썹에 걸려 쌓인다…. 또다시 시간이 쇼트 안에 흔적을 남긴다…. 그런데 바로 이렇게 내리는 눈이 쇼트의 길이와 리듬을 통해 우리의 감정을 절정으로 치닫게 해주기는 하지만, 과연 눈의 의미에 대해 이야기하는 것이 가능하고 온당할까? 물론, 그렇지 않다. 이 장면은 그저 감독이 사건을 정확하게 전달하기 위해 찾아낸 것일 뿐이다. 이와 함께 어떤 경우에도 창조적 의지를 이데올로기와 혼동해서는 안 된다. 그렇지 않으면 우리는 예술을 혼을 다해 직접적이고 정확하게 인식할 기회를 잃게 될 것이다.

이탈리아 성당의 벽들이 러시아 시골 농가를 에워싸고 있는

〈향수〉의 마지막 장면이 신화적이라는 지적에 어쩌면 나는 동의할 수도 있다. 이처럼 구성된 이미지는 문학의 냄새를 풍긴다. 이것은 주인공의 내면 상태, 다시 말해 이전처럼 살지 못하게 된 그의 내적 분열상을 보여주는 모델과 같다. 아니면 그와 반대로, 이탈리아 토스카나 지방의 언덕과 러시아 시골 마을을 분리할 수 없는 단일한 감정 속에 유기적으로 포괄하는 새로운 통일성을 보여준다고 말할 수 있다. 고르차코프는 자신에게 새롭게 열린 이 세계에서 죽어간다. 그러나 이상하고 상대적인 지상의 존재 속에서 누군가에 의해 알 수 없는 이유로 영원히 분리되었던 것들은 바로 이 세계에서 자연스럽고 유기적으로 한데 결합한다. 어쨌든, 나는 이 장면에 영화적 순수성이 없다는 것을 알고는 있지만, 그렇다고 여기에 저속한 상징주의가 개입하는 것은 원치 않는다. 내가 보기에 이 마지막 장면은 상당히 복잡하고 여러 가지 의미가 담겨 있다. 이것은 주인공에게서 일어난 일을 이미지로 표현하고 있을 뿐이지 해석이 필요한 무언가 다른 것을 상정하지는 않는다.

이 경우 분명히 나는 일관적이지 못하다는 비난을 받을 수도 있겠지만, 결국, 예술가는 원칙을 만들어내기도 하고 파괴하기도 한다. 예술가가 설파하는 미학적 신조에 정확하게 들어맞는 예술 작품은 찾아보기 어렵다. 대개 예술 작품은 작가에 의해 통제되는 순수한 이론적 사상들과 복잡한 관계를 형성하지만, 이 사상들에 완전히 둘러싸이지는 않는다. 예술적 질감은 이론적 도식에 들어맞을 수 있는 그 어떤 것보다 항상 더 풍부하다. 그리고 이 책을 끝낸 현시점에서 나는 나 자신의 틀 속에 내가 속박되기 시작하는 것은 아닌지 자문해본다.

이렇게 〈향수〉는 내 손을 떠났다. 그러나 나는 이 영화를 찍기 시작할 때만 해도 나 자신의 진짜 향수가 곧이어 내 영혼을 영원히 사로잡게 되리라고는 미처 생각지 못했다.

제9장

희생

〈희생〉을 만들 생각은 〈향수〉를 구상하기 전부터 했다. 최초의 생각과 메모, 스케치, 미친 듯이 쓴 문장들은 내가 아직 소련에 살던 때 나왔다. 영화의 플롯은 마녀와 함께 보낸 하룻밤 덕분에 불치병에서 치유되는 알렉산더의 운명으로 구성될 예정이었다. 그 이후, 시나리오와 씨름하는 동안 나는 내내 균형과 희생, 헌신, 인격의 양면성에 관한 생각에 골몰했다. 이 모든 것은 내 존재의 일부가 되었고, 애초 구상도 서방에서 생활하면서 새롭게 쌓은 경험과 함께 더 강화됐고 탄력을 받았다. 하지만 서방에 와서도 나의 신념은 전혀 바뀌지 않았음을 말해야만 할 것 같다. 나의 신념은 오히려 더 깊어지고 확고해졌다. 영화 제작 간격과 비율에 변화가 있었다. 영화 계획이 나왔고 형체가 계속 바뀌었지만, 영화의 기본 사상과 의미는 변치 않기를 바랐다.

희생 없이는 조화를 이룰 수 없다는 것에서, 다시 말해 상호 의존적인 사랑이라는 주제에서 나는 어떤 면에 매료되었을까? 사랑은 상호적일 수밖에 없다는 것을 왜 아무도 이해하려 들지 않을까? 다른 사랑은 있을 수 없으며 사랑은 이와 다른 형태가 아니다. 자신을 완전히 내주지 않는 사랑은 사랑이 아니다. 그것은 쓸모없는 것이다. 아무것도 아니다.

나는 누구보다도 자기 자신과 자신의 생활방식을 희생할 수 있는 사람에게 관심이 많다. 이는 정신적 원칙을 내세우거나 가까운 사람을 도와주거나 자기 자신을 구원하거나 하는 것과는 전혀 관

계 없다. 이는 그런 희생이 가져오는 이런저런 결과를 바라고 하는
것도 절대 아니다. 이런 행보는 '정상' 논리에 고유한 이기심과 완
전히 배치된다. 이런 행동은 물질주의 세계관과 그 법칙에도 대립
한다. 이것은 어리석고 실리적이지 않을 때가 자주 있다. 그럼에도,
아니면 바로 그런 이유로 이런 사람의 행동은 사람들의 운명과 역
사에서 근본적인 변화를 가져온다. 그가 사는 공간은 우리 경험의
실증적 결과와 배치되는 독특하고 흔치 않은 풍경을 보여주지만,
이 풍경은 실증적 결과 못지않게 진실하다. 어쩌면 더 진실하다고
나는 말하고 싶다.

　　역설적이게도 나는 이런 인식을 통해서, 다른 사람들에게 종속
되므로 독립적이며, 사랑이라는 가장 중요한 가치에서 자유롭지 않
으므로 자유로운 사람에 관한 대작을 만들고 싶다는 내 소망을 실
현하는 쪽으로 조금씩 나아갔다. 우리 지구(동양이나 서양이나 상
관없이)의 얼굴에 새겨진 물질주의의 각인이 내게 더 분명하게 보
이면 보일수록, 내가 인간적 고통에 더 많이 부딪히면 부딪힐수록,
왜 자신들이 삶에서 모든 기쁨과 가치를 잃어버렸는지, 왜 자신들
의 삶이 그렇게 답답해졌는지 이해할 수 없거나 이해하고 싶지 않
거나 하는 정신이상자들을 내가 더 자주 마주치면 마주칠수록, 나
는 이 영화가 내게 중요하다고 말하고 싶다는 욕망을 억누르기가
그만큼 더 힘들었다. 현대인은 거침없이 쇄도하는 신기술과 끊임없
이 축적되는 물질적 가치에 좌우되는 맹목적 소비자의 삶을 계속해
서 살 것인가, 아니면 궁극적으로 자기 개인만이 아니라 사회에도
구원적 현실이 될 수 있는 정신적 책임으로 이어지는 길을 찾아나
서 발견할 것인가, 다시 말해 신에게 돌아갈 것인가를 두고 갈림길
에 서 있다. 이 문제는 인간 스스로 해결해야만 한다. 오직 인간만
이 정상적인 정신적 삶으로 이르는 길을 찾을 수 있다.* 바로 이런
해결을 통해서 인간은 사회에 책임을 다하는 발걸음을 내디딜 수

있다. 이러한 발걸음은 곧 희생, 다시 말해 기독교적 의미의 헌신을 의미한다.

하지만 인간은 자신과 상관없는 결정을, 자신을 대신해서 모든 것을 결정해주는 어떤 '객관적인 법칙들'에 맡기는 것처럼 보일 때가 자주 있다. 나는 대다수 현대인이 다른 사람들을 위해서, 아니면 위대한 것, 가장 중요한 것을 위해서 자기 자신과 자신의 이익을 포기할 준비가 되어 있지 않다는 것을 지적하고 싶다. 이들은 무엇보다도 로봇으로 바뀔 준비가 되어 있다. 물론, 나는 희생의 관념, 다시 말해 이웃을 사랑하라는 기독교적 이상이 오늘날 사람들의 주목을 끌지 못함을 잘 알고 있다. 오늘날 우리에게서 자기 헌신을 요구하는 사람은 아무도 없다. 자기 헌신은 '이상적'이거나 비실용적이기 때문이다. 그러나 지난 경험의 결과에서 우리는 무엇보다 분명하게 표현된 자기 중심주의를 위한 개성의 상실을 보았고, 개인 사이에서만이 아니라 집단 사이에서도 무의미한 관계로 변질되는 인간 관계를 목격했고, 특히 인간에게 소중한 정신적 삶으로 되돌아갈 마지막 구원의 기회마저 잃는 끔찍한 상황을 목도했다. 오늘날 우리는 정신적 삶 대신에 물질적 삶과 가치를 더 찬미한다. 세계가 물질주의로 굉장히 타락해 있다는 생각을 뒷받침해주는 작은 사례 하나를 들어보자.

돈으로 굶주림을 해소하기는 어렵지 않다. 오늘날 우리는 이와 비슷하게 속류 마르크스주의의 '돈'과 '상품' 메커니즘을 이용하여 정신질환에서 벗어나려고 한다. 우리는 알 수 없는 불안감과 우울

◦ 지상에서 우리의 삶은 행복을 위해 창조되었고 인간에게 행복보다 더 중요한 것은 아무것도 없다고 누군가가 말했다. 행복이라는 개념의 의미를 바꿀 수만 있다면 좋겠지만, 이것은 불가능한 일이다. 이걸 유물론자에게 한번 설명해보라! 이곳 서양에서도 동양(극동을 말하는 것이 아니다)에서도 사람들은 당신을 이해하지 못하고 비웃을 것이다. ─원주.

증, 절망감의 징후를 느끼면, 우리의 영혼을 달래 정상 상태로 돌려
놓는 것 같은 정신과 의사의 서비스, 또는 그보다 좀더 낫다면 고해
신부 혹은 성 문제 전문가를 서둘러 찾아가서 상담 서비스를 받는
다. 안정을 찾고 나서 우리는 이들에게 통상 요금을 지불한다. 한편
사랑의 욕망을 느끼면 유곽을 찾아가서 서비스를 받고 다시 현금을
지불한다. 하지만 욕망을 해결하려고 반드시 유곽을 찾을 필요는
없다. 어쨌든 우리는 사랑도, 정신적 안정도, 돈으로 절대 살 수 없
음을 아주 잘 알고 있다.

  〈희생〉은 우화 같은 영화다. 여기서 일어나는 사건들의 의미는
다양하게 해석될 수 있다. 이 영화의 초안 제목은 '마녀'였고, 앞서
말했듯이, 주치의로부터 시한부 삶이라는 무서운 사실을 듣게 된
암 환자가 놀랍게도 치유된다는 이야기로 설정돼 있었다. 시한부의
삶을 살던 어느 날, 밖에서 문을 두드리는 소리가 들린다. 알렉산더
가 문을 열어 보니 문 앞에 예언자가 서 있다. 이 사람은 원래 완성
된 영화에서 집배원 오토로 나오는 인물인데, 부조리까지는 아니어
도 이상하기 짝이 없는 편지를 알렉산더에게 전해준다. 편지에는
마녀로 명성을 날리며 마법의 능력을 보유한 여자를 찾아 그녀와
잠자리를 함께하라(하룻밤 보내라)고 적혀 있다. 환자는 다른 도리
가 없다고 보고 그 말을 따랐다. 그러자 신의 은총으로 병이 치유되
는데, 주치의도 병이 치유된 것을 확인하고 깜짝 놀란다. 그리고 이
후 플롯은 예사롭지 않게 전개될 예정이었다. 날이 궂은 어느 밤 마
녀가 직접 알렉산더의 집에 모습을 드러냈다. 그는 행복을 위해 자
신의 훌륭한 저택과 높은 지위를 버리고 낡은 외투를 입은 채 그녀
와 함께 떠난다.

  나는 이 모든 것을 모아 희생의 우화만이 아니라, 인간의 물리
적 구원에 관한 이야기도 보여줄 예정이었다. 다시 말해 알렉산더
가 1985년 스웨덴에서 완성된 영화의 주인공처럼 훨씬 더 중요한

"〈희생〉은 우화 같은 영화다.
여기서 일어나는 사건들의 의미는 다양하게 해석될 수 있다."
영화 〈희생〉의 한 장면.

의미에서 치유되기를 바랐다. 이는 불치병의 치유를 의미할 뿐 아
니라 여성의 이미지로 표현된 정신적 갱생을 의미하기도 했다.

　흥미롭게도, 인물의 성격을 구상하는 동안, 더 정확히 말하면,
시나리오 초안을 작성하는 동안 내가 처해 있던 상황과는 상관없이
모든 인물의 윤곽이 명확하게 떠올랐고 행위도 더 구체적이고 치밀
하게 되었다. 이런 과정이 독자성을 띠고 내 삶에 파고들며 영향을
미치기 시작했다. 게다가 외국에서 만드는 첫 번째 영화(〈향수〉)를
촬영하는 동안 이 영화가 내 삶에 영향을 미치고 있다는 느낌이 나
에게서 떠나지 않았다. 시나리오에 따르면, 고르차코프는 짧은 일
정으로 이탈리아를 방문한다. 하지만 완성된 영화에서 그는 죽는
다. 달리 말하면, 그는 러시아로 돌아가지 못한다. 돌아가고 싶지
않았기 때문이 아니라 운명이 그런 결정을 내렸기 때문이다. 나 역
시 촬영을 마치고 나서 이탈리아에 남게 될 줄은 예상하지 못했다.
고르차코프처럼 나도 '최고 의지'의 뜻을 따랐다. 또 하나의 슬픈
사실이 나의 이런 생각을 뒷받침해주었다. 그때까지 나온 내 모든
영화에서 주인공 역할을 맡았던 아나톨리 솔로니친이 세상을 떠난
것이다. 내가 계획한 대로라면 그는 〈향수〉에서 고르차코프를, 〈희
생〉에서 알렉산더를 연기할 예정이었다. 그는 암으로 사망했다. 암
은 알렉산더를 비켜 갔지만, 몇 년 후 내게 찾아왔다.

　이 모든 것은 무엇을 의미할까? 나는 이것이 어떤 의미인지 모
른다. 하지만 매우 끔찍하다는 것은 알고 있다. 그래도 내가 의심하
지 않는 것은 영화의 시詩가 현실이 되고 영화에서 다루는 진실이
구체적인 모습을 띠게 되어 저절로 드러나면서 내가 원하든 원치
않든 내 삶에 영향을 미치리라는 것이다.

　정말로? 진짜로 그럴까? 물론, 사람은 이런 진실을 갖게 되면
소극적일 수 없다. 진실은 그의 의지와 상관없이 찾아와서 그가 세
계에 대해, 자신의 운명에 대해 이전에 갖고 있던 모든 생각을 뒤집

이엎거나 변화시키기 때문이다. 그는 어떤 의미에서 두 개의 존재로 나뉘고 나머지 사람들에 대해 책임감을 느낀다. 그는 일종의 도구이자 매개자로서, 다른 사람들을 위해 살아야 하고 다른 사람들에게 영향을 미쳐야 한다. 이런 의미에서 푸시킨은 옳았다. 그는 시인(나도 항상 나 자신을 영화인보다는 시인으로 간주했다)이 자신의 의지와 상관없는 예언자라고 생각했다. 푸시킨은 시간을 들여다보고 미래를 내다보는 능력을 끔찍한 재능으로 간주했고 그에게 부여된 역할로 크나큰 고통을 겪었다. 그는 미래를 보여주는 듯한 현상과 징조들을 미신을 믿듯이 받아들이고, 여기에 운명적인 의미를 부여했다. 푸시킨이 프스코프에서 데카브리스트 봉기를 준비하고 있던 상트페테르부르크를 향해 달려가고 있을 때 그의 마차 앞으로 토끼 한 마리가 가로질러 간 일을 떠올려보자. 이것이 민중 사이에서 나쁜 일의 전조로 간주된다는 것을 알고 있던 시인은 이 미신에 따라 말 머리를 돌렸다고 한다. 푸시킨은 자신에게서 예언자의 재능을 느끼고 겪은 고통에 대해, 시인이 예언자로서 짊어지는 소명의 무게에 대해 말하는 시를 한 편 썼다.* 한때 잊었다가 다시 생각난 이 시는 내게 발견과 계시의 의미를 지녔다. 나는 1826년 알렉산드르 푸시킨이 이 시를 썼을 때 펜을 쥐고 있던 것은 시인 혼자만이 아니었다는 생각이 들었다. 그의 등 뒤에 보이지 않는 누군가가 서서 함께 펜을 쥐고 있었던 것만 같았다.

영혼의 갈증에 허덕이며
음울한 광야를 헤맬 때
여섯 나래 천사가

---

* 푸시킨이 1826년 써서 1828년 발표한 시 〈예언자 Prorok〉를 가리킨다. 이 책에서 〈예언자〉 번역은 석영중 교수의 알렉산드르 푸시킨 시선집 《잠 안 오는 밤에 쓴 시》 (열린책들, 1999)의 216~17쪽에 실린 내용 전문을 인용했다.

내 앞 갈림길에 나타나
꿈결처럼 가벼운 손가락으로
내 눈동자 살며시 어루만져
놀란 독수리의 눈과도 같이
내 예언의 눈동자 활짝 열렸다.
천사가 내 귀를 또 어루만져
소음과 진동으로 가득 채우니
나는 하늘의 떨림과
천사들이 창공을 날아다님과
물짐승이 바다 밑을 떠다님과
넝쿨이 골짜기에 자라남을 들었다.
그는 또 내 입술에 몸을 굽혀
말 많고 죄 많은
내 교활한 혀를 뽑아 내고
죽은 듯 마비된 내 입 속에
피투성이 손으로
지혜로운 뱀의 혀를 심어 놓았다.
그는 또 내 가슴을 칼로 갈라
펄떡이는 심장을 뽑아 내고
빨갛게 타오르는 숯덩어리
벌어진 내 가슴에 집어넣었다.
나 송장처럼 광야에 누워 있을 때
신의 음성이 나를 불렀다.
"일어나라 예언자여, 보라, 들으라,
나의 뜻을 네 안에 가득 채우고
천하의 땅과 바다 두루 돌아다니며
말로써 사람들의 가슴을 불사르라".

〈희생〉은 기본적으로 나의 전작들이 걸었던 과정을 계속 이어 갔다. 그러나 이 영화에서 나는 극적 전개에 시적 강조를 더하고자 했다. 내 최근작들의 구성은 어떤 의미에서 인상주의적이라고 할 수 있다. 일부 드문 경우를 제외하면 모든 에피소드는 일상생활에서 가져온 것이어서 관객들에게 완전하게 이해된다. 마지막 영화를 준비하면서 나는 내 경험의 모델과 극적 구조의 법칙에 따라 에피소드들을 발전시키는 데만 그치지 않고 영화를 모든 에피소드가 조화롭게 연결되는 시적 전체로 구성하려고 했다. 이전 영화들에서는 여기에 많은 의미가 부여되지 않았다. 따라서 〈희생〉의 전체 구조가 더 복잡해졌고 시적 우화의 형태를 띠게 되었다. 〈향수〉에서는 통역사 유제니아에 얽힌 스캔들, 도메니코의 분신, 촛불을 들고 세 차례에 걸쳐 온천을 횡단하려는 고르차코프에 관한 에피소드를 제외하면 극적 전개가 거의 없다. 반면 〈희생〉에서는 개별 인물들 사이에 갈등이 전개될 뿐만 아니라 폭발할 지경까지 이른다. 〈향수〉의 도메니코처럼 〈희생〉의 알렉산더도 행동에 나설 준비가 되어 있다. 이처럼 행동에 기꺼이 나설 준비는 임박한 변화에 대한 예감에서 나온다. 도메니코는 이미 희생의 표시를 달고 있다. 차이가 있다면, 도메니코의 희생이 눈에 띄는 결과를 낳지 못한다는 데 있을 뿐이다.

알렉산더는 우울증에 끊임없이 시달린다. 전직 배우인 그는 모든 것에 싫증을 느낀다. 그를 귀찮게 하는 세상의 변화와 가정의 불화에 염증이 난다. 그는 걷잡을 수 없이 발전하는 기술과 이른바 진보의 위험성을 본능적으로 느낀다. 그는 사람들의 빈말들을 증오한 나머지 침묵에 빠져 그 안에서 아주 작으나마 진실을 찾으려고 시도한다. 알렉산더는 관객들로 하여금 자신의 희생 행위에 참여하여 그 결과를 느껴볼 기회를 제공한다. 그러나 나는 이것이 유감스럽게도 오늘날 영화에서 많은 감독이 의존하고 있고 소련과 미국에서

(따라서 유럽에서도) 두 가지 최신 영화 형식 가운데 하나가 되고 있는 이른바 '공동 참여' 영화가 아니길 바란다. 나는 이것이 또 다른 영화 형식인 이른바 시적 영화도 아니길 바란다. 시적 영화에서는 보는 것이 의도적으로 이해될 수 없도록 만들어진다. 따라서 감독 자신도 자신이 한 일을 설명할 수 없거나 그에 대한 설명의 근거를 고안해내지 않으면 안 된다. 그러나 희생의 우의적 형식은 희생 행위에 부합하므로 부연 설명이 필요하지 않다. 나는 영화에 대한 해석이 다양할 수 있다고 예상했기 때문에 플롯의 결론이나 해결, 결말을 구체적으로 도출하여 관객들에게 보여주려고 하지 않았다. 사실 나는 어떤 관객의 견해에도 동의한다. 영화는 의도적으로 다양하게 해석될 수 있도록 만들어졌다. 관객 자신이 영화의 사건들을 해석할 수 있고 모든 상호 관계와 대립 양상에 대해 스스로 해결책을 찾을 수 있을 것이다.

알렉산더는 신을 향해 기도한다. 그리고 과거의 삶과 단절한 채 자기 뒤에 있는 모든 다리를 불태우고 돌아갈 길을 하나도 남겨두지 않는다. 그는 자신의 집도 파괴하고 한없이 사랑하는 아들과도 작별한다. 그리고 현대 세계에서 말의 가치 절하에 쐐기라도 박듯이 침묵에 빠진다. 종교적인 사람들은 기도 이후에 나온 알렉산더의 행동에서 핵 재앙을 피하려면 어떻게 해야만 하는지 묻는 인간의 질문에 대한 신의 답변을 예상해볼 수도 있지 않을까? 답변은 신에게 향하는 것이다.

초자연적 현상에 빠진 사람들에게는 마녀 마리아와 만나는 장면이 중심 장면이자 모든 것을 설명해주는 장면으로 보일 수 있다. 영화 속에서 일어나는 모든 사건을 정신 나간 바보의 환상이 낳은 산물로 간주하는 사람들도 분명히 있을 것이다. 어떤 핵전쟁도 실제로 일어나지 않았기 때문이다.

영화가 보여주는 현실은 이 모든 예상과 완전히 다르다. 나무

"재앙의 위협을 앞두고 있던 상황에서 알렉산더는 마리아의 사랑을
 신의 선물이자 자신의 모든 운명을 정당화해주는 것으로 받아들인다."
〈희생〉에서 가정부 마리아를 연기한
구드룬 기슬라도티르 Guðrún Gísladóttir (1954~).

를 심는 첫 번째 장면, 그리고 나에게는 믿음 자체의 상징으로 보이
는 메마른 나무에 물을 주는 마지막 장면은 변별 지점들이다. 이 두
지점 사이에서 사건들은 점점 강력해지는 동력을 받아 전개된다.
오직 알렉산더만이 영화가 끝날 무렵 자신의 정당성과 우월성을 입
증해 보이는 것은 아니다. 알렉산더의 가족에게 노예처럼 헌신하
는, 건강미가 철철 넘치고 순박한 사람으로 우리 앞에 처음 나타나
는 의사 빅터도 마지막에 가서 이 가족을 지배하는 지독히 해로운
분위기와 이로부터 나오는 치명적인 영향을 느끼고 알 수 있을 정
도로 커다란 변화를 겪고 새로 태어난다. 그는 자신의 견해를 감히
밝힐 수 있을 뿐만 아니라 호주로 이주하기로 결심함으로써 그가
증오했던 것에 대해 반항할 줄도 아는 것으로 밝혀진다.

　　알렉산더의 아내인 아델라이데는 영화가 거의 끝나는 시점까
지 매우 극적인 성격의 인물로 나온다. 그녀는 개성이나 인격을 조
금이라도 내비치고 자신의 권위에 대립하는 것이면 무엇이든 본능
적으로 질식시켜버리려고 한다. 그녀는 실제로 원하지는 않을지라
도 자기 남편까지도 포함하여 그야말로 모든 사람을 억압한다. 아
델라이데에게는 건강한 판단력이란 것이 거의 없다. 그녀 자신도
정신적 결핍으로 고통받고 있지만, 그와 동시에 이 고통으로부터
핵폭발처럼 억제할 수 없는 파괴력이 나온다. 그녀는 알렉산더의
비극을 낳은 원인 가운데 하나다. 그녀가 사람들에게 기울이는 관
심은 그녀의 공격적 본능, 자기주장 욕망과 반비례한다. 그녀의 진
실 인식 능력은 극히 제한적이어서 다른 사람의 세계를 이해할 수
없다. 그녀는 심지어 이 세계를 인식한다고 하더라도 그곳으로 들
어가고 싶어 하지 않을 것이고, 들어갈 수도 없을 것이다.

　　아델라이데와 대칭적인 인물은 알렉산더의 집에서 가정부로
일하는 마리아다. 그녀는 겸손하고 소심하며 자기 자신에 대해 언
제나 확신하지 못한다. 영화 초반부에만 해도 마리아와 집주인 알

"어느 날 아침에 일어나보니 나무줄기가 어린잎들로
뒤덮여 있었다. 이것이 과연 기적일까? 이것은 진실이기도 하다."
영화 〈희생〉의 한 장면.

렉산더가 가까워지리라고는 상상조차 할 수 없었다. 이들의 사회적
지위와 신분이 완전히 다르기 때문이다. 그러나 이들이 어느 날 하
룻밤을 함께 보내고 난 뒤 알렉산더는 당연히 이전처럼 똑같이 살
수 없게 된다. 재앙의 위협을 앞두고 있던 상황에서 알렉산더는 이
평범한 여성의 사랑을 신의 선물이자 자신의 모든 운명을 정당화해
주는 것으로 받아들인다. 갑자기 찾아온 기적이 알렉산더를 변화시
킨다.

〈희생〉의 여덟 개 배역 각각에 잘 어울리는 배우를 찾기가 매
우 어려웠다. 하지만 나는 완성된 영화에서 주인공들의 성격과 행
동을 완전히 자기화한 최적의 남녀 배우들을 선보였다고 생각한다.

촬영 중에 우리는 기술적인 문제도, 기타 다른 문제도 없었다.
그러나 작업이 끝날 무렵 우리 모두의 노력에서 상당 부분이 위험
에 빠져 모두가 절망했던 순간이 있었다. 6분 30초에 걸쳐 이어지
는 화재 장면을 단일 쇼트로 찍을 때 카메라가 갑자기 고장 났다.
우리는 세트 전체가 이미 화염에 휩싸인 뒤에 이 사실을 알았다. 세
트가 우리 눈앞에서 완전히 전소되어 불을 끌 수도 없었고 단일 쇼
트를 끝까지 찍을 수도 없었다. 넉 달에 거쳐 많은 노력과 비용을
들여 진행한 작업이 물거품이 되었다. 기본 세트가 불에 타버린 것
이 문제였다. 하지만 며칠 뒤에 불타버린 것과 똑같은 집이 완성됐
다. 불과 며칠 만에 기적과도 같은 일이 일어났다. 이는 사람들이
무언가를 확신한다면 무엇이든 할 수 있음을 증명해주었다. 게다가
이들은 단순한 사람들이 아니라 초인적인 프로듀서들이었다. 심지
어 이 장면을 재촬영할 때도 두 대의 카메라에서 불이 꺼질 때까지,
형언할 수 없는 긴장감이 우리에게서 떠나지 않았다. 카메라 두 대
중 한 대는 보조 카메라맨의 것이었고, 다른 한 대는 손이 덜덜 떨
릴 만큼 극도로 초조해한 빛의 달인이자 천재인 스벤 닉비스트Sven
Nykvist(1922~2006)의 것이었다. 재촬영이 끝나고 나서야 비로소 긴

장이 풀렸다. 거의 모든 사람이 아이들처럼 울음을 터트렸다. 우리는 서로 얼싸안았다. 나는 우리 제작진이 단단한 유대감으로 얼마나 끈끈하게 맺어져 있었는지 느낄 수 있었다. 이 영화에는 꿈 장면이나 메마른 나무를 심는 장면처럼, 심리학적 관점에서 보면, 알렉산더가 자신의 다짐을 이행하면서 집에 불을 지르는 장면보다 더 큰 의미를 갖는 장면들이 있는 것 같다. 하지만 나는 처음부터 관객들의 감정을 딱 봐도 미친 듯한 사람의 행위에 집중시키고 싶었다. 이 사람은 삶에 필요하지 않은 것, 정신적 가치가 아닌 것은 모두 죄악이라고 생각한다. 내가 중요하게 여기는 것은 알렉산더가 그의 의식 속에 왜곡되어 있는 시간을 통과하면서 경험하는 새로운 삶이다. 어쩌면 바로 이런 이유로 화재 장면이 그렇게 길었는지 모른다. 이렇게 긴 에피소드는 영화사에 아직 없었지만, 이미 말했듯이, 이 것은 필요한 장면이었다.

영화 초반부에서 알렉산더는 아들에게 "태초에 말씀이 있었으나 너는 말 없는 연어 고기처럼 침묵하고 있구나"라고 말한다. 소년은 목을 수술하고 난 뒤라서 아버지로부터 메마른 나무에 관한 전설을 잠자코 들어야만 했다. 한편 나중에 가서 알렉산더 자신도 핵 재앙에 관한 끔찍한 소식을 듣고 나서 침묵하기로 맹세한다. "나는 침묵할 것이다. 어떤 사람과도 말 한마디 나누지 않을 것이다. 나를 과거의 삶과 연결하는 모든 것을 포기할 것이다." 신은 알렉산더의 간청을 듣는다. 그 결과는 무서운 동시에 기쁘다. 알렉산더는 맹세를 실천하며 세계와 완전히 단절하는데, 그는 이전에 이 세계의 법칙에 복종했다. 그리하여 알렉산더는 가족만 잃어버리는 것이 아니라, 도덕 규범을 평가할 수 있는 최소한의 기회도 상실한다. 이는 그의 주변 사람들이 보기에 가장 끔찍한 일이다. 그럼에도 불구하고, 하지만 좀더 정확하게 말하자면, 바로 그런 이유로 알렉산더는 내가 보기에 신의 선택을 받은 사람이다. 알렉산더는, 자신의

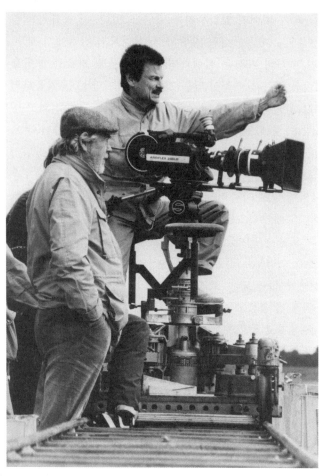

"감독의 과제는 삶을 재창조하는 것이다.
삶의 운동, 모순, 경향과 투쟁을 재창조하는 것이다."

견해에 따르면 심연 속으로 빠져드는 현대 사회 메커니즘의 파괴력에서 나오는 위협을 느끼는 사람이다. 인류의 구원을 위해서는 현대 세계의 가면을 벗겨내야 한다.

영화의 사건들에 참여하는 또 다른 인물들도 어느 정도 신의 인정과 부름을 받고 있다. 집배원 오토는 스스로 말하듯이 설명할 수 없는 비밀스러운 사건들을 수집한다. 그의 태생을 아는 사람은 아무도 없다. 불가사의한 사실들로 가득 찬 마을에 그가 언제 어떻게 나타났는지도 알려지지 않았다. 오토에게도, 알렉산더의 '꼬마' 아들에게도, 하녀 마리아에게도 이 세계는 이해할 수 없는 기적들로 가득 차 있다. 왜냐하면 이들은 실제 세계가 아닌 상상의 세계에 살고 있기 때문이다. 이들은 실증주의자도, 실용주의자도 아니다. 이들은 자신들이 손으로 만질 수 있을 정도로 명명백백한 것을 믿으려 하지 않는다. 하지만 이들의 상상력이 빚어내는 그림은 진실하다. 이들이 하는 모든 것은 '정상적인' 행위 모범들과 근본적으로 다르다. 이들은 고대 러시아 사람들이 '성스러운 바보Iurodivyi'에게서 보고 인정했던 재능을 소유하고 있다. 이들은 성스러운 바보들처럼 오직 순례자와 누더기 차림 거지의 행색을 하고서만 '정상적' 조건 속에 사는 사람들에게 영향을 미친 것이 아니었다. 이들의 예언과 이들의 희생은 나머지 세계의 분명하고 법제화된 모든 규칙에 어긋났다.

오늘날 문명화된 인류 대다수는 믿음이 없는 사람들이고, 완전히 실증주의적인 경향을 보인다. 하지만 심지어 실증주의자들조차도 우주는 영원히 존재하지만 지구는 우연히 존재할 뿐이라는 마르크스주의의 주장에 담긴 부조리성에 주목하지 못한다. 어떻게 그럴 수 있단 말인가! 도와주세요! 도둑이야! 현대인은 예기치 않은 성과와 '정상적' 논리에 맞지 않는 이례적 사건들에 희망을 걸 줄 모른다. 오늘날 인간은 심지어 생각으로라도 기적을 인정하고 기적의 마법 같은 힘을 믿을 준비가 여전히 덜 되어 있다. 그런 능력과 준비 부족으로 야기된 정신의 황폐화 속에서 이제 인간은 걸음을 멈추고 서서 가만히 숙고해보지 않으면 안 된다. 하지만 이와 함께 인간 스스로 자신의 삶의 길이 인간의 척도로 측정되는 것이 아니라 조물주의 손에 달려 있으며 인간은 조물주의 의지에 따라야 한다는 것을 이해해야만 한다.

불행하게도 오늘날 많은 프로듀서가 '작가 영화'를 지원하려 들지 않는다. 그들은 영화를 예술의 일부로 바라보는 것이 아니라 셀룰로이드 필름을 일반 상품으로 변질시키면서 돈벌이 기회로 간주한다.

이런 의미에서 〈희생〉은 무엇보다도 오늘날 상업 영화가 일삼고 있는 것을 완전히 거부하는 영화라고 할 수 있다. 내 영화는 현대적 사고의 독특한 현상들이나 이들의 존재 양식에 대한 지지나 거부를 주장하지 않는다. 내가 기본적으로 바라는 것은 인간 삶의 시급한 문제들을 제기하고 드러내며, 관객들로 하여금 우리 존재의 잃어버린 원천을 찾아가도록 호소하는 것이었다. 영상과 시각 이미지들은, 특히 말이 신비하고 주술적인 힘을 잃어버리고 발화가 알렉산더의 말마따나 무언가를 의미하는 것을 중단하면서 공허한 잡담으로 변질된 바로 이때, 존재의 잃어버린 원천을 찾아가게 하는 일을 말보다 훨씬 더 잘할 수 있다. 우리가 정보의 과잉에 빠져 질식할 듯한 가운데 우리 삶을 변화시킬 수 있는 아주 중요한 메시지들이 우리 의식에 도달하지 못하고 있다.

우리 세계는 선과 악, 정신성과 실용성으로 양분되어 있다. 우리 인간 세계는 물질적 법칙에 따라 만들어져 있다. 왜냐하면 인간이 자신의 사회를 생기 없는 물질의 형태로 만들어놓았고 생기 없는 자연의 법칙을 자신에게 옮겨왔기 때문이다. 따라서 인간은 정신을 믿지 않고 신을 거부한다. 오직 빵만으로 먹고 살기 때문이다.

인간의 관점에서 볼 때, 정신과 기적과 신이 어느 것에도 건설적으로 참여하지 않는다면, 인간이 어떻게 이들을 믿을 수 있겠는가. 이들은 필요 없다. 게다가 인간은 이들을 보지 못한다. 하지만 이렇게 불필요한 곳에서, 순수한 경험론이 지배하는 곳에서 갑자기 물리학의 기적들이 이따금 일어나곤 한다.

주지하듯이, 위대한 현대 물리학자 가운데 압도적 다수가 무슨 이유인지 모르게 신을 믿고 있다. 나는 고인이 된 소련 물리학자 레프 란다우Lev Landau(1908~68) 박사와 이 주제에 관해서 이야기를 나눠본 적이 있다.

장소: 크림 해변, 조약돌
나: 박사님은 신이 존재한다고 보십니까, 그렇지 않다고 보십니까?
(3분간 침묵)
란다우 박사(나를 무심하게 바라본 뒤): 존재한다고 생각하네.

당시 나는 시인 아르세니 타르콥스키의 아들이었을 뿐 아무도 모르는 까무잡잡한 얼굴의 소년이었다. 다시 말해 누군가의 아들로 별 볼 일 없는 사람이었다.

그때 나는 란다우 박사를 처음이자 마지막으로 봤다. 우연한 만남이자 유일한 만남이었다. 소련 출신 노벨상 수상자가 솔직함을 보여준 유일한 이유도 여기에 있다.

임박한 종말론적 침묵의 징후들이 분명한 사실들로 나타나고 있는데도 인간은 살아남을 희망을 품을 수 있을까? 이 물음에 대한 답변은 어쩌면 생명의 물기를 빼앗겨 시들어버린 나무의 끈기에 관한 전설에서 찾을 수 있을지 모른다. 나는 다음과 같은 전설을 내 창작 이력에서 가장 중요한 영화의 토대로 삼았다. 한 수도승이 양동이에 물을 길어 한 걸음 한 걸음 산으로 걸어가서 시들어버린 나무에 물을 준다. 그는 자신의 행동이 필요하다는 데 일말의 의심도 없고, 창조주에게 믿음의 기적을 바라는 신념을 단 한 순간도 잃지 않는다. 그래서 수도승은 기적을 체험한다. 어느 날 아침에 일어나 보니 나무줄기가 어린잎들로 뒤덮여 있었기 때문이다. 이것이 과연 기적일까? 이것은 진실이기도 하다.

결론

이 책을 쓰는 동안 많은 시간이 흘렀다. 그래서 나는 여기서 말한 모든 것에 관한 지금의 내 생각에서 결론을 내려야 할 필요성을 특히 끈질기게 느낀다.

한편으로 나는 흔히 말하듯이 단숨에 써 내려갈 때 달성할 수 있는 그런 완결성이 이 책에 충분치 않을 수도 있다고 본다. 다른 한편으로 나에게 이 책은 내가 영화에서 직면했고 지금도 작업할 때 계속 부딪히는 문제들에 대해 모두 일관되게 이야기해주는 일기처럼 소중하다. 오랫동안 참고 기다려준 이 책의 독자들은 이제 그런 문제들이 어떻게 형성됐는지 증언해주는 목격자가 되었다.

지금 나는 예술 전반, 특히 영화의 사명에 대해서 말하는 것보다는 삶 자체에 대해서 말하는 것이 훨씬 더 중요하다고 생각한다. 예술가는 이 삶 자체의 의미를 의식하지 못한다면 자신의 예술 언어로 어떤 것도 명료하게 표현하지 못할 것이다. 따라서 이 책을 마무리하면서 나는 현대의 문제들에 관한 내 생각을 간단히 밝혀보기로 했다. 그리고 이런 문제들에 담긴 어떤 일관성이 나에게 그 본질에서 시간을 뛰어넘을 정도로 중요해 보이고, 우리 존재의 의미와 관련되는지도 이야기할 것이다.

이런 공통 문제들을 이해하는 맥락 안에서만 현대 세계에서 예술가의 위치와 그의 심리 상태, 예술 앞에 놓인 과제의 성격을 평가할 수 있다. 예술가 자신의 과제만이 아니라 특히 인간의 과제도 규명하기 위해서 나는 우리 문명 전반에 대한 문제, 각 인간의 개인적 책임과 역사 과정에 참여하는 것에 대한 문제를 제기하지 않을 수 없었다.

우리 시대가 저물어가고 있다. 더 '정의롭고' 합리적인 사회 조직을 목표로 사회 개조 사상을 추진한 지도자들과 '탁월한 인물들', '대심문관들'이 정점에 섰던 역사 단계 전체도 막을 내리고 있는 것처럼 보인다. 이들은 대중에게 새로운 이념적·사회적 사상을 강제하고, 국민 다수의 행복을 위해 생활 조직 형식을 개조하라고 촉구하면서 대중의 의식을 지배하려고 했다. 도스토옙스키는 다른 사람들의 행복을 위해 자신들이 책임을 지겠다고 나서는 '대심문관들'에 대해 이미 경고한 바 있다. 우리는 특정 계급이나 특정 집단의 이익을 소리 높여 주장하고 더 나아가 인류의 이익과 '보편적 선'에 대한 주문을 읊조리듯 기원했던 사람들이 어떻게 사회에서 치명적으로 소외된 개인의 권리를 파렴치하게 짓밟았는지 보았다. 어떻게 '역사적 필연성'에서 '객관적', '과학적' 근거를 찾으면서, 존재론적 차원에서는 주관적으로 의식하는 오류를 범하기 시작했는지 보았다.

사실 문명사 전체에 걸쳐, 역사 과정이란 세계 구원과 인간 조건의 개선을 위해 공상가와 정치인들의 머릿속에서 무르익은 더 '확실하고' '올바른' 길을 사람들에게 매번 제시하면서 형성됐다. 이런 재건 과정에 참여하려면 '소수자들'은 매번 자신만의 사고방식을 포기하고 자신의 노력을 외부로 돌려 제안된 행동 계획에 맞춰야만 했다. '진보'를 위한 역동적인 대외 행동의 조건 속에서 인간은 미래와 인류를 구원하면서 자신에게 고유한 것과 개인적인 것, 현재적인 것을 망각했고 공동의 노력에 사로잡힌 채 자신의 고유한 정신적 특성의 의미를 저버렸다. 이런 과정을 거친 결과 개인과 사회에 더욱더 절망적인 갈등 상황이 형성됐다. 예수 그리스도가 "너 자신처럼 네 이웃을 사랑하라"고 말한 의미대로, 자기 자신의 이익은 생각하지 않고 다른 모든 사람의 이익을 걱정해주는 사람은 아무도 없을 것이다. 사실 예수의 말은 당신 안에서 초개인적인 것을 존중할 수 있을 만큼, 다시 말해 당신이 개인적이고 탐욕스럽고 이기적인 관심사에 빠지지 않게 해주고, 당신 자신을 타인에게 내주고, 의심도 판단도 없이 타인을 사랑하게 하는 신적인 원리를 존중할 수 있을 만큼 당신 자신을 사랑하라는 것이었다. 이를 위해서는 진정한 자기 존엄이 필요하다. 다시 말해 세속 생활의 중심이 되는 나의 '자아'가 객관적 가치와 의미를 소유하고 일정한 정신 수준을 달성하고, 무엇보다도 이기적 의도가 빠진 정신적 완성을 지향한다는 진실에 대한 의식이 필요하다. 자기 자신에 대한 관심, 자기 자신의 영혼을 위한 투쟁은 인간에게 굳건한 결행과 막대한 노력을 요구한다. 윤리적 의미에서 인간은 자기 자신의 실리적·이기적 관심사를 조금 더 올리는 것보다 낮추기가 훨씬 더 쉽다. 진정한 정신적 탄생에 이르려면 커다란 내면적 노력이 필요하다. 그리고 인간은 '영혼을 낚는 사람들'의 낚싯대에 쉽게 걸려든 나머지 어쩌면 공통의 고매한 과제를 위해 자신의 개인적인 길을 포기하고, 그럼으로써 어떤 목적을 위해 자신에게 주어진 삶과 자기 자신을 사실상 배신하게 된다는 것을 의식하지 못한다.

인간관계는 사람들이 자기 자신에게는 아무것도 요구하지 않고 윤리적 노력을 기울이지도 않으면서 모든 요구를 다른 사람들에게, 인류 전체에게 전가하는 방식으로 형성됐다. 사람들은 타인에게 자신을 낮추고 희생하고 사회 건설에 참여하라고 하지만, 정작 자신은 이 과정에 절대 참여하지 않고 세계에서 일어나는 일에 대한 개인적 책임을 거부한다. 이런 과정에 참여하지도 않고, 더 보편적이고 고매하고 내적으로 의미 있는 과제들을 위한 길에서 자신의 편협하고 이기적인 관심사를 포기하지도 않는 짓을 정당화하는 구실은 수천 개가 넘는다. 자기 자신을 냉철하게 바라보고 자기 자신의 삶과 영혼에 책임을 지겠다는 결심과 의지를 보이는 사람은 아무도 없다. '우리' 모두 함께, 다시 말해 인류 모두가 문명을 창조한다고 하면서 우리는 개인적 책임을 저버리고 세계에서 일어나는 일에 대한 책임을 자신도 모르게 다른 사람들에게 전가한다. 이런 뿌리 깊은 전제에서 개인과 사회의 갈등은 점점 더 절망에 빠지고, 개인과 인류 사이 소외의 벽은 날로 높아진다.

요컨대, 우리는 어느 누구의 노력도 아닌 바로 우리 '공동'의 노력으로 건설된 사회에서 살고 있는데, 여기서 개인에 대한 요구는 자기 자신에게 부여되지 않고 다른 사람들에게 부여된다. 이러한 상황에서 인간은 낯선 사상과 야심을 위한 수단이 되거나 그 자신이 지도자가 되어 어떤 개인의 권리도 고려하지 않고 다른 사람들의 에너지와 노력을 이용한다. 개인적 책임은 '공동 이익'으로 잘못 이해한 것을 위해 희생되어 사라져버린 것 같았다. 인간은 '공동 이익'에 봉사한답시고 자기 자신에 대한 책임을 방기하는 권리를 획득했다.

우리가 우리 자신의 문제를 누군가에게 전가한 순간부터 물질적 과정과 정신적 과정 사이에 가로놓인 심연이 계속해서 깊어지고 있다. 우리는 다른 사람들이 우리를 위해 마련해준 사상들의 세계에 살면서 이 사상들의 표준에 따라 발전하거나 그로부터 절망적으로 점점 소외되고 그에 대립한다.

믿기 어렵고 야만적인 상황이 아닐 수 없다!

개인적인 것과 공적인 것의 갈등은 오직 정신적인 것과 물질적인 것이 균형을 이룰 때만 해소될 수 있다고 나는 믿는다. '공공을 위해 자신을 희생한다'는 것은 무슨 의미일까? 이것은 개인적인 것과 사회적인 것의 극적 갈등이 아닐까? 만일 인간이 미래 사회에 대한 강력한 책임감을 내면에 갖지 못한다면, 오직 다른 사람들을 이용할 권리만 느끼면서 그들의 운명을 외부로부터 감독하고 사회 발전에서 담당할 그들의 역할을 가르친다면, 개인과 사회의 이견은 점점 더 적대적인 성격을 띠기 시작할 것이다.

　의지의 자유는 사회 현상들은 물론이고 다른 사람들 사이에서 자기 자신의 위치도 평가할 수 있게 보장해준다. 의지의 자유 덕에 선과 악 사이의 선택도 자유롭게 할 수 있다. 그러나 이때 자유의 문제와 함께 양심의 문제도 발생한다. 그리고 사회적 의식이 만들어내는 모든 개념이 진화의 산물이라고 한다면, 양심의 개념은 역사적 과정과 관련된다. 하나의 개념이자 감정으로서 양심은 인간에게 선험적으로 내재하며, 우리 문명이 낳은 완전히 그릇된 사회의 근간을 뒤흔든다. 양심은 이 사회의 안정화를 방해한다. 양심은 종의 이익에, 심지어 종의 생존에 자주 역행한다. 생물학적·진화론적 의미에서 양심의 범주 자체는 완전히 무의미하지만, 인간이 종으로서 존재하고 발전하는 동안 내내 인간과 동행하며 존재한다.

　인류의 발전 과정에서 물질적 안녕과 정신적 완성이 동시에 진행되지 않았음은 자명하다. 그럼으로써 우리는 치명적이게도 우리 자신이 이룩한 물질적 성과를 우리 자신의 복리를 위해 사용할 수 있는 능력을 제대로 익히지 못한 것 같다. 우리는 인류를 파멸로 몰아넣는 문명을 창조했다.

　이런 세계적 파국 앞에서는 인간의 개인적 책임과 정신적 희생을 준비하는 문제를 제기하는 것이 유일하고도 근본적으로 중요한 것처럼 보인다. 정신적 희생 없이는 정신적 원리 자체에 관한 문제도 있을 수 없다.

　내가 말하는 희생은 고귀한 정신을 소유한 모든 인간의 유기적이고 자연스러운 존재 형식이 되어야 하는 것으로, 누군가가 부과한 억지 행복이나 징벌이 아니다. 다른 사람을 위해 자발적으로 봉사하는 것이 내가 말하는 희생이다. 이런 희생은 인간이 사랑을 위해 스스로 자연스럽게 받아들인 유일하게 가능한 존재 형식이다.

그러나 오늘날 사람들 사이에서 가장 널리 퍼진 상호 관계의 의미는 어디에 있을까? 그것은 무엇보다 자신의 어떤 이익도 포기하지 않으려 하면서 가능한 한 더 많은 것을 서로에게서 빼앗고 얻으려는 데 있다. 하지만 우리 존재의 역설은 우리가 동료들을 더 모욕하면 할수록 이 세계에서 만족감은 더 적게 느끼고 소외감은 더 많이 느낀다는 것이다. 이는 우리가 지은 죄에 대한 대가이다. 다시 말해 자발적으로 선택하는 것을 포기한 대가이며, 진정으로 영웅적인 발전의 길을 선호하며 이것을 유일하게 가능하고 올바른 것, 우리가 강제 받지 않고 진정으로 바라는 것으로 온 마음으로 받아들이기를 포기한 대가이다.

그렇게 포기할 경우, 자신의 길과 선택에서 희생을 느끼는 인간은 오로지 사회와 빚는 갈등의 골을 더욱더 깊게만 할 뿐이며 사회를 자신에 대한 폭력의 대리자로 느낀다.

당장 우리는 정신세계가 죽어가고 있고, 물질세계가 오래전부터 자체의 순환계를 발전시켜왔음을 목격하고 있다. 그리고 이 순환 체계가 병에 걸려 마비 증상을 보이는 우리 사회의 근간을 형성하고 있다. 물질적 진보가 모든 사람에게 행복을 선사하지 않는다는 것은 자명하다. 그런데도 우리는 물질적 진보의 성과들을 광적으로 확대하고 있다. 그리하여 우리는 영화 〈스토커〉에서 말하고 있듯이 현재가 본질적으로 이미 미래와 합쳐지는 지경까지 왔다. 다시 말해 가까운 미래의 돌이킬 수 없는 파국의 전제들이 현재 안에 내포된 것이다. 하지만 우리는 파국을 의식하면서도 정작 그것을 방지하지는 못한다.

이처럼 인간의 운명과 그 행동을 이어주던 연결고리가 끊어졌다. 이런 비극적 단절은 현대 세계에서 인간의 불안감을 야기한다. 본질적으로 인간은 당연히 자신의 행동에 좌우된다. 그러나 인간은 결코 그에 좌우되지 않으며 자신의 경험이 미래에 영향을 미칠 수도 없다고 길들여져 왔기 때문에, 스스로 자신의 운명을 형성하지 못한다는 그릇되고 치명적인 생각이 싹트고 있다.

다시 말해 개인과 사회의 모든 관계는 이제 자신의 운명을 형성하는 데서 인간의 역할을 복원하는 것이 유일하게 중요한 것처럼 보일 정도로 파괴되고 말았다. 이를 위해서 인간은 자기 영혼의 개념으로, 자기 영혼의 고통으로 돌아가야만 하고, 자신의 양심을 자기 자신의 행동과 결부시키려고 해야만 할 것이다. 당신이 이와 관련하여 생각하는 것에 모든 것이 역행하고 있다고 의식한다면, 당신의 양심은 평안할 수 없다. 그리고 이러한 상황을 당신의 책임과 죄의식을 요구하는 영혼의 고통으로 느끼지 않으면 안 된다. 그렇게 하면 일어나고 있는 상황에 대해 자신의 책임은 없고 다른 사람들의 결정적 의지가 작용했다면서 당신 자신과 다른 사람들 앞에 변명을 늘어놓으며 편안하고 손쉽게 빠져나가지는 못할 것이다. 나는 삶의 조화를 복원하려는 시도가 개인의 책임 문제를 회복하는 길에 놓여 있다고 확신한다.

언젠가 마르크스와 엥겔스는 역사란 자신의 발전을 위한 여러 방안 중 최악의 방안을 선택한다고 지적한 바 있다. 이것은 오직 존재의 물질적 측면에서만 문제를 바라본다면 맞는 말이다. 그들은 역사가 관념론에 마지막으로 남아 있던 몇 방울의 생명력을 쥐어짜내고 개인의 정신적 중요성이 역사적 과정의 맥락에서 어떤 의미도 갖지 못했을 때 그와 같은 결론에 도달했다. 그들은 당시 상황을 관찰하면서 그 원인을 분석하지는 않았다. 당시 상황의 원인은 인간이 자신의 정신적 원칙에 책임을 지지 않았다는 데 있었다. 처음에는 인간이 역사를 영혼 없는 소외된 시스템으로 변화시켰고, 그런 다음 역사라는 기계가 자신의 발전을 위해 인간의 삶을 나사로써 필요로 하게 되었다.

그 결과 인간은 무엇보다 사회적으로 유용한 동물로 간주되었다. 유일한 문제는 무엇을 사회적 이익으로 볼 수 있느냐는 것이었다. 만약 우리가 누군가의 행동에서 사회적 효용성을 고집하면서 개인 자체의 이익은 망각한다면, 이는 인간 드라마를 위한 모든 전제조건을 조성하면서 용서할 수 없는 실수를 범하는 것이다.

자유의 문제와 함께 경험과 성장의 문제도 제기된다. 현대 인류는 자유를 위한 투쟁에서 개인적 해방을 요구한다. 다시 말해 개인이 원하는 것이면 무엇이든 할 수 있는 권리를 요구한다. 그러나 이것은 자유의 환영이며, 이런 길에서 인류는 오직 새로운 환멸만 마주할 뿐이다. 인간 정신의 에너지는 오로지 개인이 스스로 하겠다고 결심하는 커다란 내적 작업이 있을 때만 방출될 수 있다. 인간의 성장은 자기 수양으로 대체되어야 한다. 자기 수양 없이는 획득한 자유로 무엇을 해야 할지도 모르고, 이 자유를 순전히 소비주의로 저속하게 해석하는 것을 어떻게 하면 피할 수 있는지도 모른다.

이런 점에서 서구의 경험은 숙고해볼 만한 것을 정말 풍부하게 제공한다. 서구에는 의심의 여지 없이 민주적인 자유가 존재하지만, 자유로운 시민들이 엄청난 정신적 위기를 겪고 있다는 것 역시 모두가 분명하게 알고 있다. 무엇이 문제일까? 서구에는 개인의 자유가 있는데도 개인과 사회는 왜 그렇게 심각하게 갈등할까? 서구의 경험이 증명해주듯이, 자유를 돈 한 푼 내지 않고 쓰는 시냇물처럼 당연히 주어진 것이라고 생각한다거나 어떤 정신적 노력도 기울이지 않은 채 자유를 누리는 것은 곧 인간이 자신의 삶을 더 나은 쪽으로 변화시키는 데 이런 자유의 혜택을 활용할 수 없다는 것을 의미한다. 인간은 대가가 따르는 정신적 노력 없이는 어떤 자유도 한 번에 얻을 수 없다. 외적 세계와의 관계에서 인간은 본질적으로 자유롭지 않다. 인간은 혼자가 아니기 때문이다. 그러나 내적 자유는 인간이 그것이 사회적 의미를 띤다는 점을 받아들이면서 자유를 사용할 용기와 결심을 보여줄 때만 처음부터 각자에게 주어진다.

진정으로 자유로운 인간은 이기적인 의미에서 자유로울 수 없다. 개인의 자유도 공동의 노력의 결과가 될 수 없다. 우리의 미래는 우리 자신 외에는 누구에게도 좌우되지 않는다. 그런데 우리는 타인의 수고와 고통으로 모든 것에 대한 대가를 치르는 데 익숙해 있다. 자신의 노고와 고통으로는 절대 그렇게 하지 않는다. 우리는 골고다 시대부터 의지의 자유와 선악을 선택할 권리를 충분히 부여받고 있어, '이 세계에서는 모든 것이 연결돼 있고' 우연한 것은 존재하지 않는다는 단순한 사실을 고려하길 거부한다.

물론, 당신의 자유 의지를 주장할 기회는 다른 사람들의 의지에 의해 제한된다. 그러나 부자유는 내적 소심함과 피동성, 양심의 목소리에 따라 자기 의지를 드러낼 용기의 부족에서 나온다고 말해야 할 것 같다.

러시아에서는 "새가 날기 위해 태어난 것처럼 인간은 행복하기 위해 태어났다"라는 작가 블라디미르 코롤렌코Vladimir Korolenko (1853~1921)의 말을 즐겨 인용한다. 인간 존재의 본질을 둘러싼 문제에서 이 말보다 더 멀리 떨어져 있고 무관한 것은 없어 보인다. 행복이라는 개념은 인간에게 무엇을 의미할까? 만족감일까? 조화성일까? "잠깐, 멈춰 봐요, 정말 멋져요!" 이런 걸까? 하지만 인간은 항상 불만족하면서 어떤 구체적이고 최종적인 과제를 지향하기보다는 무한성 자체를 지향한다. 심지어 교회조차도 절대를 향한 인간의 욕망을 충족시켜주지 못한다. 유감스럽게도 교회는 일종의 부속물로 존재하면서 우리의 실용적 삶을 조직하는 사회적 제도들을 흉내 내거나 희화한다. 어쨌든 오늘날 교회는 물질적·기술적 측면으로 기우는 크레인에 정신적 각성을 호소함으로써 균형을 맞춰야 하는데, 그러지 못하고 있다.

이런 상황에서 예술의 기능은 인간의 정신적 잠재력이라는 절대 자유를 표현하는 데 있는 것처럼 보인다. 나는 예술이 언제나 인

간 영혼을 집어삼키려는 물질에 맞서는 인간의 투쟁을 위한 수단이
었다고 생각한다. 기독교가 존재한 2000년 동안 예술이 종교 사상
과 사명 속에서 발전해온 것은 우연이 아니다. 예술의 존재는 조화
롭지 않은 인간 안에서 조화의 사상을 유지해주었다.

　　예술은 이상을 구현했다. 예술은 윤리적 원리와 물질적 원리의
완벽한 균형을 보여주었으며, 그러한 균형이 신화도 이념도 아니
라, 현상계 차원에서 존재할 수 있는 어떤 현실임을 자신의 존재로
입증해주었다. 예술은 인간의 조화 욕구와 함께, 인간이 물질적인
것과 정신적인 것 사이의 바람직한 균형을 획득하기 위해 자기 자
신의 내부에서 자기 자신에 맞서 싸우겠다는 각오도 표현해주었다.

　　예술이 이상과 함께 무한에 대한 열망을 표현하는 것이라면,
예술의 본질을 파괴할 위험을 무릅쓰지 않고는 소비 목적으로 예술
을 사용할 수 없다. 이상은 우리가 알고 있는 일반적 세계에 존재하
지 않는 것을 표현해주며, 정신적인 영역에 존재해야만 하는 것을
상기시켜준다. 예술 작품은 미래에 인류에게 속해야 하지만, 그에
앞서 일부 사람에게만 속하는 이상을 표현한다. 특히 자신의 예술
속에 이상적으로 구현된 것을 평범한 의식이 접할 수 있게 해준 천
재에게 속하는 이상을 표현한다. 따라서 예술은 물론 그 본질과 존
재의 측면에서 귀족적이다. 예술은 잠재력들을 구별하여 정신 에너
지가 인간의 정신적 완성을 목표로 낮은 단계에서 높은 단계로 이
동하게 해준다. 물론, 나는 여기서 예술에 관해 말하면서 계급적 개
념으로서 귀족주의를 염두에 두고 있지는 않다. 그와 반대로 나는
인간 영혼이 그런 길에서 완성을 향해 나아가면서 윤리적 정당성과
자신의 존재 의미를 찾고 싶어 한다는 것을 말하고자 한다. 이런 의
미에서 볼 때 모든 사람은 똑같은 처지에 있으며, 귀족들과 정신적
엘리트로 진입할 동등한 기회를 가진다. 그러나 문제의 본질은 모
든 사람이 이런 기회를 이용하고자 하는 것은 아니라는 데 있다. 예

술은 자신이 표현한 이상의 맥락 안에서 자기 자신과 자신의 존재를 평가해달라고 계속해서 제안한다.

코롤렌코가 정의한 행복권이라는 인간 존재의 의미로 돌아오면서, 나는 잘 알려졌듯이 내 수첩에 다음과 같이 코롤렌코의 말과 직접 배치되는 생각을 밝힌 욥이 떠올랐다. "불꽃이 위로만 솟구치는 것처럼 인간은 고난받기 위해 태어났다."(〈욥기〉 5장 7절) 고난이란 무엇일까? 고난은 어디에서 나오는 것일까? 불만족감에서, 당신이 처해 있는 현실과 이상의 갈등에서 나온다. 자신을 '행복하다'고 느끼는 것보다는, 선과 악의 균형 속에 있는 진정으로 신적인 자유를 위한 투쟁에서, 그리고 악을 보고 참지 못하고 물러서지 않는 데서 자신의 영혼을 확실하게 보여주는 것이 훨씬 더 중요하다.

예술은 믿음과 사랑, 소망, 아름다움, 기도처럼 인간이 할 수 있는 최고의 것을 긍정해준다. 또는 인간이 꿈꾸고 희망하는 것을 긍정해준다. 헤엄칠 줄 모르는 사람을 물속으로 집어던지면, 그 사람 자신이 아니라 그의 육체가 본능적인 움직임을 보이기 시작한다. 그는 구조되려고 한다. 예술도 물에 빠진 인간의 육체와 똑같다. 예술은 정신적으로 익사하지 않으려는 인간의 본능처럼 존재한다. 인간의 정신적 본능이 바로 예술가에게서 나타난다. 한편 작품에서는 흔히 시인 자신의 부도덕에도 불구하고, 영원하고 숭고하고 전능한 것을 향한 인간의 열망이 표현된다.

예술이란 무엇일까? 예술은 선한 것일까, 악한 것일까? 예술은 신으로부터 나올까, 악마에게서 나올까? 인간의 힘에서 나올까, 그의 나약성에서 나올까? 어쩌면 사회적 조화의 이미지가 예술 속에 들어 있지 않을까? 그리고 바로 여기에 예술의 기능이 있는 것은 아닐까? 사랑의 고백은 아닐까? 상호의존 의식은 아닐까? 무의식적이지만, 삶의 진정한 의미를 반영하고 있는 행위가 바로 사랑과 희생이다.

돌아보자면, 우리는 왜 인류의 길에서 역사적 격변과 파국을 목격하고 파괴된 문명의 잔재를 발견할까? 이 문명들에 실제로 무슨 일이 있었던 것인가? 왜 숨결과 삶의 의시, 노력적 힘이 부족했을까? 이 모든 것이 오로지 물질적 결핍 때문에만 일어났다는 것을 정말 믿을 수 있을까? 그럴 수밖에 없었다고 생각하는 것은 너무 거칠어 보인다. 나는 우리가 역사적 과정의 정신적 측면을 전혀 고려하지 않은 바람에 우리 문명이 다시 한번 파멸 직전에 와 있다고 확언한다. 우리는 인류에게 닥치는 많은 불행이 우리가 용서받지 못할 정도로, 충분히 비난받을 만하게, 절망스러울 만큼 물질적으로 변해버렸기 때문에 일어나고 있음을 인정하려 들지 않는다. 다시 말해 자신을 과학의 추종자로 생각하면서, 이른바 과학적 계획을 좀더 확실하게 하기 위해서 우리는 인류 발전의 분리할 수 없는 단일 과정을 세로로 분할하여 거기서 분명하게 보이는 스프링 하나를 찾아내고, 바로 이것을 모든 것의 원인으로 간주하면서 과거의 실수들을 설명하려고 할 뿐만 아니라 미래의 청사진까지도 그리려고 한다! 이런 문명 붕괴의 의미는 어쩌면 인간이 진정한 선택을 할 때까지 역사가 참을성 있게 기다려준다는 것을 의미할지도 모른다. 인간의 그런 선택에 따라 역사는 더는 난국에 빠지지 않을 것이고, 새롭고 더 성공적인 시도를 기대한다면서 성공적이지 않은 시도들을 차례차례 지우지도 않을 것이다. 이런 측면에서 널리 퍼진 역사관에 동의하지 않을 수 없다. 여기서 역사는 아무것도 가르쳐주지 않으며, 인류는 이 역사의 경험에 주목하지도 않는다. 한마디로, 문명의 파국은 모두 해당 문명이 잘못 구상되었음을 입증한다. 만약 인류가 자신의 길을 새롭게 시작해야 한다면, 이는 이전의 길이 모두 정신적 완성을 위한 길이 아니었음을 증명해주는 것이다.

이런 의미에서 예술은 끝까지, 결과가 나올 때까지 가는 과정의 이미지이다. 또는 예술은 길고도, 어쩌면 무한한 역사의 길을 우회하면서 절대 진리를 (이미지 형식으로나마) 모방하는 것이다.

가끔 모든 것을 신뢰하고 자신을 다 내어주고, 《베다Veda》(바라문교의 성전)와 비슷한 어떤 개념에 자신을 맡긴 채 푹 쉬고 싶을 때가 있다. 동양이 서양보다 진리에 더 가까웠다. 하지만 서양 문명은 삶의 물질적 요구로 동양을 먹어 치워버렸다.

동양과 서양 음악을 비교해보자. 서양 음악은 소리친다. 여기 나야! 나를 봐! 내가 얼마나 고통받고 있고 얼마나 사랑하고 있는지 들어봐! 나는 얼마나 불행한가! 나는 얼마나 행복한가! 나야! 내 것이야! 나에게 말이야! 나를 말이야!

반면 동양은 자기 자신에 관해 한마디도 하지 않는다. 신과 자연, 시간에 완전히 녹아든다. 모든 것에서 자신을 발견한다! 자신 안에서 모든 것을 열어 보인다! 도교 음악을 생각해보라. 중국은 예수 그리스도보다 600년 앞서 탄생했다.

그렇다면 왜 위대한 사상이 승리하지 못하고 붕괴됐을까? 그런 토대에서 발생한 문명은 왜 완결된 역사 과정으로서 우리에게 전해지지 못했을까? 이 문명을 둘러싸고 있던 물질세계와 충돌했을까? 개인이 사회와 충돌하듯이, 이 문명도 다른 문명과 충돌했을까? 어쩌면 이들 문명은 서로 충돌해 파멸했을 수도 있고, 동시에 물질세계, '진보', 기술과 대면함으로써 파멸했는지도 모른다. 이들 문명은 하나의 결과였을 뿐만 아니라, 진정한 지식을 집약하는 세상의 소금 가운데 소금이었다. 동양의 논리에 따르면 투쟁은 본질적으로 죄 받을 짓이다.

문제는 우리 자신이 창조하고 있는 상상의 세계 속에 우리가 살고 있다는 것이다. 그리고 우리는 이 세계의 혜택을 받는 대신에 이 세계의 결함에서 피해를 보고 있다.

이제는 완전히 확신 있게 말할 수 있다. 인류가 예술적 이미지

외에 사심 없이 발명한 것은 아무것도 없으며, 어쩌면 인간 활동의 의미는 실제로 예술 창작 속에, 무의미하고 사심 없는 창조 행위 속에 있지 않을까? 어쩌면 우리가 신의 형상에 따라 신과 비슷하게 창조됐다는 것은, 다시 말해 우리가 창조할 능력이 있다는 것은 바로 이런 행위로 표현되는 것은 아닐까?

끝으로 이 책의 핵심 구상에 대해 말하고 싶다. 나는 이 책의 독자들이 나에게 설득되고 나서, 완전히는 아니더라도 부분적이나마, 최소한 내가 독자들에게 숨기는 것이 하나도 없다는 데 대한 감사의 표시로 나와 뜻을 같이하는 사람이 되어주었으면 정말 좋겠다.

모스크바–샌그레고리오–파리
1970~1986

옮긴이의 말

'타르콥스키'를 만나다

내가 러시아 영화에 관심을 가지게 된 것은 지금으로부터 정확히 20년 전이었다. 한편으로는 1920~30년대 러시아 문화에 관한 대학원 세미나를 통해 지가 베르토프 Dziga Vertov(1896~1954)의 다큐멘터리 〈카메라를 든 사나이 Chelovek s kinoapparatom〉(1929) 등 소비에트 아방가르드 영화를 본격적으로 접한 것이 내가 러시아 영화에 관심을 기울이게 한 중요한 계기 중 하나였다. 또한 2001년 미국 버몬트주에 있는 미들베리대학교 '러시아 여름학교'에서 갈리나 악쇼노바가 진행한 구소련 해빙기 영화 수업을 들은 것 역시 현재 내가 주전공인 러시아 문학 못지않게 러시아 영화를 사랑하며 연구하게 된 직접적인 계기가 되었다. 특히 그해 '러시아 여름학교'에서 들은 1950~60년대 구소련 해빙기 영화 수업을 통해 러시아 영화의 신세계에 빠져들었을 뿐만 아니라, 바로 그 시기 대표작 가운데 하나인 〈이반의 어린 시절〉을 통해 안드레이 타르콥스키의 영화도 처음 만나게 되었다.

이렇게 시작된 타르콥스키와의 인연은 그해 겨울 며칠간 방문한 워싱턴 D.C.에서도 계속되었다. 때마침 그곳에서 '러시아 영화 주간'이 열렸는데, 상영작 중 하나가 바로 〈이반의 어린 시절〉이었다. 이곳 상영관은 미들베리대학교 강당보다 규모도 훨씬 크고 시설도 아주 좋아 영화를 보는 느낌과 영화에서 받은 인상이 여름과는 여러모로 달랐다. 이후 텍사스주 오스틴으로 돌아와서 VHS/

DVD 겸용 플레이어를 사서 학교 비디오라이브러리에서 빌린 영화를 집중적으로 보기 시작했다. 타르콥스키를 포함한 러시아 영화만이 아니라 세계 주요 영화도 마음껏 볼 수 있었다. 또 영화를 보는데 그치지 않고 어설프나마 영화를 분석하여 발표하는 자리에도 참여했다. 2002년 봄 학과의 후원을 받아 대학원 박사과정 학생 중심으로 작은 학술회의가 열렸는데, 이때 나는 타르콥스키의 영화 〈향수〉에 나타난 공간적 특성에 대해 발표했다.

문학 박사학위를 받고 졸업한 뒤에 연구 활동도 러시아 문학을 중심으로 이어갔지만, 러시아 영화와 타르콥스키는 나의 관심 분야에서 여전히 중요했다. 지금은 기술이 발전한 덕에 원하기만 하면 러시아 영화도 어느 시대 어느 작가를 막론하고 쉽게 구해 볼 수 있다. 특히 요즘은 러시아에서 화제가 된 영화라면 특정 장르에 국한하지 않고 두세 달의 시차를 두고 곧바로 수입되어 개봉관에 걸린다. 하지만 2000년대까지만 해도 한국에서 러시아 영화는 극소수 작가만 알려졌을 정도로 생소했다. 다행히도 타르콥스키는 러시아를 잘 모르는 사람들 사이에서도 꾸준히 알려지고 사랑받아서인지 드물게나마 열린 러시아 영화 소개에서 항상 빠지지 않고 소개되었다. 예를 들면, 당시 자주 찾은 씨네큐브 광화문에서는 2005년 3월 예술영화 르네상스 프로젝트 '10년 만의 외출' 첫 번째 프로그램으로 타르콥스키의 〈향수〉와 〈희생〉을 상영하고 관련 이벤트도 진행했다. 이때 나도 영화관을 찾았는데, 한국의 상영관 스크린에서 타르콥스키를 만나니 감회가 새로웠다. 〈향수〉에 나타난 공간 구성과 집의 주제를 분석한 연구 논문도 바로 이때 발표했다. 타르콥스키에 대한 나의 최초 관심이 마침내 연구 결과물로 나타난 것이다.

타르콥스키와의 인연은 그 후 10년 동안 나의 연구 활동에서 구체적으로 나타나지 못했다. 푸틴 시대에 들어와서 역동적으로 발전하기 시작한 러시아 영화의 새로운 매력에 흠뻑 빠진 탓에 타르콥스키에 관심을 기울이지 못했다. 그래도 타르콥스키 영화의 독보적 질감은 늘 내 마음속에서 떠나지 않았다. 그러다 데이비드 길레스피의 《러시아 영화: 문화적 기억과 미학적 전통》을 번역(그린비, 2015)하면서 타르콥스키를 다시 만나게 되었다. 물론, 이 책은 타르콥스키만 다루지 않는다. 타르콥스키는 책 전체에서 일부일 뿐이었다. 그러나 마지막 부분인 제9장 '자서전, 기억, 정체성'은 이 책에서 유일하게 특정 작가를 다루었다. 나머지 장들은 모두 주제별로 구성되어 있는데, 제9장이 바로 타르콥스키에게 할애된 것이다. 이유는 원저자가 러시아 영화를 연구하면서 타르콥스키에게 많은 관심과 애정을 쏟아왔던 특별한 배경에서 찾을 수 있다. 그의 영어 원저 표지 디자인으로 영화 〈거울〉에 나오는 한 장면을 사용한 것만 봐도 그의 관심권에서 타르콥스키가 차지하는 비중을 충분히 가늠할 수 있다. 요컨대, 이 책 번역은 내가 그동안 잊고 있던 타르콥스키를 새롭게 돌아본 기회였다.

《시간의 각인》으로 다시 만나다

끊어질 듯했다가도 계속해서 이어진 타르콥스키와의 인연은 그의 영화 미학과 시학, 철학이 집대성된 《시간의 각인》을 번역하게 되면서 다시 한번 확인할 수 있었다. 《시간의 각인》은 2005년 〈향수〉에 관한 논문을 준비하면서 당시 한국어 번역본 《봉인된 시간》을 통해 처음 만났다. 하지만 그때도 지금도 이 책을 충분히 정독하지 못한 채 필요한 부분이나 관심 있는 대목 위주로 파편적으로 읽은 것이 사실이다. 솔직히 말하면, 적잖이 어렵기도 했다. 어려웠던 이유를 돌이켜보면, 러시아어 원작을 번역하지 않고 독일어 번역본을 중역한 데 있었던 것 같다.

《봉인된 시간》을 러시아어 원어로 읽으면 타르콥스키의 문체가 결코 간결하지 않음을 알 수 있다. 그의 문체도 소련 시대 러시

아 작가들에게서 공통으로 나타나는 만연체 전통에서 결코 벗어나
지 못했음을 실감할 수 있다. 이 책에 담긴 타르콥스키의 취지와 의
미, 입장과 주장을 이해하는 도정에서 통과해야 할 난관 가운데 하
나는 바로 복잡한 숲길과도 같은 만연체 서술이다. 이런 문체적 특
성을 제대로 살려서 한국어로 전달하지 않으면 그렇지 않아도 쉽지
않은 타르콥스키의 중요한 영화 저술을 더 어렵게 할 뿐 아니라 저
술의 내용을 왜곡하거나 오해하게 할 수도 있다. 지난 20년간 타르
콥스키와 끊어질 듯 말 듯 맺어온 '질긴' 인연 때문이었는지 내가 바
로 이런 난제를 어떻게든 해소해야 하는 임무를 짊어지게 되었다.

    작년 여름 처음 번역 제안을 받았을 때 원고 마감 일정이 매우
촉박한데도 선뜻 수락한 것은 나름대로 각별했던 타르콥스키와의
개인적 인연도 있었지만, 무엇보다도《시간의 각인》을 러시아어
원작에서 번역하여 한국 독자들에게 새롭게 선보이고자 하는 출판
사의 구상과 의지가 매우 훌륭하고 시의적절하다고 생각했기 때문
이다. 그러나 강의만 아니라 다른 많은 일로도 몹시 바빴던 학기 중
에 번역을 완료하기는 애초부터 불가능했다. 기존 번역을 참고하
여 도움을 받으면 번역하기가 그나마 수월하지 않을까 기대도 했지
만, 이런 얄팍한 수로는 타르콥스키 자신의 비타협적인 성격만큼이
나 까다롭기만 한 러시아어 텍스트의 단단한 벽을 절대 꿰뚫고 나
갈 수 없었다. 결국 약속한 기한을 넘기고 말았지만, 앞서 말한 의
의 때문에라도 포기할 수는 없었다. 곧이어 정면 돌파 작업에 착수
했고 지난 3월에 드디어 번역을 완료하여 원고를 출판사에 무사히
넘길 수 있었다. 하지만 애초 약속을 지키지 못해 출판사에 폐를 끼
치게 된 것은 그저 미안할 따름이다.

    《시간의 각인》이《봉인된 시간》이라는 제목으로 처음 번역되
어 나온 지 올해로 정확히 30년이 되었다. 타르콥스키의 주요 저작
이자 세계 영화사의 대표 저술 가운데 하나로 손꼽히는《시간의 각

인》은 그동안 러시아 영화에 흥미가 있는 사람은 물론이고 영화 일
반에 관심을 기울이며 진지하게 공부하는 사람이라면 누구나 한 번
쯤 읽어봤을 것이다. 특히, 이 책은 러시아 영화에 관한 정보와 자료
가 극히 드물었던 소련 붕괴 직후 1990년대에서 2000년대까지 러시
아 영화만 아니라 러시아 문화도 알고 싶어 했던 사람들의 지적 갈
증을 조금이나마 해소하는 데도 이바지했다. 지금까지 나온 타르콥
스키 관련 도서는 모두 네 권이다. 두 권은 타르콥스키가 쓴 《봉인
된 시간》과 《타르코프스키의 순교 일기》(1997)이고, 나머지 두 권
은 《타르코프스키는 이렇게 말했다》(김용규, 2004)와 《타르코프스
키의 영화》(나리만 스카코브, 2012)이다. 처음 두 권은 타르콥스키
가 쓴 영화 저술과 일기이고, 다른 두 권은 타르콥스키 영화에 관한
국내외 저술이다. 이런 점에서 볼 때 《봉인된 시간》이 그동안 한국
독자들에게 끼친 영향과 그들에게서 받은 사랑이 얼마나 오래됐고
많았을지 충분히 짐작할 수 있다.

《봉인된 시간》에서 《시간의 각인》으로

이처럼 역사적으로 커다란 의의가 있음에도 《봉인된 시간》은 진작
에 새롭게 번역될 필요가 있었다. 앞서 언급한 타르콥스키 관련 도
서는 네 권 모두 국내 번역서와 연구서인데, 이들 책의 역자와 저자
중에서 러시아 전문가는 아무도 없다. 그렇다고 저술과 번역 과정
에서 특정 부분에 걸쳐 러시아 전문가에게 자문이나 조언을 구했다
고 보기도 어렵다. 저자명과 도서명 등 사소한 표기에서 중요한 개
념까지 여러 가지 오류나 실수가 눈에 많이 띄기 때문이다. 이런 점
에서 특히 《봉인된 시간》은 그동안 많은 문제를 안고 있었던 것 같
다. 무엇보다도 먼저 독일어에서 중역된 번역본이다 보니 러시아어
원본과 다른 대목이 적지 않다. 예를 들면, 러시아어 원본에 나오는
"농노 출신 작곡가 막심 베레좁스키"(257)는 한국어본 《봉인된 시

간》에서 "노예의 신분으로 작곡가였던 파벨 소스노프스키"(259)로 번역되어 있다. 이처럼 원본과 다른 사례는 한국어본 전체에 걸쳐 많이 발견되는데, 이 책 서문 첫 줄에 나오는 "15년 전"(7)은 원본에서 "20여 년 전"(15)으로 쓰여 있다. 이런 부분은 번역의 오류나 실수라기보다는 번역 저본으로 러시아어 원작을 사용해야 하는 것이 얼마나 중요한지를 말해준다.

이 밖에도 《봉인된 시간》은 여러 부분과 층위에 걸쳐 누락과 생략, 실수와 오류가 적지 않다. 이와 함께 기존 번역은 타르콥스키를 둘러싼 러시아 문화의 특수한 맥락을 섬세하고 간결하게 살리지 못한 부분이 자주 보인다. 가령 '역원근법 Reverse Perspective'을 '뒤바뀐 원근법'으로 번역하고 '성화벽 Iconostasis'을 '성화가 그려진 벽'으로 번역한 것을 들 수 있다. 또 제5장의 제목이자 타르콥스키의 영화 미학에서 매우 중요한 개념인 '영화 속 이미지'를 '영상'으로 단순화하여 번역한 것도 마찬가지다. 게다가 제5장 본문에서는 이미지가 특별한 구분 기준 없이 어떤 경우에는 '영상'으로, 또 다른 경우에는 '형상'으로 번역되어 있는데, 이는 개념 사용의 일관성을 해칠 뿐 아니라 개념의 올바른 이해도 방해한다. 예를 들면, 타르콥스키는 "이미지는 영화감독에 의해 표현되는 이런저런 의미가 아니라, 물방울 속에 반사되는 온 세상 같은 것이라고 할 수 있다"(146)라고 썼는데, 여기서 이미지를 영상이나 형상으로 번역하면 타르콥스키가 말하고자 하는 바가 훨씬 더 좁아지거나 반감될 수 있다.

이런 개념상 혼동이나 혼선, 오해나 오류는 다름 아닌 한국어 번역본 제목에서도 그대로 나타나 있다. '봉인된 시간'이라는 말은 책 제목으로 굉장히 그럴싸해 보여서 어떤 사람들은 분명히 이런 점으로 이 책에 더 흥미를 느꼈을 것이다. 하지만 이 책에 나타난 타르콥스키의 취지와 주장에 따르면, '봉인된 시간'은 존재할 수 없고, 오직 '각인된 시간'이나 '시간의 각인'만이 있을 뿐이다. 사전적 의미에 따르면, '봉인'이란 뭔가를 열지 못하도록 단단히 붙이거나 싸서 막고 도장을 찍는 것을 가리킨다. 이런 의미에서 본다면, 이 책의 제목은 '봉인된 시간'이나 '시간의 봉인'이 아니라 '각인된 시간'이나 '시간의 각인'이 되어야 한다. 이 책에서 타르콥스키에게 시간은 봉인되는 것이 아니라 조각되는 것이다. 그는 영화감독이 하는 작업의 본질이 "시간을 조각하는 것"이라고 말하면서 이렇게 덧붙인다.

> "조각가가 대리석 덩어리를 붙늘고서 완성된 작품의 특징을 마음속으로 그려보며 군더더기를 제거하듯이, 영화인은 생생한 사실들의 거대하고 불가분한 집합체로 이루어진 시간 덩어리에서 앞으로 나올 영화의 요소가 되어야 하는 것, 영화 이미지의 구성 성분으로 판명되는 것만 남겨두고 불필요한 것을 모두 잘라내서 던져버린다."(87)

이에 앞서 타르콥스키는 영화가 시간을 어떤 형태로 각인하는지 묻고 '사실적 형태'로 각인한다고 답한다. 그는 "사건도, 인간의 움직임도, 어떤 실제 대상도 사실로 나타날 수 있"고 "이런 대상은 부동과 불변 상태로 제시될 수 있다"(86)고도 말한다. 타르콥스키에게는 바로 이런 상태로 조각되고 각인된 시간이 하나의 사실로서 영화 이미지로 변모하며 더 중요하게는 바로 이런 이미지를 통해 진실과 진리의 순간이 포착된다. 이 책이 기존 제목인 '봉인된 시간'을 버리고 '시간의 각인'을 새로운 제목으로 채택한 근거도 여기에서 나온다.

타르콥스키는 영화로 무엇을 이야기하고자 했는가

이 책은 타르콥스키의 영화 미학과 시학을 이해하는 데서도 아주 중요하지만, 문학에서 영화까지 도도히 흐르는 러시아 문화의 지적 전통을 파악하는 데서도 매우 흥미롭다. 타르콥스키가 이 책 전편에 걸쳐 누누이 힘주어 강조하는 실천적 개념 가운데 하나는 바로 타자들과 자기 자신에 대한 책임 의식이다. 이는 영화 〈향수〉에서 '성스러운 바보' 같은 인물로 제시되는 "도메니코가 주변의 모든 상황에 대해 깊은 고통을 통해 얻은 책임감과 모든 사람 앞에서 모든 것에 대해 갖고 있는 죄책감"(260)에서 잘 나타난다. 그러나 이런 책임감과 죄책감은 대단한 의지와 용기, 사랑과 헌신, 희생이 뒤따르지 않으면 안 된다. 〈향수〉에서 고르차코프가 도메니코의 기행을 이해하고 공감하나 실천적 행동으로 옮기지 못하고 끝내 죽을 수밖에 없었던 것도 바로 의지와 용기가 부족했기 때문이다.

이런 책임감과 죄책감, 실천 행위의 중요성은 한편으로는 타르콥스키가 《시간의 각인》에서 자주 인용한 도스토옙스키에게서 받은 영향에서 분명하게 확인된다. 예컨대, 《카라마조프가의 형제들》(1880)에서 드미트리 카라마조프가 자신이 저지르지도 않은 살인죄로 실형을 받고 유형을 떠나는 것은 그 살인에 대해 "우리 모두 죄가 있다"는 조시마 장로의 말을 실천에 옮기는 것으로, 이는 타르콥스키 영화에서 도메니코나 알렉산더의 행동으로 나타난다. 다른 한편으로 타르콥스키가 강조하는 책임과 봉사, 사랑과 희생은 19세기부터 20세기까지 계속해서 이어져온 러시아 인텔리겐치아의 전통에서 나온다. 이는 타르콥스키가 "예술가는 자신이 사는 시대와 세계를 충분히 인식하면서, 현실과의 관계를 이해하거나 표현할 줄 모르는 사람들을 위한 대변자가 된다"면서 "예술가가 자신의 재능으로 기여하고, 더 나아가 자신의 민중에게 봉사해야 하는 이유가 여기에 있다"(214)고 말하는 대목에서 잘 드러난다.

타르콥스키는 이 책에서 몽타주와 관련하여 선배 작가인 에이젠시테인을 비판하기도 하지만, 소련 국립영화학교에서 함께 공부한 동기생들도 신랄하게 비판한다. 자신과 마찬가지로 일찍 세상을 떠난 바실리 슈신에 대해서는 "감독의 제스처와 행동 양식"(187)을 그대로 따라 했다고 꼬집었고, 오늘날 러시아 영화계 거장으로 우뚝 서 있는 안드레이 콘찰롭스키에 대해서는 "거만하고 허위적인 느낌"(198)이 〈여인의 로망스〉에 가득 차 있다고 지적했다. 또 〈학이 난다Letiat zhuravli〉(1957)로 러시아 영화사 최초로 칸영화제 황금종려상을 거머쥔 미하일 칼라토조프도 타르콥스키의 날카로운 비판을 피하지 못했다. 그는 칼라토조프와 카메라맨 우루셉스키가 〈부치지 못한 편지〉에서 자신들만의 원칙에 충실하지 못해 실패했다고 말했다.

이런 데서 알 수 있듯이, 만약 타르콥스키가 1986년 12월 29일 프랑스 파리에서 암으로 세상을 떠나지 않고 살아남아 소련 붕괴 이후 귀국해서 계속 활동했다고 하더라도 그는 여전히 러시아 영화계 사람들과의 이견이나 현실 세계와의 갈등 탓에 어쩌면 더 오래 살지 못했을 것이다. 돈키호테처럼 저돌적이고 비타협적인 성격과 투철한 신념의 소유자였던 타르콥스키는 소련 붕괴 이후 러시아 현실의 혼란상과 타락상으로 어디에도 설 자리가 없었을 것이다. 하지만 다른 한편으로 바로 이런 이유로 오늘날 러시아에 가장 필요한 사람이 타르콥스키 같은 진정한 예술가이자 지식인이 아닌가 싶다. 러시아 사회의 양심이자 정신적 지주였던 인텔리겐치아의 오랜 전통도 소련 붕괴와 함께 허망하게 사라지다시피 했기 때문이다. 《시간의 각인》에 담긴 현재적 의미와 울림이 얼마나 큰지도 바로 이런 점에서 확인할 수 있다.

2021년 7월
라승도

타르콥스키 연보

1932년   4월 4일 러시아 이바노보주 유례베츠에서 태어났다.

1937년   시인인 아버지 아르세니 타르콥스키가 가족을 버리고 떠났다.

1947년   9월에 미술학교에 들어갔다. 11월에 결핵을 앓고 이듬해 봄에 치료를 마쳤다.

1951년   6월에 554호 중등학교를 졸업했고 8월에 동방학연구원 아랍학과에 입학했다.

1954년   8월에 소련 국립영화학교에 입학하여 영화감독 미하일 롬의 제작팀에 등록했다.

1956년   어니스트 헤밍웨이의 동명 단편소설을 각색한 습작 영화 〈살인자들〉에 감독으로 참여하여 한 부분을 찍었다. 이 영화에서 타르콥스키는 술집 손님 역을 맡기도 했다.

1957년   4월에 영화학교 동기생이었던 이르마 라우시와 결혼했다.

1958년   여름에 알렉산드르 고르돈과 함께 예비 졸업작품으로 아르카디 사흐닌 Arkadii Sakhnin(1910~99)의 에세이를 각색한 단편영화 〈오늘 해고는 없다 Segodnia uvolneniia ne budet〉를 찍었다.

1959년   안드레이 콘찰롭스키, 올레크 오세틴스키 Oleg Osetinskii(1937~2020)와 함께 졸업작품으로 예정했던 영화 〈남극, 먼 나라 Antarktika – dalekaia strana〉의 시나리오 작업에 공동으로 참여했다.

1960년   안드레이 콘찰롭스키와 함께 졸업작품으로 천연색 단편
        영화 〈증기기관차와 바이올린 Katok i skripka〉의 시나리오를
        공동으로 집필했다.

1961년   3월 〈증기기관차와 바이올린〉 제작 작업을 완료하고 국
        립영화학교를 최우등생으로 졸업했다. 4월 15일 '모스필
        름' 스튜디오에 3급 영화감독으로 등록했다.

1962년   〈이반의 어린 시절〉 제작이 완료되었다. 영화 시사회는
        5월 9일 '첸트랄니' 극장에서 열렸다. 8월에 〈이반의 어린
        시절〉로 제23회 베니스국제영화제에 참가하여 대상인 황
        금사자상을 받았다. 9월 30일에 아들 아르세니가 태어났
        다. 안드레이 콘찰롭스키와 공동으로 〈안드레이 루블료
        프〉의 시나리오 작업을 시작했다.

1963년   2월 소련영화인연맹에 가입했다.

1964년   8월에 베니스국제영화제 심사위원 자격으로 이탈리아를
        방문했고 9월에는 2급 영화제작자 지위를 받았으며 11월
        에 〈안드레이 루블료프〉 제작 작업에 들어갔다.

1966년   〈안드레이 루블료프〉 제작을 완료했고 12월 소련영화인
        연맹 화이트홀에서 시사회가 열렸다.

1967년   극작가이자 시나리오 작가인 알렉산드르 미샤린과 공동
        으로 〈참회 Ispoved〉(〈거울〉)의 시나리오 작업에 착수했다.
        몰도바의 수도 키시뇨프를 방문했고 영화 〈세르게이 라조
        Sergei Lazo〉(알렉산드르 고르돈 감독)의 시나리오를 마무리
        하는 데 참여했다. 그는 이 영화에서 백위군 연대장 보치
        카레프 역을 맡기도 했다.

1968년   〈하얀 어느 날 Belyi den〉(〈거울〉)의 시나리오 작업을 완료
        했다. 10월에 스타니슬라프 렘의 소설 《솔라리스》를 각
        색한 시나리오 작업을 작가이자 시나리오 작가인 프리드

리흐 고렌시테인 Fridrikh Gorenshtein(1932~2002)과 공동으로
시작했다.

1969년 2월 17일 '중앙영화하우스'에서 〈안드레이 루블료프〉가
두 번째로 상영되었다. 5월에는 프랑스 칸국제영화제 비
경쟁 부문에서 상영되었다. 국제영화비평가연맹(FIPRES-
CI)에서 주는 상을 받았다.

1970년 영화 〈솔라리스〉 작업을 시작했다. 라우시와 이혼하고, 곧
이어 라리사 키질로바 Larisa Kizilova(1933~98)와 결혼해 아
들 안드레이를 낳았다.

1971년 9~10월에 영화 〈미래의 도시〉(〈솔라리스〉) 에피소드 가
운데 하나를 찍기 위해 일본을 방문했다. 〈안드레이 루블
료프〉가 러시아 극장에서 개봉했다.

1972년 3월에 〈솔라리스〉 제작을 완료하고 5월에 〈솔라리스〉로
칸국제영화제에 참가하여 심사위원 특별상인 '은종려상'
과 에큐메니칼 배심원상을 받았다. 7월에 1급 영화제작자
지위를 받았고 8월에는 스위스 로카르노 국제영화제 심
사위원장을 맡았다.

1973년 2월 2일 모스크바 '미르' 영화관에서 〈솔라리스〉 시사회
가 열렸다. 봄에 동독을 방문하여 제15회 소련영화상영회
에 참여했다. 모스크바 모스필름 거리에 있는 아파트를 하
사받았다.

1974년 〈거울〉 제작이 완료되어 '중앙영화하우스'에서 시사회가
열렸다.

1975년 영화 〈고프마니아나 Gofmaniana〉 시나리오 작업을 시작했
다. 〈거울〉은 소련 극장에서 제한적으로 상영되었다(이
영화의 분류 등급은 2등급이었다).

1976년 아르카디 스트루가츠키 Arkadii Strugatskii(1925~91), 보리스

스트루가츠키 Boris Strugatskii(1933~2012) 형제와 공동으로
이들의 소설 《노변의 피크닉 Piknik na obochine》(〈스토커〉)을
시나리오로 각색했다.

1977년 영화 〈스토커〉를 촬영했지만, 곧이어 자료가 불량 필름으
로 촬영된 것으로 밝혀졌다.

1978년 1월에 '고몽 Gaumont' 영화사가 주최한 〈거울〉 시사회 참석
차 프랑스를 방문했다. 4월에는 심장수축 발작을 겪었다.
여름에는 주인공의 새로운 이미지가 가미된 2부작 영화
〈스토커〉를 촬영했다.

1979년 〈스토커〉 제작이 완료되었다. 4월에 이탈리아를 여행했고
6월에도 이탈리아 출장을 다녀왔다. 다큐멘터리 영화 〈안
드레이 타르콥스키와 토니노 구에라의 여행의 시간 Vremia
puteshestviia Andreia Tarkovskogo i Tonino Guerry〉를 촬영했다.

1980년 1월 러시아소비에트연방사회주의공화국(RSFSR) 인민예
술가 칭호를 받았다. 4월에 이탈리아를 방문하고 토니노
구에라 Tonino Guerra(1920~2012)와 공동으로 영화 〈향수〉의
시나리오를 작업했고 다큐멘터리 〈여행의 시간〉을 편집
했다. '다비드 디 도나텔로상'을 받았다.

1981년 〈스토커〉로 이탈리아 트리에스테 국제영화제에서 비평가
상과 스페인 마드리드 국제공상과학영화제에서 국제영화
비평가연맹(FIPRESCI)상을 받았다. 스웨덴을 방문했다.

1982년 3월 6일 영화 〈향수〉 작업을 위해 이탈리아를 방문했고
9월에 아내가 이탈리아에 도착했다.

1983년 〈향수〉 제작이 완료되었다. 5월에 〈향수〉로 제26회 칸국
제영화제에 참가하여 심사위원 특별대상과 국제영화비평
가연맹(FIPRESCI)이 주는 상을 받았다. 5월 28일에 노동
법 제33조 4항(합당한 사유 없는 결근)에 따라 '모스필름'

스튜디오에서 해고되었다. 11월에 영화 〈희생〉의 시나리오 작업을 시작했다.

1984년 9월에 영화 〈희생〉 관련 업무로 스톡홀름을 방문했고 네덜란드 암스테르담과 로테르담을 여행했다. 이에 앞서 7월 10일 이탈리아 밀라노에서 국제 기자회견을 열고 소련으로 돌아가지 않겠다고 발표했다.

1985년 겨울에 베를린에서 살면서 《시간의 각인》을 출판했다. 소련 국가보안위원회(KGB)에서 타르콥스키 작전이 개시되었다. 봄에 스웨덴에서 영화 〈희생〉을 촬영했다. 5월에는 고틀란드섬에서 야외 촬영을 시작했다. 9월에는 피렌체를 방문했고 11월에 다시 스웨덴으로 돌아와서 스톡홀름에서 영화 작업을 계속했지만, 12월 13일 암 진단을 받았다.

1986년 1월에 프랑스에서 치료를 받기 시작했다. 5월 9일 스톡홀름 영화관 '아스토리아'에서 〈희생〉의 시사회가 열렸다. 영화는 곧이어 칸국제영화제에 출품되어 심사위원 특별대상과 촬영상(스벤 닉비스트), 국제영화비평가연맹(FIPRESCI)상과 에큐메니칼 배심원상을 받았다. 11월 5일 유언장을 작성했다. 12월 16일에 파리 근교 아르트만 클리닉에 입원했고 13일 후인 12월 29일에 세상을 떠났다.

1987년 1월 3일 성 알렉산드르 넵스키 사원에서 영결 미사와 추도식을 거친 뒤 러시아인 묘지 '셍트쥬느비에브데부아'에 묻혔다.

지은이 안드레이 타르콥스키 Андрей Тарковский

1932년 출생. 러시아의 영화감독, 극작가, 영화이론가이다. 영화라는 장르를 예술의 하나로 승화하는 데 가장 큰 영향을 미친 감독으로 평가받는다. 몽환적이고 순교적인 영상으로 종교적이고 철학적인 자신의 사상을 필름에 각인했다.

1954년 소련 국립영화학교에 들어가 영화를 공부했으며, 졸업 작품 〈증기기관차와 바이올린〉(1961)으로 뉴욕영화제 대상을 받았다. 1962년 〈이반의 어린 시절〉을 시작으로 본격적으로 영화 예술에 투신했다. 이후 15세기 성상화가 안드레이 루블료프의 삶을 다룬 〈안드레이 루블료프〉(1966), SF 영화이자 인간 실존에 대한 질문인 〈솔라리스〉(1972), 도스토옙스키의 작품에 자신의 자전적 삶을 엮은 〈거울〉(1975), '구역'이라는 가상의 공간으로 떠나는 스토커와 작가, 과학자의 이야기를 통해 인간의 존엄을 그린 〈스토커〉(1979)를 발표했다.

오랫동안 소련 영화 지도부와 갈등을 겪어온 그는 1982년 영화 〈향수〉(1983)를 찍기 위해 이탈리아로 떠난다. 이 영화에서 그는 이탈리아에 머무는 동안 향수병에 걸린 러시아 시인을 통해 세계뿐 아니라 자기 자신과도 깊은 불화를 겪는 사람의 내면 상태를 표현하려 했다. 이후 이탈리아에 머물게 된 그는 소련에 있을 때부터 구상한 〈희생〉(1985)을 발표한다. 암 선고를 받고 쇠약해진 그가 마지막 남은 에너지를 쏟아 제작한 이 작품은 의지와 용기, 사랑과 헌신, 희생 등 위기에 처한 인류에게 필요한 가치를 이야기한다.

안드레이 타르콥스키는 예술가로서 자신에게 부여된 고난을 기꺼이 끌어안은 삶을 살았다. 낡은 시대의 유산 취급을 받는 진실을 추구하고, 예술과 민중에 대한 헌신을 중심에 두었다. 19세기부터 전해져온 러시아 인텔리겐치아 전통에 따라 "현실과의 관계를 이해하거나 표현할 줄 모르는 사람들을 위한 대변자"가 되었다. 영혼을 부수다시피 한 고난을 겪으면서도 몸의 기운을 완전히 쥐어짜 마지막 작품 〈희생〉을 내놓은 그는 1986년 12월 29일 54세의 나이에 폐암으로 생을 마감했다.

옮긴이 라승도

한국외국어대학교 노어과를 졸업했고 미국 텍사스주립대학교 슬라브어문학과에서 박사 학위를 받았다. 현재 한국외국어대학교 러시아연구소 HK연구교수로 재직하고 있다. 저서로는 《붉은 광장의 아이스링크: 문화로 보는 오늘의 러시아》(공저, 2008), 《시네마트료시카: 영화로 보는 오늘의 러시아》(2015), 《사바틴에서 푸시킨까지: 한국 속 러시아 문화 150년》(공저, 2015), 《포시에트에서 아르바트까지: 러시아 속 한국 문화 150년》(공저, 2018), 《극동의 부상과 러시아의 미래》(공저, 2019), 《북극의 이해》(공저, 2021)가 있다. 최신 논문으로는 〈해체의 풍경: 현대 러시아 영화에 나타난 북극의 시각적 재현〉(2019)과 〈절망의 풍경: '희망 공장'에 나타난 노릴스크의 북극 이미지와 도시 정체성〉(2020), 〈타자의 초상: 현대 러시아 영화에 나타난 서구 이미지〉(2021)가 있고, 역서로는 《러시아 영화: 문화적 기억과 미학적 전통》(2015)이 있다.

시간의 각인

1판 1쇄 펴냄 2021년 7월 20일
1판 4쇄 펴냄 2024년 11월 12일

지은이 안드레이 타르콥스키
옮긴이 라승도

편집 정일웅
디자인 전용완

펴낸곳 곰출판
출판신고 2014년 10월 13일 제2024-000011호
전자우편 book@gombooks.com
전화 070-8285-5829 팩스 02-6305-5829

ISBN 979-11-89327-12-5 03680